Elke Geiger

**Zwischen
Natur und**
Wirklichkeit

novum pro

Dieses Buch ist auch als
e-book
erhältlich.

www.novumverlag.com

© 2020 novum Verlag

ISBN 978-3-99107-080-1
Lektorat: Alexandra Eryigit-Klos
Umschlagfoto: Elke Geiger
Umschlaggestaltung, Layout & Satz:
novum Verlag
Innenabbildungen:
Seite 31, 33, 259: © Walda Schenk
Restliche Abbildungen: © Elke Geigner

Die von der Autorin zur Verfügung
gestellten Abbildungen wurden in der
bestmöglichen Qualität gedruckt.

Gedruckt in der Europäischen Union
auf umweltfreundlichem, chlor- und
säurefrei gebleichtem Papier.

www.novumverlag.com

Bibliografische Information
der Deutschen Nationalbibliothek:

Die Deutsche Nationalbibliothek
verzeichnet diese Publikation in
der Deutschen Nationalbibliografie.
Detaillierte bibliografische Daten
sind im Internet über
http://www.d-nb.de abrufbar.

Inhaltsverzeichnis

Widmung

Dieses Buch möchte ich von ganzem Herzen Walda widmen, die mir den Einstieg in Island sehr leicht gemacht hat.

Danke für die wunderbare Zeit mit dir und für die Freundschaft, die daraus entstehen durfte.

Es geschah in den frühen Morgenstunden. Es war noch dunkel draußen, als ich ganz leicht in meinem Bett vor mich hinschlummerte. Da war sie da, die Nachricht, klar und deutlich:

Komm zu uns nach Island!

Ich musste gar nicht lange überlegen, wer da mit mir Kontakt aufgenommen hatte. Es waren die Naturwesen von Island.

Es gibt Träume und Nachrichten, die vergisst man wieder. Vielleicht wirkten sie im Unterbewusstsein noch nach, aber bewusst kümmerte man sich nicht mehr darum.

Aber diese Nachricht, diese fünf Worte hatten sich bei mir ganz tief eingeprägt.

Zuerst einmal war ich erstaunt über die Nachricht selbst. Auch wenn ich mit Tieren, Pflanzen und Steinen in Kontakt war, war mir diese Art der Kontaktaufnahme im Traum, und dann noch von mir ganz unbekannten Wesen, noch völlig fremd.

Und diese Nachricht wirkte. Ja, sie wirkte nach, und zwar tief und eindrücklich. Immer wieder hörte ich sie, oder ich spürte sie einfach als Aufforderung.

Auf der einen Seite war ich auch sehr berührt, von den Naturwesen eines fremden Landes angesprochen zu werden. Da fühlte ich ganz tief innen in mir eine ganz große Freude und Dankbarkeit. Eine Art Sprachlosigkeit und Rührung legten sich von da an über meinen Alltag.

Auf der anderen Seite wusste ich über die raue Natur, die Kälte und Dunkelheit dieses absolut faszinierenden Landes. So war es ein Unterschied ob ich mir einen Film oder eine Dokumentation eines Landes anschaute oder ob ich selbst dorthin reiste, also Tag für Tag die Impulse ganz direkt und unmittelbar zu verarbeiten hatte. Und ich bin nun mal ein Warmduscher. Ich liebe die Wärme, das Meer und das Baden im Meer. Aber bitte bei angenehmen Temperaturen ohne Regen und starken Wind. Bei niedrigen Temperaturen beginne ich sofort zu frieren. Wenn also kalte Temperaturen, Schnee, Regen und Wind, dann bitte nur durch die Scheibe beobachten. Wenn dann noch eine heiße Schokolade bereitsteht und schöne Musik aus den Lautsprechern ertönt, dann kann ich mich entspannen, bin wunschlos glücklich und genieße.

Aber ich wusste, ich konnte tun oder lassen was ich wollte, diese Botschaft war eine Aufforderung, und ein Ignorieren wäre einer Missachtung eines Gelübdes oder eines Versprechens gleichgekommen.

So nahm ich immer wieder Kontakt zu diesen besonderen Wesen auf, von denen ich noch gar nicht wusste, welchen Ursprungs sie waren, in welcher Ecke des Landes sie zu finden waren, geschweige denn was sie genau von mir wollten.

Ganz bald merkte ich aber auch, dass es ihnen am liebsten wäre, wenn ich sofort anreisen würde. So war es nun ganz wichtig für mich, die Rahmenbedingungen so zu stecken, dass sie zu mir und meinen Lebensgewohnheiten passten.

Schließlich kannte ich mich mit dem Leben und den Bedingungen der Naturwesen genauso wenig aus, wie sie scheinbar über das der Menschen hier in Deutschland wussten.

Also schaute ich im Internet. Die Bilder, die sich mir hier boten, waren wirklich traumhaft. Doch es war Mitte November und sehr dunkel und kalt auf Island. Wollte ich auch ein bisschen

Freude an der Reise haben, brauchte ich mehr als drei bis vier Sonnenstunden am Tag und Minustemperaturen. Obwohl die Polarlichter auch eine magische Anziehungskraft ausübten, war bald klar, dass ein Aufbruch vor Mai für mich nicht infrage kam.

Auch der Reiseweg und das Transportmittel vor Ort wollten gut durchdacht werden. Da für mich ganz früh klar war, dass dies keine kurze Reise von zwei bis drei Wochen werden würde, fragte ich mich immer wieder, welchen Auftrag ich dort zu erfüllen hätte. Davon hing natürlich auch ab, was ich mitzunehmen hatte und möglicherweise auch die Art des Reisens.

Gegen das Flugzeug sprach nicht nur das Auslassen oder Überspringen ganzer Regionen, sondern auch, dass ich nur wenig Gepäck mitnehmen konnte. Denn bald war klar, dass ich die Kommunikation mit diesen Wesen, wenn sie denn tatsächlich zustande kommen sollte, dokumentieren wollte.

So wusste ich bald, dass ich die Fähre von Dänemark aus nehmen würde, egal ob mit oder ohne Fahrzeug. Dann gesellte sich so langsam die Reisedauer von acht bis zwölf Wochen dazu, was mich dann doch veranlasste, nach Reisemobilen in Deutschland Ausschau zu halten. Denn über diese lange Zeit immer im Zelt zu schlafen, schied schon ganz früh aus. Da in Island permanent mit wechselhaftem Wetter zu rechnen war, wollte ich nicht bei Regen und niedrigen Temperaturen im Zelt sitzen und womöglich nasse Kleider trocknen müssen. Und auf die Dauer gesehen, war das Mobil in Deutschland mit Fähre billiger als ein Flug und ein Wohnmobil auf Island zu mieten.

Ja, ich bin nicht mehr die Jüngste, und ein gewisser Luxus musste jetzt sein. Denn es ging ja auch darum, mich selbst bei Laune zu halten, und ich weiß, wie ungemütlich ich werden kann, wenn ich keine trockenen Kleider am Körper trage oder mir länger kalt ist. Und wenn man alleine reist, bekommt man die schlechte Laune von sich leider auch immer eins zu eins ab.

Und nun, nach monatelanger Vorbereitung und Abwägungen, was ich mitnehme und auf was zu achten ist, stand ich nun auf der Fähre und wusste: Es ist vollbracht!

Ich bin normalerweise nicht der Mensch, der den Urlaub bis ins Detail plant, aber diese Reise war definitiv mit viel Vorbereitung verbunden.

Das stellte mich auch vor die eine oder andere Herausforderung, da ich Planung nicht unbedingt als meine größte Stärke bezeichnen würde; selbst bei „guter" Planung, zum Beispiel von Festen, taten sich immer wieder Löcher auf, mit denen ich absolut nicht gerechnet hatte.

Und das war ja erst die Vorplanung! Also, diese Reise würde definitiv eine große Herausforderung für mich darstellen! Es ist auch meine erste Reise ganz mit mir alleine.

Und nun stand ich also auf Deck 8, schaute in die Ferne, atmete bereits Meeresluft ein und freute mich einfach auf das, was kommen wollte.

Das Einparken auf diesem Riesenschiff hatte ganz gut geklappt. Davor hatte ich wirklich ein bisschen Bammel gehabt. Aber im äußersten Notfall hätte ich dem Bordpersonal den Autoschlüssel in die Hand gedrückt und hätte mir zeigen lassen, was sie eigentlich von mir wollten.

Meine Schlafgelegenheit für die nächsten drei Nächte, ein Stockbett, oben in einer Sechs-Frau-Kabine, hatte ich bereits besichtigt und das Bett bezogen. Mein Schlafsack lag noch im Camper, da ich mit bezogenen Betten gerechnet hatte. Schließlich war die Fähre als Kreuzfahrtschiff deklariert worden.

Kurz versuchte ich noch zu meinem Fahrzeug vorzudringen, aber das war ein Ding der Unmöglichkeit. So mietete ich mir an der Rezeption Bettwäsche, und das Schlafen war gesichert.

Hier auf Deck 8 würde das Ablegen gut zu beobachten sein. Der Tag war sonnig und an Land war es für Anfang Mai angenehm warm.

Nachdem ich dieses Deck mit zwei großen Hot Pots, Picknick-Area, Bar und Fußballplatz mit Kunstrasen und mit Netzen umhüllt besichtigt hatte, wanderte ich über Backbord nach vorn. Hier saßen Reisende auf dem Boden und ließen sich die Sonne ins Gesicht scheinen. Ich tat es ihnen gleich und merkte, dass der Boden richtig warm war. Neben mir saß eine Dame, die sich bereits die Schuhe und Socken ausgezogen hatte. Das gefiel mir natürlich sehr gut und ich sprach sie an. Während ich mich meiner Schuhe und Socken entledigte, erfuhr ich, dass sie aus Berlin kam und mit ihrem Mann reiste. Sie wollten in der Hauptstadt Reykjavík ihren Sohn besuchen, der dort studierte.

Hier konnte man es aber auch aushalten. Angelehnt an den großen Schiffskamin, den Blick auf das Meer und eine Brise im Gesicht. Alle um mich herum hatten gute Laune und freuten sich wie ich auf eine wunderschöne Zeit und zahlreiche neue Eindrücke.

Als ich am frühen Abend in Richtung Speisesaal unterwegs war, fiel mir auf, dass das Publikum ganz anders war, als ich es mir vorgestellt hatte. So waren zwei oder drei Reisebusse mit Senioren unterwegs, während diese dynamischen, zum Teil allein reisenden Individualisten hier nur einen kleinen Teil ausmachten.

Nun freute ich mich aber auf das Abendessen in Büfettform, das ich bereits mitgebucht hatte. So saß ich also an meinem Tischchen ganz für mich allein, genoss das Essen im Takt und manchmal in Disharmonie der Wellen. Es herrschte leichter bis mittlerer Seegang und gerade beim Essen oder beim Transportieren der Speisen war Achtung geboten.

Den Abend ließ ich angenehm ausklingen mit Lesen, während ich den Klängen eines Alleinunterhalters lauschte. Immer wieder beobachtete ich den Wellengang und das blaue Meer. Es war so beruhigend und entspannend, dieses Schauspiel durch die großen Scheiben zu beobachten. Genau auf dieses Sein, hier auf weiter See, hatte ich mich im Vorfeld so sehr gefreut! So lange war ich bisher noch nie auf einer Fähre unterwegs gewesen. Auch dieses Schäumen des Wassers am Heck des Schiffes faszinierte mich immer wieder. Hier konnte ich einfach nur sitzen und verweilen. Sitzen und schauen, warten und ahnen, ohne zu wissen, was mich erwarten würde. Irgendwann brach ich dann doch meine Zelte hier ab und ging schlafen.

Ja, es war tatsächlich etwas gewöhnungsbedürftig. Mit den Wellen mitzuschaukeln, war ja kein wirkliches Problem. Aber die lauten, kratzenden Geräusche, die immer wieder klar und deutlich zu hören waren, erinnerten mich eher an die Titanic als an einen „Luxusdampfer". Vor allem kamen sie unangemeldet und hielten unterschiedlich lange an. Da wir unter dem Maschinenraum schliefen, war es auch recht warm. Aber das kam mir absolut entgegen. Also versuchte ich die Geräusche zu integrieren und schlief meistens genauso schnell wieder ein, wie ich aufgewacht war.

Sonntag, 05.05.19

Heute Morgen bemerkte ich bereits vor dem Frühstück, dass der Wellengang deutlich zugenommen hatte, oder ich war es einfach noch nicht gewohnt. So tat ich es den meisten meiner Kabinen-Kolleginnen gleich und legte mich nach dem Frühstück noch mal ins Bett. Ja, so war das inzwischen doch recht starke Auf und Ab des Schiffes am besten zu verkraften.

Als ich am Spätnachmittag wieder aufstand, war es noch stürmisch und mein Magen war immer noch nicht auf „normal" eingespielt. Ich wusste jetzt ganz genau, dass es besser wäre, das

Abendessen einfach ausfallen zu lassen. Da ich es aber bereits gebucht hatte und ich ein absoluter Genussmensch bin, entschied ich mich gegen die Vernunft. Das Positive daran war, dass ich mich auf mein Gefühl verlassen konnte. Denn jetzt, während des köstlichen Essens, konnte die Toilette nicht nahe genug am Speisesaal sein.

Montag, 06.05.19

An diesem Tag kamen wir um 6.00 Uhr in Tórshavn auf den Färöer-Inseln an.

Da ich auf der Rückreise auf den Färöer-Inseln Aufenthalt haben würde, beschloss ich, in Ruhe zu duschen und nicht an Land zu gehen. So beobachtete und genoss ich das Treiben im Hafen von hier aus. Auch auf der wartenden Fähre war eine leichte nordische Lebenskunst zu spüren.

Kurz vor der Weiterfahrt der Fähre hatte ich dann Kontakt mit zwei oder mehreren Schlangenwesen, die sehr viel positive und schwungvolle Energie hatten und sich hier vor Ort aufhielten. Sie sprühten nur so vor Elan und Lebensfreude. So spürte ich bereits hier im Hafen von Färöer die Kraft, Macht und Energie der so anderen Wesen. Sollte dies ein Vorgeschmack darauf sein, was noch kam? Wollten mir die Wesen damit sagen, dass die Kommunikation auf jeden Fall zustande kommen würde?

Ganz entspannt saß ich auf dem Schiff, das noch nicht abgelegt hatte, und spürte eine Vorfreude, einen positiven Aktivismus in mir aufsteigen. Diese Energie hüllte mich einfach nur ganz sachte und liebevoll ein in eine kuschelweiche Decke aus Geborgenheit, Ruhe und der Gewissheit, dass alles zur richtigen Zeit präsent sein würde.

Inzwischen hatte sich das Publikum verändert. Es waren nun eine Menge nordisches Publikum, Kinder und junge Menschen unterwegs. So zog ganz viel Lachen und Humor auf der Fähre ein.

Als das Schiff von den Färöer-Inseln ablegte, war ich wieder oben auf Deck 8, um die traumhafte Aussicht zu genießen.

Es waren circa zwei Stunden Fahrt durch die Inseln. Wo man hinsah, nur Berge, teilweise weiß verschneit, teils grau und manchmal vernebelt. Und zunehmend wurde es windig und kalt. Und immer wieder schneite es leicht. So stand ich mit meiner warmen Wolljacke, die unbedingt mit auf große Fahrt wollte, die Kapuze mit dem geflochtenen langen Bändel mit verfilztem Bommel am Ende tief ins Gesicht gezogen. Mein Winterschal um den Hals und die Handschuhe in den Jackentaschen. Es war grau in grau, bewölkt, und immer wieder tauchte eine neue Insel, teils wie aus dem Nichts, auf. Manchmal waren sie auch schon von Weitem zu sehen mit ihren hohen Bergen. Teilweise kamen sie direkt auf uns zu und ich überlegte, welchen Weg der Kapitän wohl einschlagen würde, um sie kunstvoll zu umfahren.

Auch das Berliner Paar war an Deck und wir tauschten Bewunderung und Fernglas aus. Immer wieder zeigten wir auf eine imposante Stelle, die wir gerade neu entdeckt hatten. Denn Reden machte momentan hier oben gar keinen Sinn. So ging oft ein Finger in die entsprechende Richtung, dann folgten ein oder zwei Augenpaare und das Fernglas wechselte die behandschuhten Hände. Und so ganz nebenbei mussten wir wirklich richtig aufpassen, um uns nicht umblasen zu lassen. Als ich dann irgendwann ganz überwältigt und gut gekühlt von Deck ging, empfand ich große Dankbarkeit und einen tiefen inneren Frieden in mir. Ja, die Kälte und der Wind haben etwas Klärendes an sich, sie kamen mir manchmal vor wie ein überdimensionaler Staubsauger, der alles mitnimmt, was nicht niet- und nagelfest zu sein scheint. Und das Schöne daran, kam mir gerade so in den Sinn, ist, dass wir selbst entscheiden können, was wir dem Staubsauger überlassen wollen und was bei uns bleiben darf.

Aber insgesamt war jetzt alles weg, was ich nicht bewusst bei mir behalten wollte. Alle Ängste und Zweifel bezüglich der Reise, die eventuelle Sprachbarriere, meine zum Teil grandiose Orientierungslosigkeit in Städten und so manches mehr hatte jetzt das Meer oder der Wind bei sich. Oder hingen meine grauen Gedanken nun an einer Bergspitze? Egal. In diesem Moment war ich der Natur so richtig dankbar dafür, dass sie mich so großartig unterstützte.

Der Rest des bereits angebrochenen Abends verlief bereits in einer gewissen Routine. Das Abendessen bekam mir heute wieder bestens, und auch heute gab ein Alleinunterhalter sein Bestes. Aber immer wieder war mein Blick nach draußen auf die Wellen gerichtet. Denn wirklich dunkel wurde es auch hier schon nicht mehr. Also konnte ich mich so ganz langsam in die Gegebenheiten vor Ort einschleichen. Konnte mich so Schritt für Schritt beziehungsweise Seemeile um Seemeile herantasten. Ja, das fühlte sich wirklich gut an, mich für den Seeweg entschieden zu haben. Und dieses Schaukeln hatte auch einen ganz besonderen Reiz. So richtig gleichmäßig wie auf einem See waren sie, die Wellen, nun wirklich nie. Man musste immer, bei jedem Schritt, darauf gefasst sein, geschoben oder auch mal ausgebremst zu werden. Besonders wenn Speisen oder Getränke transportiert werden wollten, war oberste Vorsicht geboten.

Schlangenwesen auf Färöer

Die Schlangenwesen von Färöer leben mit ihresgleichen in Höhlen. Diese wechseln sie immer wieder, wegen der Flora und Fauna.

Ich: Wie ist euer Wesen?

Sie: Wir sind sehr sanftmütig und haben eine starke, positive Energie.

Ich: Ich spüre eine warme, rote und sehr aktive, liebevolle Energie. Es fühlt sich so an, als wärt ihr uns Menschen auf eine ganz besondere Art und Weise zugetan. Als wärt ihr unser persönlicher Schutzpatron.

Sie: Ja, wir sind euch Menschen sehr positiv gestimmt. Wir bringen euch sehr viel kraftvolle und lichte Energie.

Ich: Was ist eure Aufgabe hier auf Färöer, und was wollt ihr uns Menschen mitteilen?

Sie: Wir wollen euch mitteilen, wie freundlich die Welt von Grund auf ist. Ihr macht die Welt ganz oft „schlecht". Dabei ist sie sehr positiv und gut, auch wenn das Wetter ab und zu verrückt spielt, wie ihr Menschen es gern bezeichnet. Das spiegelt aber ganz oft nur eure Stimmung wider. Wenn ihr ganz bei euch seid, macht euch das „Rumoren" im Außen gar nichts mehr aus.

Ich: Wie können wir denn besser bei uns bleiben, wenn die Welt um uns tobt? Wenn starker Seegang herrscht und der Magen rebelliert, ist es nicht einfach, ganz entspannt zu bleiben.

Sie: Ja, das stimmt (sanftmütiges Lächeln). Aber ihr seid auf einem sehr guten Weg. Immer mehr Menschen begreifen, dass das Glück bei ihnen selbst liegt. Ihr müsst nicht jeden Tag euer Sonntagslächeln präsentieren. Aber das Wissen, dass alles aus euch selbst kommt, und niemand im Außen für euer Seelenglück zuständig ist, ist schon ausreichend. Ihr seid Menschen und seid mit Gefühlen ausgestattet. Und das soll auch so sein. Wenn es euch gut geht, dann lacht und zeigt das. Das ist ansteckend und tut allen gut. Aber wenn es euch nicht so besonders geht, dann macht das mit euch aus und schiebt es nicht auf andere. Und vertraut euch, dass ihr dieses Tal wieder aus euch selbst heraus verlassen könnt. Habt Vertrauen in euch. Das ist das Wichtigste. Euer Leben ist ein ständiges Auf und Ab, wie der Wellengang auf dem Meer. Mal stürmisch, mal gemäßigter. Und immer wenn ihr an einem Tief angekommen seid, zweifelt ihr und macht euch für alles verantwortlich. Denkt nicht so viel darüber nach, tut, was zu tun ist, damit es wieder aufwärtsgeht. Und wenn ihr gerade nichts ändern könnt, dann lasst es so stehen, ohne es zu bewerten. Das fällt euch Menschen wirklich nicht so leicht, macht euch darüber bitte keinen so großen Kopf.

Lächelt, vor allem immer mehr über euch selbst, dann urteilt ihr automatisch nicht mehr so streng in Bezug auf andere und euch selbst.

Geht in die Natur und spürt den Wesen nach, die um euch herum sind. Es ist nicht wichtig, wie sie heißen, wo sie wohnen und vieles mehr. Wichtig ist, dass ihr euch immer mehr dafür öffnet, dass es sie gibt und dass sie euch sehr gerne unterstützen.

Wenn ihr offen für uns Naturwesen seid, wird sich genau das Wesen „zeigen", das ihr gerade benötigt oder du spürst einfach desjenige, das dich in diesem Moment am besten unterstützen kann.

Es gibt so viel zwischen Himmel und Erde, wovon ihr (noch) nichts wisst, oder ihr wollt es nicht wahrhaben. Ihr macht fast alles mit dem Verstand. Und der sagt: Was du nicht siehst, gibt es nicht. Aber inzwischen merkt ihr immer mehr, dass dem nicht so ist. Viele Menschen halten sich selbst für verrückt oder werden von anderen als verrückt angesehen, weil sie diese Dinge bewusst wahrnehmen.

Lasst euch keine Angst machen, ihr seid deswegen nicht verrückt. Freut euch stattdessen lieber, dass ihr offen dafür seid.

Momentan wandelt sich ganz viel auf unserer Erde. Seid stolz auf euch, dass ihr dabei sein und aktiv mitgestalten dürft.

Ganz wichtig ist, dass jeder von euch an sich glaubt und diese Dinge, die er wahrnimmt, als wahr anerkennt und dies auch so weitergibt. Alles ist im Wandel. Und je mehr Menschen davon erzählen, umso selbstverständlicher wird es werden. Dann werden die Kreise, in denen von diesen Dingen erzählt wird, immer größer.

Und Menschen, die nur noch mit dem Verstand arbeiten, werden immer weniger werden. Einfach deswegen, weil sie merken, dass es noch viel mehr gibt. Ganz viele Menschen werden sogar erfreut sein, wenn sie endlich wieder mehr Gefühl zeigen dürfen.

Wir Naturwesen, oder wie immer ihr uns bezeichnen wollt, wollen euch mit den Pflanzen, Tieren und allen Elementen dabei unterstützen, kraftvoll und in Fülle euren Weg zu gehen. Seid mutig und offen für Neues. Nur weil ihr etwas nicht kennt, muss es nicht gleich schlecht sein.

Spürt in euch hinein. Dort liegt die Antwort. Nicht in Büchern oder im Außen.

Wir unterstützen euch sehr gerne. Aber öffnen dafür müsst ihr euch selbst.

⋆DANKE⋆

Dienstag, 07.05.19

So langsam hatte ich mich sehr gut an das Schlafen unter Deck gewöhnt. Also integrierte ich die Geräusche in meine Träume und wachte mehr oder weniger ausgeruht und entspannt auf.

Nach dem Frühstück beobachtete ich wieder voller Begeisterung die Berge, die wir passierten, durch das Fenster. Auch hier dachte ich immer wieder fasziniert: Das hört ja gar nicht mehr auf! Als wollte die Natur sagen: Schaut mal weniger ins Fernsehen und auf den Laptop, schaut mal wieder mehr zum Fenster raus! So rückte die Zeit des Anlegens in Seyðisfjörður in Island immer näher. Und meine Spannung und Erregung stieg. Aber es war ja nicht angebracht, als erwachsene Frau vor Freude jubelnd über das Schiff zu tanzen. Also jubelte ich innerlich und von ganzem Herzen.

Nun war es auch schon Zeit, auf das „Car-Deck" zu gehen. Das rote Deck hatte ich mir eingeprägt, aber ob das Deck auch wirklich stimmte? Auf den ersten Blick sah es nicht ganz so aus. Also begab ich mich einen Stock tiefer, und da sah ich ihn auch sofort, meinen Camper, in der Ecke stehen.

Ganz in der Nähe meines Fahrzeuges stand auch der VW-Bus aus Berlin. So verabschiedete ich mich noch mal von dem netten Mann. Wir wünschten uns eine gute Reise, und schon ging es los. Die Fahrzeuge um mich herum fuhren in Richtung Ausgang, sodass ich einsteigen konnte. Da ich ganz eng, Stoßstange an Stoßstange, stand, wartete ich, bis jemand vom Personal erschien und mich auswies. Als ich nun nach drei Tagen wieder festen Boden unter den Rädern hatte, war nur noch die Zollkontrolle zu passieren. Es gab viele verschiedene Auskünfte, was eingeführt werden dürfe und vor allem wie es zu beschriften sei. So war ich dann doch sehr erleichtert, dass das Einzige, was die Dame wissen wollte, war, wie lange ich auf der Insel bleiben wolle. Danach war die Fahrt frei.

Nun atmete ich ganz bewusst die ersten Atemzüge in Island ein. Es lag eine Ruhe, Einsamkeit und ein Hauch von Spirit über dem Land und ich konnte noch die Winterruhe riechen, die das Land sanft einhüllte.

An dem Campingplatz, nach dem ich suchte, war ich wohl gerade eben vorbeigefahren. Ja, es war wohl alles so unscheinbar und übersichtlich hier vor Ort. Es gab eine Tankstelle, einen Supermarkt, eine Kirche und einen Campingplatz in dem Siebenhundertseelendorf.

Da ich ja gerne mal den Überblick verliere, kam mir diese ruhige Atmosphäre, eingebettet in viel Natur, gemischt mit dieser Übersichtlichkeit, sehr entgegen. Also checkte ich für zwei Nächte ein, um in Ruhe ankommen zu können.

Der Platz war sehr karg. Die Stellplätze für die Fahrzeuge waren unregelmäßig gekiest. Ein paar kleine Wiesen waren für die Zelte reserviert.

Das Wetter war etwas diesig, kalt, aber im Moment niederschlagsfrei. Zumindest regnete es nicht und der Wind hielt sich auch zurück. Also absolut gut für mich zum Eingewöhnen.

Im Aufenthaltsraum angekommen, versuchte ich über meinen Laptop ins Internet zu kommen, denn auf der Fähre hatten mein Handy und meine Powerbank aufgrund der Kälte komplett versagt.

So versuchte ich, zu meiner Freundin und Nachbarin in Deutschland Kontakt aufzunehmen. Aber auch das klappte nicht wie gewünscht. Denn mein Laptop wollte, dass ich WhatsApp über das Handy aktiviere. April, April, dachte ich da nur und sprach eine Italienerin an, die auch auf der Fähre war, und die schrieb dann Christel per WhatsApp an. Zum Glück hatte ich ein paar wichtige Nummern und Adressen auf Papier notiert. Ich benötigte die PIN, und die lag gut geschützt zu Hause. Nun gab es einen regen

Austausch zwischen mir und Christel über das Handy der hilfsbereiten, netten Italienerin. Obwohl ich die richtige PIN erhielt, klappte das Einloggen auch nach mehreren Versuchen nicht. Ja, hier in Island war das so eine Sache mit der Technik. Dinge, die woanders problemlos funktionierten, klappten hier auf der Insel und bei mir eben nicht. Ich versuchte es locker zu nehmen. Und ganz insgeheim hatte ich da so eine klitzekleine Ahnung – oder war es bereits eine Befürchtung?

Wenn mich die Wesen der Natur gerufen und hierher beordert hatten, hatten sie dann vielleicht auch die Möglichkeit und Macht, hier „konstruktiv" bis „störend" einzugreifen?

Das Problem war nur, dass momentan nicht nur das Internet auf meinem Handy nicht funktionierte, sondern alle Funktionen wie Fotoapparat, Währungsrechner und vieles mehr. So hatte ich mir das nun wirklich nicht vorgestellt! Aber ich würde jetzt nichts überstürzen, sondern erst einmal hier ankommen. Was dann zu machen wäre, würde sich schon noch zeigen.

Als ich so im Aufenthaltsraum saß und mich über die Wärme hier freute, betrat eine Niederländerin den Raum. Sie unterhielt sich lange mit dem Mann an der Rezeption, bevor sie eincheckte.

Ich kann gar nicht mehr genau sagen, wie wir ins Gespräch kamen, aber bereits bei den ersten Worten bemerkte ich die besondere Schwingung, die von ihr ausging. Eine leichte, kaum spürbare Distanz, gepaart mit ganz viel Wärme, Interesse und Intelligenz, zeigte sich in ihren braunen und sehr wachen Augen. Es schien, als würde sie alles um sich herum erst einmal vorsichtig aus einer gewissen Distanz aus mustern, während sie gleichzeitig allem gegenüber sehr aufmerksam und offen zugewandt war.

Walda arbeitete in der Landwirtschaft und las gerade ein deutsches Buch von Rudolf Steiner über biologisch-dynamische Landwirtschaft. Da sie nicht alle Begriffe verstand, fragte sie mich das eine oder andere.

Wie nun war „Aue" zu übersetzen und wie viel Kilogramm beinhaltet ein Doppelzentner? Da musste ich doch schallend lachen. In der Landwirtschaft aufgewachsen, hatte mein Vater oft versucht, mir die damals gängigen Bezeichnungen beizubringen. Dass ich aber gerade zu Beginn meiner Islandreise damit konfrontiert werden würde, damit hatte ich nun wirklich nicht gerechnet.

Gemeinsam haben wir uns dann die Begriffe erarbeitet, nebenher einen Tee beziehungsweise Kaffee getrunken und immer wieder schallend gelacht. Dann verabschiedete ich mich und machte mich auf zu einem Spaziergang. Zuerst besichtigte ich das knapp Siebenhundertseelendorf. Hier gab es doch tatsächlich ein Schwimmbad, ein Freibad, mit einem Hot Pot wohlgemerkt. Beim Blick auf die Öffnungszeiten musste ich feststellen, dass es heute geschlossen war. Die alten Häuser an den Straßen hatten eine gastfreundliche Ausstrahlung. Auch die blaue Kirche wirkte mit ihrem hellen Täfer und der leicht verspielten Bauweise locker und einladend. Im Inneren war ebenfalls alles in Hellblau gehalten, was mich dazu verleitete, eine gewisse Zeit zu verweilen. So wirkte alles sehr hell und leicht.

Anschließend wanderte ich durch einen niederen Kiefernwald, durch das von Schnee angehauchte Gras und über kleine Bäche hinweg. Da sah ich im Hintergrund, oben am Berg, einen großen runden Stein, inmitten eines Wasserfalls, der mir sofort wie eine Tür in den Berg vorkam. Jetzt war mein Interesse geweckt. Es ging eine ganz besondere Faszination von diesem Ort aus. Trotzdem ging ich weiter und erkundete den Weg. Ich wollte einfach in Bewegung bleiben und alles auf mich wirken lassen.

Es war spannend, diesen Wanderwegen zu folgen. Im Boden waren immer wieder kurze Stöcke verankert, die den Weg markierten. Mal lagen sie in regelmäßigen Abständen, sofort ersichtlich, manchmal konnte man den Weg nur erahnen. Aber von Wanderwegen, so wie wir sie kennen, konnte nun wirklich nicht die Rede sein. Die Stöcke gaben lediglich eine Richtung an, aber da es keinen ersichtlichen Weg gab, war das Suchen des nächsten bemalten Stockes schon reine Meditation.

Es hatte nun leicht zu schneien begonnen und ich beschloss, mich auf den Rückweg zu begeben. Als ich wieder auf der Höhe der „Steintür" war, sprach sie mich an und meinte, ich solle verweilen. Ich wollte sie auf den Abend vertrösten, aber sie blieb standhaft. Also setzte ich mich auf einen Stein, holte Block und Stift hervor und sah, wie ganz sachte leichte Schneeflocken meinen Block berührten.

Also sprach ich die Türe an.

„Was möchtest du mir sagen?"

„Ich nehme dich mit nach innen, hinter diese Türe", war die Antwort. Da bedankte ich mich gerührt.

Anfangs ist es sehr dunkel, das Loch scheint kugelrund. Ich werde durch den Tunnel geführt. Ich kann so gut wie nichts sehen. Immer wieder geht es um eine Kurve. Obwohl es dunkel bleibt, werde ich sicherer und gehe etwas schneller weiter. Ich frage, wer mich begleitet. Da spüre ich einen leichten Windzug, es wird ansatzweise heller. Es scheint die Kraft des Wasserfalls beziehungsweise der Höhle zu sein. Die Energie wird leicht rötlich, angenehm. Jetzt bin ich an einem runden Platz angekommen. Der Boden ist ganz glatt und wie leer gefegt. Ich merke, dass dies einen Grund hat, und frage nach.

„Es ist ein heiliger Platz."

Ehrfürchtig bedanke ich mich, dass ich an diesen Ort geführt wurde.

Da werde ich aufgefordert, mich auf die Erde zu legen. Es riecht nach Salz vom Wasser, aber ich spüre auch ein sehr geerdetes Gefühl. Es durchströmt meinen ganzen Körper. Ich höre das Wasser draußen, als würde es um mich herumfließen. Das Licht wechselt in ein schwaches Orange-Grün. Die Farben gehen ineinander über, wie leichte Nebelschwaden.

Wie in einem unsichtbaren Aufzug werde ich im Berg nach oben gefahren, es ist wie in einem Traum. Alles fühlt sich ganz leicht an und trotzdem bin ich ganz tief mit dem Berg verbunden. Ich weiß nicht, wie lange ich hier oben bin.

Wieder am Boden liegend, öffne ich meine Augen und stehe auf. Ich fühle mich total aufgetankt, frisch und frei. Es kommt mir vor, als hätte ich hier eine Art Einweihung erfahren, eine heilige Zeremonie, eine Segnung bekommen.

Ich verneige mich vor der Erde, dem Berg und den Naturwesen hier und frage, wie ich ihnen danken kann.

Die Antwort kommt prompt: „Arbeite mit uns zusammen, gehe deinen Impulsen nach, dann bekommst du alle Unterstützung, die du benötigst. Für dein Buch – dein Baby – sowie für alle Menschen, die deinen Impulsen lauschen."

Inzwischen sind die Hafengeräusche wieder in den Vordergrund gerückt. Der Wasserfall mit seinem Rauschen ist wieder ganz weit im Hintergrund zu hören.

Ich verabschiede mich mit einem tiefen und herzlichen DANKE.

Mittwoch, 08.05.2019

Heute bin ich sehr früh aufgewacht, da es für meine Verhältnisse doch sehr hell war.

Gestern Abend brauchte ich sehr lange, bis ich eingeschlafen bin, weil mir wirklich kalt war. So war ich froh, dass ich zu meinem Schlafsack noch meine warme Winterbettdecke mitgenommen hatte. Und mein „sleeping bag" (Schlafsack) sollte bis minus zehn Grad Celsius ausreichen. Da merkte ich wieder die individuelle Empfindsamkeit der einzelnen Erdenbürger. Und ich gehöre nun wahrlich nicht zu denen, die ein Schweißtuch benötigen. Aber ich kenne ja meine Eigenheiten und hatte entsprechend vorgesorgt. Und für den größten Notfall hatte ich noch eine Wärmeflasche dabei.

Ich begab mich in den Aufenthaltsraum und versuchte, bei einer Tasse Tee ganz langsam bei mir und dem anbrechenden Tag anzukommen. Es war für mich immer noch nicht ganz klar, auf welchem Weg ich in Richtung Westfjorde fahren sollte.

Ursprünglich wollte ich südwärts fahren, auch weil es momentan einfach noch recht frisch war, und im Süden erhoffte ich mir ein paar Grade mehr. Andererseits verstand ich mich mit Walda immer besser. Da sie aber gen Norden, nach Langanes, wegen den dort heimischen Vögeln, wollte, berieten wir uns miteinander. In diese Richtung wollte ich ja auch, aber eben erst auf dem Rückweg. Im Aufenthaltsraum habe ich mich dann mit Walda und dem Angestellten des Campingplatzes unterhalten, auch in Anbetracht der Route. Er meinte, es würde keinen großen Unterschied bezüglich der Temperatur machen, wenn ich es richtig verstanden hatte, wegen der Berge. Dann verabschiedete ich mich noch einmal in Richtung Bett. Diese Informationen wollten nochmals in Ruhe und am besten in der horizontalen Lage nachwirken, bevor ich eine Entscheidung treffen würde.

Nach einem ergiebigen Nickerchen spazierte ich heute einmal in die andere Richtung des Dorfes. Hier waren gestern von Weitem wilde Islandponys auf der Weide zu sehen gewesen. Heute verweilten sie wohl woanders.

Auch hier spürte ich diese spezielle, wilde Energie der Natur. Immer wieder atmete ich tief durch. Es war, als würde mich immer wieder ein Atemzug innerlich so richtig durchschütteln. Äußerlich war einfach nur zu erkennen, dass ich tief japsend einatmete. Oft blieb ich stehen, weil diese Luft in alle meine Poren eindringen wollte. Es kam mir so vor, als würde eine Reinigung von innen und von ganz weit unten heraus stattfinden. War diese Tour hier meine ganz persönliche Reise zu einem heiligen Ort, zur inneren Einkehr, zur Wandlung und stand für Wachstum und Erneuerung? Auf jeden Fall wollte ich für alles offen sein und immer wieder in mich hineinspüren. Dann dürfte ja nichts passieren, wenn ich den Worten des Wasserfalls und der Steintüre Glauben schenken wollte. Und das wollte ich. Denn ohne das Vertrauen in meine innere Führung, in welcher Form auch immer, hätte ich diese Reise bestimmt nicht angetreten.

Für den Abend hatte ich mich mit Walda zum Abendessen verabredet. Gestern hatte ich ein nettes Restaurant ausgemacht, wo ich eine heiße Schokolade genossen hatte. Die Gaststube war mit dunklem Holz ausgekleidet und einige stützende Balken verbanden den Boden mit der Decke. Alles war etwas rustikal, was ich aber als absolut stimmig empfand.

Bei heimischem, dunklem Bier und einer leckeren Lammhaxe mit Ofenkartoffel und Salat genossen wir den Abend. Wir spürten beide, dass wir auf einer Ebene sehr harmonisch miteinander „schwangen".

Es gibt Menschen, bei denen merkt man sofort, dass eine starke Verbindung herrscht, dass man sie oder ihn einfach so stehen lassen kann, mit allen Eigenheiten. Da war so ein tiefes Grundverständnis, ein nährender Boden. Ein Gefühl, als würde man sich schon sehr lange kennen und einfach da wieder anknüpfen, wo man das letzte Mal aufgehört hat. Da lag eine Toleranz gepaart mit sanfter Leichtigkeit in unserem Tun und Handeln.

So sagte ich ihr, dass ich mir gut vorstellen könne, sie mit dem Camper mitzunehmen, sodass wir die Halbinsel Langanes gemeinsam erkunden könnten. Wo man sich wieder trennen würde, das würde sich dann zeigen.

Sie war mit dem Zelt unterwegs und wollte ursprünglich ein Auto mieten. Da sie aber keine Kreditkarte hatte (was Grundvoraussetzung der Vermieterfirmen war), hatte sie beschlossen, mit dem Bus zu reisen.

So kamen wir überein, den Weg gemeinsam fortzusetzen, die Kosten zu teilen und in unseren mitgebrachten „Behausungen" zu nächtigen. Mit diesen Grundbedingungen im Gepäck war ich voller Zuversicht und ging voller Vorfreude und Dankbarkeit in mein Camper-Bett.

Donnerstag 09.05.2019

Heute ging die Erlebnistour Island nun also so richtig los. Als Walda ihr Zelt abgebaut hatte und wir beide startklar waren, verstaute sie ihr Gepäck in meinem Camper und nahm auf dem Beifahrersitz Platz.

Es war schnell ausgemacht, dass ich für das Fahren und Walda für die Route und die Karte zuständig war.

Zunächst wollte ich aber erst tanken. Im Dorf gab es eine Tankstelle, und diese steuerte ich nun an. Mir war klar, dass hier in Island das Tanken mit Karte üblich ist. Aber an dieser Tankstelle wollte es auch mit Karte nicht funktionieren. Das Geschäft, das der Tankstelle angeschlossen war, hatte noch nicht geöffnet. Da es der Tank noch erlaubte, fuhren wir also weiter in Richtung der nächsten Stadt.

Die Straßen waren mancherorts durch Schneeverwehungen leicht gepudert. So fuhr ich langsam, um mich so langsam an die Straßen und die Wetterbedingungen zu gewöhnen. Überdies hatte mein Fahrzeug keine Winterbereifung, was mich weiterhin zur Vorsicht mahnte. Und fröhlich ging es bergauf, mal in lang gezogenen Kurven, mal wieder relativ gerade. Ich war so beeindruckt von der Natur, dass ich mich gar nicht daran sattsehen konnte. Immer wieder hielt ich bei Gelegenheit an und ließ die Schönheit der Natur auf mich wirken. Bilder konnte ich momentan leider keine machen, weil ich nur mein Handy als Fotoapparat dabeihatte. Aber da musste ich nun wohl einfach durch, bis ich wissen würde, wie ich dieses Problem beheben konnte. Und irgendwie tat es ja auch mal gut, weder erreichbar zu sein noch dieses Gerät in irgendeiner anderen Weise zu nutzen.

Walda genoss es gleichermaßen, wie es schien, denn ich hörte sie nie protestieren, wenn ich eine Pause einlegte oder einfach nur ganz langsam fuhr.

Oft saßen wir einfach nur ganz ruhig da, jeder mit seinen eigenen Gedanken und Eindrücken beschäftigt. Wenn ich zu meiner Beifahrerin hinübersah, schaute ich in ein entspanntes Gesicht. Dann lächelten wir einander an und sagten uns ohne Worte, dass alles einfach nur gut ist. Auch sprach aus ihren Augen die Dankbarkeit, diese Natur hier erleben zu dürfen.

Auf einmal stimmte sie ein Lied auf Niederländisch an. Sie sagte, sie wolle es für mich singen. Das fühlte sich dann an wie ein ganz persönliches Geschenk. Als würde sie sich vor mir verbeugen und mich huldigen. Ich war einfach nur gerührt. Eine zarte Gänsehaut legte sich über meine vom Pullover bedeckten Arme.

Es war einfach nur stimmig, dass wir zwei uns zusammengeschlossen hatten. Mit ihr spürte ich wieder, wie schön es ist, wenn man Freude und schöne Erlebnisse miteinander teilen kann.

In der nächsten Stadt angekommen, suchten wir die erstbeste Tankstelle auf. Aber auch hier hatte ich weder mit der Kreditkarte noch mit der EC-Karte Glück. An der Zapfsäule war eine Telefonnummer angebracht, die man anrufen sollte, wenn es Probleme gab. Da mein Handy aber gerade „out of order" war und ich mich in der telefonischen Kommunikation auf Englisch noch nicht so fit fühlte, stand ich erst mal ratlos da. Eine Dame, die vor uns war, meinte, sie habe angerufen und die Tankstelle funktioniere gerade nicht.

Also ging es weiter zur nächsten Tankstelle. Auch hier funktionierte es nicht auf Anhieb. Jetzt war ich dankbar, dass Walda dabei war. So lachten wir und teilten unseren Frust. Beim dritten oder vierten Versuch stellte sich dann doch das lang ersehnte Gurgeln des Treibstoffes ein. So hatten wir uns dieser Herausforderung nun also auch gestellt und sie letztendlich gut gemeistert. Das war für mich Anlass genug, mir meinen wohlverdienten Kaffee zu gönnen. Das „Restaurant" an der Tankstelle war eigenständig, hatte also nichts mit der Tankstelle zu tun, folglich fühlten sich die Besitzer auch nicht verantwortlich, wenn etwas nicht klappte. Es war im amerikanischen Stil mit roten Kunstledersofas und Bildern von Marilyn Monroe ausgestattet.

Insgesamt war es ein kalter Tag. Es waren zwischen 200 und 300 Kilometer, die sich aber durch Kurven, Schnee und Wind sowie durch das stetige Bergauffahren richtig gut in die Länge zogen. Aber das wussten wir ja, und wir reisten nach dem Motto: Der Weg ist das Ziel.

Gegen Abend kamen wir dann in Þórshöfn an. Leider trafen wir den dortigen Campingplatz verwaist und öde an. Der Geruch erinnerte mehr an eine Schafweide als an eine gemütliche Bleibe für Fahrzeug und Zelt. Und so weigerte sich Walda, hierzubleiben. Auch war es ihr im Zelt zu ungemütlich.

Am Wasch- und Toilettenhäuschen des Campingplatzes war ein Plakat einer netten Pension einer Schaffarm angebracht. Auf dem Campingplatz gab es wirklich nur Toiletten und Duschen. Kein Raum, in dem man sich hätte aufhalten können. So fragten wir uns durch und kamen nach weiteren Autokilometern auf der beschriebenen Farm an.

Walda buchte ein Zimmer und ich fragte, ob ich im Camper, auf dem Grundstück, schlafen dürfe. Es hatte immer wieder leicht geschneit und es lag ein ganz besonderer, kalter Zauber in der Luft.

Als Fachfrau der Landwirtschaft interessierte sich Walda natürlich für die Schafzucht. Als wir auf den Hof fuhren, begannen ihre Augen zu leuchten. So besuchten wir den Landwirt bei seinen Schafen im Stall. Es war wunderschön, seine Begeisterung und seine Liebe zu den Tieren zu spüren. Irgendwie hatte ich das Gefühl, dass die Landwirte hier noch viel näher an der Natur sind als bei uns. Walda und der Landwirt waren ganz schnell tief in der Landwirtschaft eingetaucht. Auf Englisch natürlich, da konnte ich nicht mehr mithalten. Dieser Isländer nuschelte ein wenig vor sich hin, aber Walda schien das eher als Herausforderung zu sehen. Als sich dann noch herausstellte, dass seine Frau ebenfalls aus den Niederlanden war und aus der gleichen Ecke kam wie meine Begleiterin, waren die Freude und die Verwunderung natürlich noch größer.

Da wir am nächsten Tag in Richtung Fontur wollten und dies eine ungeteerte, zum Teil sogar eine F-Road (Furt) war, war ich sehr unsicher bezüglich der Tauglichkeit meines Campers. So fragten wir den Landwirt, der zuerst den Camper inspizierte, mich dann anschaute und anschließend meinte, das gehe klar. Er gab mir noch ein paar Tipps bezüglich der Fahrweise. So war ich nun doch beruhigt, da dieser Mann die Straßenverhältnisse sehr gut einzuschätzen wusste.

Walda hatte in ihrem Apartment eine Küche, und so bekochte sie mich an diesem Abend. Irgendwie lief mit ihr gemeinsam alles Hand in Hand. Ich war durch die Autofahrt und die verschiedenen Vorkommnisse doch etwas platt. So saß ich im warmen Zimmer am Esstisch und konnte einfach nur genießen, den Tag noch einmal Revue passieren lassen und mich nebenher nett mit meiner Reisebegleiterin unterhalten.

Die ganze Pension war ganz individuell, liebevoll und mit vielen selbst gestalteten Dingen dekoriert und ausgestattet. So waren im Aufenthaltsraum die Tischbeine mit Selbstgehäkeltem „verkleidet"; auf den Tischen standen kleine, grün bemalte Lammschädel, die hier überhaupt nicht makaber wirkten, sondern in dieses Ambiente vollkommen passten.

Der Esstisch von Waldas Apartment war mit Gedichten von holländischen Dichtern gestaltet. Eines von Hans Baumann über die Liebe faszinierte mich sehr.

Freitag, 10.05.2019

Gegen 10.00 Uhr machten wir uns wieder auf den Weg. Ich konnte es nicht leugnen: Ich war wirklich ein bisschen aufgeregt wegen der Beschaffenheit der Straßen und was uns erwarten würde. Zumindest waren die Straßen trocken, und das war auf jeden Fall eine gute Voraussetzung für „Naturstraßen".

Da Walda aus der Landwirtschaft kam und mit Fahrzeugen aller Art bewandert war, beruhigte mich ihr Beisein. Überhaupt, das Wissen, zu zweit zu sein, war für den Notfall sehr beruhigend. Also lehnte ich mich innerlich zurück. Insgesamt wusste ich ja, dass ich mich durchaus auf mein Gefühl und auf meine Fahrkünste verlassen konnte. Und ab und zu einer Herausforderung zu begegnen und sie einfach nur anzunehmen, war wohl meine heutige Botschaft.

Anfangs war die Straße „nur" gravelled, was „ungeteert" und „gekiest" bedeutet. Das heißt: mit dem Camper ganz runter mit der Geschwindigkeit. Dann gesellten sich immer mehr Schlaglöcher dazu, die geschickt umfahren werden wollten, und dann kamen auch noch die Steine dazu. In allen Größen und Formen lagen sie überall auf der Straße verteilt. Ja, auf diese war wirklich gut zu achten. Das war es auch, was uns der Farmer ans Herz gelegt hatte. Diese Steine konnten so ein Wohnmobil schnell zum Kippen bringen, wenn man, statt sie zu umfahren, über sie drüberfahren wollte oder sie schlicht übersah. Also hieß es, diese – genauso wie die Schlaglöcher – geschickt zu umfahren. Manchmal kam mir das so vor wie Lotto zu spielen. Bei so vielen Löchern war das manchmal gar nicht so einfach, und da musste ich mich dann für das kleinste Übel entscheiden. So wurden wir immer wieder gut durchgeschüttelt. Wenn es mal wieder heftig ruckelte, schaute ich Walda oft nur an und wir lachten einfach nur über Straße, Fahrstil und das Durchgeschütteltwerden.

Irgendwann zeigte mir meine aufmerksame Beifahrerin einen Stein, den ich wohl übersehen hätte. Da wusste ich, jetzt ist es Zeit für eine Pause. Nur gut, wenn man die Warnsignale gleich erkennt und entsprechend reagiert. Kaum hatte ich mein Vehikel vorsichtig neben der Straße platziert, schoss auch schon ein Jeep an uns vorbei. Er war so schnell angerast gekommen, dass ich ihn gar nicht gesehen hatte.

So legten wir also eine Pause ein und wanderten, jede für sich, durch die Landschaft. Es war kalt, aber der Wind hielt sich gerade etwas zurück. Die Gegend war steinig und alles, was hier wuchs, war nicht höher als wenige Zentimeter. Auf der linken Seite war das Meer in kurzer Distanz zu erreichen und ein schmaler Teppich von dunklen Algen legte sich über den Strand.

Als wir weiterwollten, fragte ich Walda, ob sie einmal fahren möchte. Sie nahm das Angebot sehr gerne als Herausforderung an und hatte sichtlich Freude, sich auf das Fahrzeug und die speziellen Straßenverhältnisse einzulassen. Sie hatte eine besondere Art, sich auf mein Wohnmobil einzulassen. Obwohl sie sich technisch gut auskannte und dieses Wissen auch umsetzte, hatte ich das Gefühl, dass sie diesem Fahrzeug trotzdem eine Art Gesicht gab.

So fragte sie mich irgendwann, wie mein Auto denn heiße. Komisch – gestern Abend hatte ich den flüchtigen Gedanken gehabt,, dass dieses Fahrzeug doch einen Namen verdiente.

Ganz spontan kam mir „Blackbird", weil mein Wagen so schwarz wie die Nacht war und wir zu den Vögeln unterwegs waren. Walda hingegen meinte, „Heinrich" würde gut zu ihm passen. Vor ein paar Minuten hatte ich ihr das Lied vom Topf, der ein Loch hatte, vorgesungen, und da kam ein Heinrich vor.

Als ich kurze Zeit darauf einmal aussteigen musste und um das Auto herumlief, wurde mir plötzlich die Botschaft des Kennzeichens bewusst. Da stand groß und deutlich MA-RC. Ich stieg wieder ein und verkündete mit einem breiten Grinsen im Gesicht: „Mein Auto heißt ab heute Marc Heinrich von Blackbird." Einen Adelstitel hatte er sich in der Tat verdient, denn er war gerade dabei, über sich selbst hinauszuwachsen.

Nun wurden die Straßenverhältnisse immer abenteuerlicher. Die Furchen und Spurrillen wurden tiefer, die Straße steiler und staubiger.

Plötzlich kam uns ein gemietetes Fahrzeug entgegen. Walda erkannte sofort, dass es der Franzose war, der mit uns auf der Fähre gewesen war, den wir aber erst auf dem Campingplatz kennengelernt hatten. Er war bereits auf dem Rückweg und war begeistert von den Basstölpeln und anderen Vögeln, die er gesehen hatte. Wir freuten uns alle drei, uns wieder getroffen zu haben. Er meinte aber auch, dass es inzwischen etwas nebelig sei.

Also fuhren wir wieder weiter. Es war zwar schön, auch einmal auf dem Beifahrersitz Platz zu nehmen, aber mit der Zeit hatte das nicht mehr sehr viel mit Entspannung zu tun. Immer öfter bremste ich mit, dann schloss ich mal wieder meine Augen, um zu entspannen. Schließlich hatte ich die Verantwortung für das Fahrzeug, und das fühlte sich gerade nicht mehr gut an. Irgendwann forderte ich Walda auf anzuhalten, um den Straßenverlauf erst einmal zu Fuß zu begutachten. Ich hatte irgendwie kein gutes Gefühl mehr, konnte aber gerade nicht klar einordnen, ob es das Bauchgefühl oder die Angst war, was mich gerade aus dem Gleichgewicht brachte. Die Fahrweise von Walda war es sicher nicht, aber ich hatte nun doch ein bisschen Angst um meinen Marc Heinrich.

Als ich ein Stück zu Fuß auf der Straße entlanggegangen war, beschloss ich, dass wir weiterfahren können.

Den ersten Aussichtspunkt – ein vorgelagertes Alu-Gitter über den Felsen direkt am Meer, das gesichert war – hatten wir bereits passiert. Hier waren die Basstölpel, Vögel mit langem, gelbem Hals, deutlich zu beobachten. Sie saßen, zum Teil eng gedrängt, auf den hohen, vorgelagerten Felsen. Obwohl die Felsen eigentlich eher dunkelbraun waren, waren die „Sitzfläche" und ein großer Teil des Felsens weiß eingefàrbt. Die Vogeltoilette konnte also nicht verleugnet werden.

Da trafen wir auch wieder den einheimischen Jeep-Fahrer, der mich vorher so zügig überholt hatte. Auf der Ladefläche hatte er eine Seilwinde befestigt. Er selbst saß im Fahrzeug und handelte wohl auf Anweisung. Sein Kollege, über Funk in Kontakt, hangelte sich angeseilt am Felsen entlang, von Nest zu Nest, und

„bediente" sich an den Eiern. Es war nun nebliger und der Anblick wirkte hier an diesen rauen Felsen leicht mystisch.

Der Blick zu dem „Eierdieb" brachte verschiedene Gefühle bei mir zum Ausbruch. Doch Walda meinte dazu nur ganz trocken: „Wir nehmen den Hühnern ja auch die Eier weg." Da hatte sie natürlich auch recht. Aber hier in der wilden Natur? Ja, wo der Mensch doch überall eingreift – und es mit der Zeit als selbstverständlich toleriert.

Da es zunehmend nebliger wurde, fuhren wir nun einen Querweg, von dem der Franzose gesprochen hatte.

Nun kamen wir immer wieder an verlassenen Höfen vorbei. Häuser, die einfach verlassen worden waren und nun so langsam vor sich hin verfielen. Das wirkte zum Teil sehr trostlos bis grotesk, vor allem wenn der Nebel noch ins Spiel kam. Aber in dieser rauen Natur, fernab von Zivilisation und Gemeinschaft, ist das mehr als verständlich. Schließlich betrachtet ein Tourist alles mit ganz anderen Augen. Aber das ganze Jahr hier zu leben, im Winter mit nur wenigen Sonnenstunden und extremer Kälte, das ist dann doch noch mal etwas ganz anderes Und wenn man dann bezüglich des Lebenserhaltes auf die Natur angewiesen ist und einen Sommer gar keinen Ertrag einzufahren hat, wird das Leben ganz schnell hart und jede Idylle verblasst.

Irgendwann beschlossen wir dann doch, uns auf den Rückweg zu begeben, denn für besagte 25 Kilometer hatten wir doch drei Stunden gebraucht. Auf dem Rückweg legte ich mich aufs Ohr. Das war ja im Wohnmobil jederzeit möglich. Walda fuhr gerne und ich war irgendwie k. o. Eigentlich wollte ich gar nicht schlafen, sondern nur mal kurz pausieren, aber kaum hatte ich mich hingelegt, war ich auch schon eingeschlafen.

Als ich wieder aufwachte, waren wir circa eine halbe Stunde von der Farm entfernt; also gerade die richtige Zeit, um wieder ganz wach zu werden.

Meine Beifahrerin hatte am Morgen bei unseren Vermietern eine Notiz hinterlegt, in der sie für heute Abend ein Essen zum Selberkochen bestellte. Das wurde so angeboten und sie hatte Lamm bestellt. So waren wir gespannt, ob die Bestellung wohl funktionierte.

Als wir erschöpft und hungrig in unserer Unterkunft ankamen, war allerdings niemand vor Ort. Wieder lag eine Telefonnummer bereit, die man jederzeit anrufen konnte.

Da Walda über ein funktionstüchtiges Handy verfügte, übernahm sie. Scheinbar hatte der Chef die Notiz übersehen und so war kein Lammfleisch verfügbar. Schade, wo wir doch gerade auf einer Schaffarm verweilten.

Kurze Zeit später kam aber die Tochter nach Hause und bot uns eine Forelle aus eigener Zucht an. Gerne nahmen wir das Angebot an, denn unsere Vorräte förderten keinen besonderen Gaumenschmaus mehr zutage. Dabei hatten wir uns ja schon auf ein leckeres Essen gefreut, wenn auch von uns selbst gekocht, aber die Vorfreude darauf bestand schon, seit wir uns auf den Rückweg begeben hatten.

Da ich vorgeschlafen hatte und Walda wirklich eine sehr herausfordernde Tour gefahren war, durfte ich sie heute bekochen. So holte ich nach und nach alle Zutaten aus der Box und ließ noch einmal Revue passieren, was die Tochter des Hauses mir bezüglich der Zutaten und deren Zubereitung empfohlen hatte. Zur Forelle gab es Quinoa und einen gemischten Salat. Dann plünderten wir noch den Vorrat der Lodge in Bezug auf dunkles Bier, und der Abend war gerettet.

Immer wieder sprachen wir von dem heute Erlebten, sinnierten über das harte und doch sehr familiäre Leben in diesen Breitengraden. Hier spürte man einfach – besonders bei Felsen, Vögeln und Meer –, wie nahe man nicht nur dem Leben war, sondern wie endlich auch das eigene ist. In solchen Situationen wurde mir immer wieder bewusst, dass wir das Leben wirklich selbst in der Hand haben. Dass wir immer wieder selbst entscheiden, was wir tun oder eben auch lassen wollen. Auch wenn wir Europäer immer wieder meinen, wir wären so stark fremdbeeinflusst, dann müssen wir uns in solchen Momenten immer wieder eingestehen, dass wir unser eigener Chef sind und bleiben. Wenn wir uns also von außen beeinflussen lassen, dann geben wir ein Stück weit unsere Eigenverantwortung ab. Dann lassen wir andere über unser Leben bestimmen und tun dann gerne so, als ob wir keine andere Wahl hätten. Aber wir sind freie Menschen und können jede Minute wieder neu entscheiden, was und wie wir die Dinge tun möchten. Und mit welcher Energie. Ob ich eine Arbeit machen möchte, die mir Freude und Erfüllung bringt, oder ob ich einfach nur arbeite, um Geld zu verdienen und meinen Unterhalt zu sichern, das ist und bleibt meine eigene Entscheidung.

Walda bewegte es auch weiterhin, dass die Frau des Hauses nur wenige Kilometer entfernt von ihrem Elternhaus gelebt hatte. Leider war diese gerade verreist, sodass die zwei Landsmänninnen sich nicht persönlich begegnen konnten.

Samstag, 11.05.19

Heute wollten wir nach Húsavík weiterfahren. Dort gab es ein Walmuseum und die Möglichkeit des Whalewatchings.

Weiterhin war es kalt und es schneite. Zwar nicht sehr stark, aber es hatte somit doch noch einen guten Touch von Winter. Immer wenn Schnee im Spiel war, hatte ich das Gefühl, näher zu mir zu kommen, auch wenn ich draußen im Weiß unterwegs war. Es war auch dieser weiße Puder, der alles zudeckte und die Pflanzen zur Ruhe schickte. Und wenn alles zugedeckt war, aller Dreck und Müll einfach nicht mehr zu sehen war, dann legte sich auch auf mein Seelenkleid ein wohltuender, weiß glitzernder Schimmer.

Wieder fuhren wir an wunderschönen Bergpassagen vorbei. Sie waren einfach traumhaft, mit diesem Puderzuckerüberzug. Und wir saßen, von Wind und Kälte geschützt, im Inneren von meinem Marc Heinrich von Blackbird.

Und immer wieder tauchten kleine und ganz kleine Weiler oder auch nur einzeln gelegene Gehöfte auf, mal mit rotem, mal mit blauem Dach. Aber weit und breit war weder viel Verkehr noch in irgendeiner anderen Weise Stress oder Hektik zu spüren.

Als sich mal wieder unsere Kaffeegelüste meldeten, hielten wir an einem Hotel mitten in der „Pampa" an. Es war in einem ganz kleinen Dorf. Wie sich ganz schnell herausstellte, handelte es sich um einen Familienbetrieb.

Wir fragten die nette Dame, die uns so freundlich anstrahlte, als wäre sie gerade Oma geworden, ob wir einen Kaffee bekommen könnten. Sie bejahte und fragte uns, ob wir auch noch gerne ein Frühstück hätten. Sie war gerade im Begriff, das Büfett abzuräumen. So ließ sie es für uns noch mal stehen und wir bedienten uns gerne.

Unter anderem lag in einem Brotkörbchen das hier traditionelle leicht süße Hefegebäck, das wie eine Stange aussieht und in der Mitte eingedreht ist. Meist wird es im Fett ausgebacken.

Überall wuselten Familienangehörige herum. Die einen werkelten gemütlich vor sich hin, die nächsten holten sich aus der Küche ihr Mittagessen oder betreuten den Nachwuchs, der auf dem Boden krabbelte. Alle zusammen machten einen völlig zufriedenen und ausgeglichenen Eindruck. Auch die Wirtin unterhielt sich angeregt mit uns und stellte uns stolz ihr jüngstes Enkelkind vor.

Als wir dann aufbrechen und bezahlen wollten, berechnete sie uns nur den Kaffee.

Nach weiteren ein bis zwei Stunden Fahrt kamen wir in Húsavík an. Die Stadt wirkte auf mich auf Anhieb nicht sehr freundlich. Irgendwie ließ mich aber auch das Gefühl nicht los, dass mich hier noch etwas aus meiner Vergangenheit, aus einem früheren Leben, anschaute und bearbeitet werden wollte.

Bevor wir uns der Stadt weiter näherten, wollten wir nach einer Bleibe für Walda schauen. Wieder wollte sie ein Zimmer oder Apartment mieten, da die Temperaturen sie immer noch nicht für das Übernachten im Zelt überzeugen konnten.

Nachdem es in der Stadt irgendwie gar nicht klappen wollte, fuhren wir ans Ende der Stadt, wo es eine Art Feriensiedlung gab. Die Lage jedenfalls war traumhaft. Die kleinen dunklen Holzhäuschen hoben sich im weißen Schnee und von dem kleinen Wald, in dem sie standen, ab, und dennoch passten sie sich der Umgebung super an. Auch waren von der Straße aus nicht sofort alle auf einmal zu sehen; viele versteckten sich hinter den Bäumen, die kaum größer waren als die Häuschen, oder sie kamen erst hinter der nächsten Kurve zum Vorschein. Und hinter diesem Wald und Häuser-Gemisch leuchtete das Meer im Hintergrund, kalt und klar.

Dem Meer vorgelagert befand sich ein See, der als Kühlanlage für das Thermalwasser diente, das einige Hundert Grad heiß aus den Bergen kommt und zum Heizen sowie als heißes Wasser benutzt wird und anschließend hier abkühlt.

Dies schien den ansässigen Vögeln sehr gut zu gefallen; den ganzen Tag über konnte man hier Scharen von ihnen beobachten. Vielleicht war es auch das, was mich so faszinierte oder anfangs sogar leicht irritierte. Dass mitten im Winter so viele Vögel da waren, sich hier heimisch fühlten und selbst im tiefsten Winter dazugehörten.

Auch hier konnten wir es so machen wie auf der Schaffarm. Walda mietete sich ein Häuschen mit einem Zimmer, Küche und Bad, und ich schlief in meiner fahrbaren Behausung. Als das Organisatorische alles geklärt war, wir hatten für zwei Nächte gebucht, zogen wir uns in unsere Quartiere zurück und genossen die Zeit mal wieder ganz für aus allein.

Am Abend kochten wir dann gemeinsam ein Kürbisgemüse. Walda hatte im Supermarkt die Idee gehabt, eine Kürbissuppe zu machen. Da ich aber im Moment ein Kürbisgemüse vorzog und Walda das Gericht nicht kannte, sollte ich es für uns beide zubereiten.

Auch heute redeten wir wieder über Gott und die Welt, über unsere Ansichten, Erfahrungen und Standpunkte. Und immer wieder spürten wir, wie ähnlich wir uns diesbezüglich doch waren.

So fiel ich nach einem langen, aber sehr schönen Tag zufrieden in mein Camper-Bett.

Sonntag, 12.05.19

Morgens früh im Bett spürte ich, dass es so ganz langsam an der Zeit war, mich von Walda zu verabschieden und meinen Weg alleine fortzusetzen. Es war klar, dass sie mit dem Bus weiterfahren würde, und da dieser von der nächsten größeren Stadt, also von Akureyri, abfuhr, würden wir so lange noch gemeinsam reisen. Sie war mir schon sehr ans Herz gewachsen, wir ergänzten uns einfach genial. Trotzdem wusste ich, dass es manchmal sehr wichtig ist, den richtigen Zeitpunkt nicht zu verpassen und wieder den eigenen Weg zu gehen.

Nach dem gemeinsamen Frühstück beschlossen wir, einen Spaziergang am Meer und bei den Vögeln zu machen. Ich genoss es einfach, mit dieser Frau zusammen zu sein. Wir hatten eine ähnliche Grundeinstellung und gleichzeitig ließen wir einander den Freiraum, den wir benötigten. Es war insgesamt ganz leicht und es reiste ganz viel Humor mit uns beiden mit.

Vom Spaziergang zurück, machten wir uns auf in die Stadt. Dort wollten wir ins Walmuseum und eventuell eine Schifffahrt zu den Walen machen.

Im Walmuseum hatte ich wieder so ein Gefühl, als würde ich ganz tief in mir vieles, was hier gezeigt wurde, bereits kennen. Insgesamt war alles sehr interessant aufbereitet, mit Filmen, Bildern, Schautafeln und ganz vielen aufbereiteten Knochen und Skeletten.

So stand ich immer wieder da, spürte in mich hinein, lauschte und ließ einfach nur geschehen. Als ich einen Filmabschnitt über Walfischverarbeitung direkt nach Fang in Schwarz-Weiß ansah, rührte sich ganz tief in meinem Inneren wieder dieses Gefühl des „Kennens" oder des „Wissens". Manche Dinge muss man gar nicht ganz genau erforschen, manchmal reicht es einfach, dass man weiß, dass man es schon einmal erlebt hat.

Der anschließende gemeinsame Kaffee fand daher in relativer Ruhe statt. Auch das war mit uns zwei einfach möglich. Dann verabschiedete sich Walda und spazierte wieder zurück zu ihrem Cottage.

Ich beschloss meinerseits, noch einen Hafenspaziergang zu machen, und überlegte, ob ich noch ins Schwimmbad und zum Hot Pot wollte. Es war ja schon spannend, dass ich bisher noch keinen Fuß über die Schwelle eines Freibades und somit zu den Hot Pots gesetzt hatte. Aber ich hatte auch nicht das Gefühl, irgendetwas verpasst zu haben. Wir reisten in unserem Tempo und alles war gut so, wie es gerade war.

Heute kamen mir die Stadt und der Hafen weit weniger negativ vor als gestern noch. Wie viel Mitspracherecht die Gefühle doch immer haben! Das finde ich generell nicht schlecht, nur benötigt man manchmal etwas Zeit, um herauszufinden, was sie uns wirklich zu sagen haben.

Der Hafen war recht groß, freundlich und übersichtlich. Es war aber auch sofort ersichtlich, dass hier der Tourismus mit der Walbeobachtung einen sehr hohen Stellenwert hat. So standen und hingen überall Angebote zum „Whalewatching". Auch die entsprechend präparierten Boote und Schiffe standen bereit. Aber ich spürte ganz genau, dass heute nicht der richtige Zeitpunkt dafür war. Auch merkte ich insgesamt, dass seit ich mit Tieren und Pflanzen der Natur kommuniziere, Bilder und diese Art von Kontakt (da auch künstlich hergestellt) für mich gar nicht mehr so wichtig sind.

Auch der Hot Pot lockte heute nicht in dem Maße, dass ich mich in seine Richtung aufgemacht hätte. So fuhr ich nach dem Spaziergang dann doch zurück ins Cottage zum gemeinsamen Abendessen. Warum die Zeit mit Walda nicht noch auskosten und die Kommunikation genießen, solange wir noch zu zweit waren?

Walda und ich unterhielten uns also noch einmal miteinander. Danach war es ganz klar, dass wir uns am anderen Tag, wenn wir in Akureyri angekommen sein würden, trennen würden. Sie wollte mit dem Bus weiter nach Reykjavík und dort eine Freundin besuchen, die dort gerade arbeitete, und dann zurück nach Holland fliegen. Und ich wollte weiter in Richtung Westfjorde.

Montag, 13.05.19

Zwischen 5.00 Uhr und 6.00 Uhr in der Frühe bin ich kurz aufgewacht, weil mir kalt war. Dann bin ich noch einmal tief und fest eingeschlafen.

Als ich das zweite Mal aufwachte, und so entspannt im Bett lag, holte ich meinen Block mitsamt einem Stift und schrieb Walda zum Abschied ein Gedicht.

Jetzt konnte ich aufstehen und den Tag in aller Frische angehen.

Heute sollte die Fahrt weitergehen von Húsavík nach Akureyri, circa 100 Kilometer, also kein sehr großes Unterfangen.

Es war klar, dass wir einen Tunnel zu passieren hatten, und ich wollte unbedingt am Dettifoss, einem besonderen Wasserfall, vorbei, dem größten von Europa, der auf dem Weg lag.

Nach circa zwei Stunden Fahrt war der bekannte Wasserfall auch nicht mehr weit. Es hatte leicht zu regnen begonnen, und so zog ich mir zum ersten Mal auf meiner Islandreise meine Regenjacke und meine Regenhose über.

Der Parkplatz war schon mit einigen Bussen und Privatautos besiedelt. Also auf zu neuen Abenteuern!

Wir waren auf dem Fußweg noch nicht weit gekommen, als uns wieder ein bekanntes Gesicht begegnete. Wieder strahlten uns die Augen des netten Franzosen an, den wir auf dem Campingplatz in Seyðisfjörður getroffen hatten. Er war wieder einmal schon wieder auf dem Rückweg. So unterhielten wir uns kurz, tauschten uns aus, was wir bereits gesehen hatten, und setzten dann jeder seinen Weg fort.

Der Wasserfall war nicht sehr steil, dafür grandios, in drei Etappen rauschte und stob er nur so herunter. Überall sprudelte es und alles, was sich ihm auch nur ansatzweise in den Weg stellte, war in Bewegung. Auf beiden Seiten waren Wanderwege angelegt, sodass man sich nach Lust und Laune inspirieren lassen konnte.

Auch Mývatn – der Mückensee – war nicht weit weg von hier. Ein See und geothermales Gebiet mit erstarrter Lava und Schwefelquellen. Da Walda weiterwollte und ich in Neuseeland bereits solche besonderen Naturereignisse bewundert hatte, ließen wir diese Attraktion an uns vorübergehen.

Inzwischen regnete es stärker. Also verweilten wir nicht mehr länger und fuhren wieder weiter, die letzten Kilometer in Richtung Akureyri. Als wir in die Nähe des Tunnels kamen, war schnell klar, dass die Gebühr nicht direkt bezahlt werden konnte, sondern über eine Internetseite per Karte bezahlt werden musste.

Das passte ja mal wieder. Walda hatte keine Kreditkarte und ich kein Handy und damit kein Internet. Das konnte ja heiter werden! Und bezahlt werden musste innerhalb der nächsten drei Stunden ab Passieren. Akzeptiert wurde, innerhalb der drei Stunden vor der Durchfahrt oder binnen der nächsten drei Stunden nach der Durchfahrt zu bezahlen. Also beschlossen wir, zuerst den Tunnel zu passieren, bevor wir uns um die Bezahlung kümmerten. Nach circa sieben Kilometern grauem Beton war der praktische Teil der Aufgabe genial gemeistert und die Stadt bereits in Sicht. So fuhren wir auf den Parkplatz des großen runden Betongebäudes mitten in der City. Hier war auch die Touristinfo untergebracht.

Wir erhielten von dem freundlichen Mann an der Info ein Kärtchen mit der Internetseite für die Buchung beziehungsweise für die Bezahlung.

Im Hintergrund des offenen Betonbaus lockte uns ein Café. Mit Kuchen und Kaffee ausgestattet, gingen wir ans Werk. Zuerst war Walda gefordert, die Internetseite aufzusuchen. Aber diese war wohl nicht abrufbar. Jetzt hatte ich aber keine Lust, mir von der Technik einen Strich durch Kaffee und Kuchen machen zu lassen. So beschlossen wir, zuerst in Ruhe zu genießen und uns anschließend um den Rest zu kümmern.

Nun also noch mal zur Info. Und siehe da, da stand in der Ecke ein PC für die netten Touristen. Vor uns stand ein bereits verzweifeltes Ehepaar aus Frankreich, die nach mehreren erfolglosen Versuchen von dannen zogen. Das konnte ja lustig werden. Also einmal tief durchatmen und ran an den PC.

Nun das Kennzeichen eingeben – O. K. Nicht in Island zugelassen – ja klar. Aber was nun? Da ging es irgendwie nicht weiter. Nun also noch mal den netten Herrn fragen, denn dazu war er ja da. Ein Knopfdruck – und ein Feld mit allen möglichen Ländern öffnete sich. Die Kreditkartennummer noch, meine, denn wir waren ja im Team unterwegs, und noch eine Nummer. Einmal bestätigen – und scheinbar war alles erledigt. Aber ob das auch wirklich alles so stimmte und damit erledigt war? So wanderte ich noch einmal, mit einem breiten Grinsen im Gesicht, zur Information mit der Frage, ob denn nun wirklich alles korrekt abgewickelt sei. Da kam ein klares Ja zur Antwort. Also wieder um eine Erfahrung reicher – Erleichterung breitete sich aus. Und zu zweit geht eben alles etwas leichter und die Mundwinkel gehen doch schneller nach oben, um einfach darüber zu lachen.

Anschließend fuhren wir auf den Campingplatz. Im Reiseführer waren zwei beschrieben, aber es gab wohl nur noch diesen einen, und der war weit draußen, dafür aber auch traumhaft schön, vor allem weil es ganz viel Grün gab und die Landschaft einfach genial war.

Die Anlage war, wie überall in Island, sehr einfach gehalten. Nicht alle Aufenthaltsräume sahen einladend aus, aber die meisten waren sauber. Walda überlegte, ob sie hier ein Matratzencamp mieten sollte, aber so ansprechend sah dieses nun auch wieder nicht aus. Also fuhren wir zurück in die Stadt und suchten jenes Hostel, das sie sofort angesprochen hatte: „Schlafen in der Box". Na, wenn sich das nicht nach Abenteuer anhörte! Nach langem Suchen stolperten wir in ein Geschäft, das sich auf den zweiten Blick als Immobilienbüro herausstellte, und fragten den

Herrn hinter dem Schreibtisch, direkt am Eingang. Auch er konnte uns nicht auf Anhieb sagen, wo sich diese „Boxen" befanden, suchte aber sofort im PC danach. Eine gesprächige Dame kam noch hinzu, und sofort war eine lebhafte Konversation im Gange. Nun sagte uns der Herr eine Adresse und zeigte uns den Weg auf einer Karte.

Ja, hilfsbereit sind die Isländer definitiv.

Wieder auf der Straße, wurden wir dann doch recht schnell fündig. Vierundneunzig weiße Boxen, neben- und übereinander, konnten gemietet werden. Von innen verschlossen, waren wohl keine Geräusche mehr zu vernehmen. Also, ihr lieben Schnarcher, bevor ihr ausgewiesen werdet – ab in die Box.

Da es draußen noch sehr ungemütlich war und der Campingplatz nicht gerade zum Kochen einlud, gingen wir einkaufen und kochten in der sehr gemütlichen Küche der Box. Die Besitzer waren sehr freundlich und die Küche samt Aufenthaltsraum war für gefühlte zwei Reisebusse beziehungsweise deren Insassen ausgestattet.

Hiermit war auch die Frage beantwortet, ob es in Island wohl das Möbelhaus „Ikea" gebe. Die Bratpfanne und die netten dunklen Stühle im Aufenthaltsraum verrieten es auf Anhieb.

Inzwischen hatte ich in Akureyri eine Prepaidkarte für mein immer noch nicht funktionierendes Handy gekauft. Jetzt saß ich hier und versuchte die Karten zu wechseln. Natürlich hatte ich den Schlüssel, mit dem man das Kartenfach öffnet, nicht dabei.

Also brachte mir die „Hostel-Mutter" eine aufgebogene Büroklammer, und Walda hatte als passionierte Häklerin verschiedene Nadeln dabei. Und siehe da, auch dieses Problem war gelöst. Ich war wieder erreichbar, was gar nicht das Wichtigste war, aber ich konnte wieder telefonieren und ins Internet.

Nach dem Abendessen war nun wirklich die Stunde der Wahrheit gekommen. Es war Zeit, uns voneinander zu verabschieden.

Walda brachte mich zu Marc auf den großen Parkplatz inmitten der Stadt, dann noch zweimal Winken, Abbiegen und ab auf den Campingplatz.

Ach, es war schon ein komisches Gefühl, Walda alleine weiterziehen zu lassen. Ich glaube, wenn man sich während der Reise entschließt, sich für eine gewisse Zeit zusammenzutun, ist das etwas anderes, als wenn man sich bereits zu Hause mit jemandem zusammenschließt. Oft bleibt man dann eben zusammen, weil es so ausgemacht war. Aber wenn man sich auf der Reise trifft, in der Entspannung des Urlaubes, kann man so lange zusammenbleiben, wie es die Stimmung und die Route zulassen.

Auf jeden Fall war diese kurze gemeinsame Tour für mich ein absoluter Glücksgriff. Und das wirkte auch noch lange nach.

Nach dem Einchecken ließ ich mich sofort von der Natur inspirieren. So zog ich Wanderschuhe an und los ging es ins Abenteuer.

So weit das Auge reicht, überall wunderschöne Berge, weiß verschneit; darunter, zum Greifen nahe, Felsen in Braun. Wälder, Bäche und Graslandschaften, wo immer ich hinschaute. Ich hatte gedacht, Island hätte kaum Wald, aber hier war er. Zwar nicht so hochgewachsen wie bei uns, aber leicht und locker und mit ganz viel Energie. Höchstens fünf Meter hoch, dafür jung, duftend und betörend grün. Schließlich war es Frühling und überall sprießte es. Und überall flatterten die Vögel umher.Ohne sie und den Bach wäre es hier wirklich sehr ruhig gewesen.

Ich kann nicht sagen, was für Vögel es waren, auf jeden Fall hörte es sich so an, als wären ihre Schwingen die Krachmacher, und nicht ihr Gesang. Und ehrlich gesagt hörte es sich auch nicht gerade sehr lieblich an.

Irgendwann machte ich mich dann doch wieder auf den Rückweg. Es war bereits weit nach 21.00 Uhr und noch kein bisschen
dunkel. Ein paar kleine Quellwolken hingen desinteressiert am
Himmel, als wären sie rein zur Zierde da. Es war einfach ein
wundervoller Mai-Frühlingsabend im Norden von Island.

Wenn man dem Reiseführer Glauben schenken wollte, war Akureyri eine der grünsten Städte Islands. Auch kulturell rangierte
sie wohl gleich hinter der Hauptstadt.

Dienstag, 14.05.19

An diesem Morgen wollte ich eigentlich Reiten gehen.

Gestern beim Einkaufen in Akureyri traf ich das Berliner Ehepaar
von der Fähre. Sie erzählte mir von einem Reiterhof hier ganz in
der Nähe, wo auch ungeübte Hasen aufs Pferd dürfen. Sie wäre
da gestern geritten. Und den Hot-Pot konnte man im Anschluss
auch nutzen. Diese Kombination hörte sich wirklich genial an.

Doch leider passte die Beschreibung nicht zu meiner gewähl-
ten Route. Und als ich mich nach einem Reiterhof erkundigte und kurz davorstand, sagte alles in mir: Nein! Das fühlte sich
für mich einfach nicht gut und stimmig an. Ich merkte auf dieser
Reise, dass diese Tour ganz viel mit mir, meinen Gefühlen und
deren Umsetzung zu tun hat. Dass es immer mehr darum ging,
in mich hineinzuspüren und erst dann zu reagieren. Nicht Hals
über Kopf, sondern bewusst, klar und selbstbestimmt.

So bog ich nicht nach rechts zu dem besagten Anwesen ab, sondern fuhr wieder zurück in Richtung Stadt. Dieses Mal parkte
ich Marc auf einem geschotterten Parkplatz. Hier gab es wieder
Wasser – in Form von Bächen und einem Fluss – und ganz viel
Stein und zartes Grün. Kaum war ich ausgestiegen, begrüßte

mich ein kleiner Vogel vom hohen Maschendrahtzaun herunter. Ich hielt inne und schaute ihm erst einmal nur zu.

Als er keine Lust mehr hatte, besichtigt zu werden, und davonflog, begann ich meinen Spaziergang ganz frei nach Lust und Laune. Schon von Weitem hatte ich eine Herde Pferde beziehungsweise Islandponys gesichtet. Diese zogen mich jetzt magisch an. Noch war es nicht ganz klar, ob sie auf einer Weide standen oder ob sie sich frei bewegten, also Wildpferde waren.

Ich musste eine ganze Weile gehen, um zu einer Wegbiegung zu kommen und die Pferde von Nahem sehen und besser wahrnehmen zu können.

Jetzt sah ich aber auch, dass sich mehrere Menschen an den Pferden zu schaffen machten. Zwei Frauen saßen bereits auf einem Pferd, doch der Mann kämpfte noch mit seinem um die Herrschaft. Es war ganz offensichtlich, dass er nicht klein beigeben wollte. Das sah dann doch ganz kurz nach Wildem Westen aus. Als ich näher kam, sprach mich die eine Frau an, ich solle doch bitte weitergehen. Somit war klar, sie wollten die Herde auf eine andere Weide treiben. So tat ich wie befohlen und wartete, was da kommen würde.

Dann ging auch tatsächlich der Weidezaun auf und ungestüm stürmte die Herde heraus. Die drei Reiter hatten alles getan, um eine Grundgeschwindigkeit in Gang zu bringen und die Herde beisammenzuhalten. Es war ganz klar ersichtlich, da war ganz viel Routine im Spiel, das war ein eingespieltes Team. Der Boden staubte und ganz viel dieser wilden, ungezügelten Energie war im Umkreis zu spüren.

So stand ich erst einmal ganz ruhig da, schaute der davongaloppierenden Herde nach und spürte ein ganz leichtes Nachvibrieren der Erde auf meiner Haut. Ja, diese Verbundenheit mit der Erde, mit dem Wind und mit der ganzen Natur. Das spürte ich hier ganz deutlich.

Langsam und in Gedanken versunken, aber auch ganz bei mir, ging ich zum Camper zurück. Was nun noch mit dem angebrochenen Tag anfangen? Mein Kopf sagte, du musst noch etwas unternehmen. Du kannst doch nicht nur so vor dich hin gammeln. Und wie ich das konnte! Also fuhr ich schnurstracks zurück zum Campingplatz. Ja, hier fühlte ich mich gerade wohl, und nirgendwo anders.

Schon wollte diese eine Stimme in mir wieder rebellieren und sagen, dass man im Urlaub doch etwas sehen müsse und nicht einfach faul auf der Luftmatratze rumliegen könne.

Es war der erste warme Tag, seit ich hier war. Eine warme Jacke, zum Teil mit Kapuze, warme Socken und Schuhe waren immer Pflicht. Aber heute, und auch nur weil es der Wind gerade sehr gut mit uns meinte, indem er nur ganz leicht blies, legte ich mich mit Sweatshirt und Leggins bekleidet barfuß auf die Luftmatratze.

Wie ich es liebe, barfuß unterwegs zu sein! Als ob endlich wieder alle Antennen auf Empfang stehen würden. Wurzeln und Verbindung zur Erde, zum Sein. Ich schickte ein dickes „Danke" nach oben, weil ich im Vorfeld darum gebeten hatte, immer mal wieder unbeschuht unterwegs sein zu können.

Denn dieses Islandwetter mit viel Wind, Regen und Schnee im Wechsel war immer noch nicht meines. Es ist wunderbar rustikal schön, aber das sehe ich mir dann doch meist lieber von drinnen durch die Fensterscheibe an, mit einer heißen Schokolade in den Händen und schöner Musik im Hintergrund.

Aber wie gesagt, heute zeigte sich der Himmel gnädig, und das Buch war spannend und dick genug für einen langen Nachmittag.

Auf die innere Stimme hören

Warum hört ihr Menschenkinder eigentlich kaum noch auf eure innere Stimme? Ihr wollt „erwacht" sein, ihr seid also auch achtsam und empfänglich für die Natur und eure Umwelt.

Ihr setzt euch für alle möglichen Projekte ein, direkt vor eurer Haustüre, oder in Honolulu. Das ist alles wunderschön. Das war bis vor Kurzem auch noch passend.

Aber heute geht es direkt um euch. Deshalb spreche ich jetzt in der Du-Form, damit meine Stimme dich da erreicht, wo die Botschaft wirken darf. Nämlich direkt in deinem Herzen.

Nein, nicht zu deinem Nachbarn, und auch nicht in die Natur – nur ganz tief zu dir spreche ich.

Du hast immer noch Angst vor dir selbst, vor deinem strahlenden, wahren Ich.

Du stehst vor deinem eigenen Haus, das supertoll ausgestattet ist, und traust dich nicht hinein. Weil du Angst hast, irgendetwas schmutzig zu machen, weil du Angst hast, „Gebrauchsspuren" zu hinterlassen!

Du kannst in dieser Zeit tun und lassen, was du willst; wenn du nicht zu hundert Prozent mit deinem Herzen dahinterstehst, wird es nicht den Erfolg haben, den du dir ersehnst.

Suche nicht mehr so viel im Außen und bei Lehrern.

Nichts gegen eine Unterstützung von außen bei einem speziellen Thema, wo du nicht weiterzukommen scheinst.

Alles andere schaffst du ganz alleine. Höre und spüre in dich hinein. Und frage dich einmal ganz bewusst: Wem vertraue ich mehr, einem Lehrer von außen oder mir, meiner inneren Stimme, meinem Selbst?

Es ist normal, dass du den äußeren Stimmen (deinen Lehrern) mehr vertraust als dir selbst. Aber das darf sich ändern. Schau einmal deinen beruflichen oder deinen privaten Bereich an. Wenn du da bereits stark bist, dann glaubst du diesbezüglich an dich. Dann wagst du Vorstöße, die nur du machen kannst, weil du zu zweihundert Prozent dahinterstehst.

Ihr habt gelernt, in der Masse zu schwimmen und zu tun, was alle tun.

Wenn du aber wirklich Wachstum suchst – und, das muss ich zugeben, das tun momentan sehr viele Menschen-,dann findest du das Potential dazu nur ganz tief in dir.

Vertraue immer mehr deiner inneren Stimme, deinem Gefühl, deinem „inneren Riecher".

Und vergiss nicht: Deine Art, mit dir selbst zu kommunizieren, ist genau die richtige. Es ist so wichtig, zu dir selbst zu stehen.

Und sei unbesorgt, wenn „Lehrer" sagen, diese Art und Weise würde nicht zum Erfolg führen.

Ein Beispiel: In der Meditation ist es üblich, leise und ruhige Töne und sachte Bewegungen zu verwenden oder sogar ganz in der Ruhe zu verweilen. In aller Regel passt das auch so. Wenn du aber merkst, du benötigst etwas anderes, zum Beispiel etwas lautere und härtere Musik, dann verurteile dich nicht dafür. Sitze nicht hundert Stunden in einer Gruppe ab, wenn du schon beim ersten Mal spürst, dass es nicht deins ist.

Das meine ich damit, wenn ich sage, habe den Mut, dich auszuprobieren. Der Weg ist das Ziel. Und mit der Zeit wird, um auf das Beispiel zurückzukommen, auch bei dir mehr Ruhe einkehren und du wirst die laute Musik immer weniger benötigen, weil du bereits näher zu dir gefunden hast.

Versuche also immer mehr, vom Außen ins Innen zu kommen. Gehe in die Natur, vor allem allein, gehe schwimmen oder in die Sauna oder, oder,oder. Ja, mach einfach das, was sich dir zeigt.

Komme, so gut es geht, zur Ruhe. Komme zu dir selbst. Dann werden ganz bald alle diese Themen, die dich bisher nicht zur Ruhe kommen ließen, ans Tageslicht kommen. Dann werden all die Fragen und Selbstvorwürfe kommen. Sei bitte dankbar dafür. Denn sie sind der erste und der wichtigste Schritt.

Wenn du all das nach langer Zeit und vielem Verdrängen „endlich" an dich heranlässt, darfst du richtig stolz auf dich sein. Dann hast du eine ganz harte Nuss geknackt.

Ja, auch das gehört dazu und ist sogar sehr wichtig: dich selbst zu würdigen und stolz auf dich zu sein. Zu strahlen wie ein Honigkuchenpferd zu Weihnachten. Du bist dein Chef, dein Held, dein König oder deine Königin. Nur wenn du dich immer mehr so annimmst, wie du bist, nämlich liebevoll, herzlich und einzigartig, gehst du immer mehr DEINEN Weg. Wenn du deine innere Stimme nicht überhörst, wenn sie eine Pause einfordert oder Stopp sagt. Probiere es immer wieder aus. Und sei so liebenswürdig und kollegial, wie du es zu einem besten Freund oder Kollegen bist.

Ja, das kostet ein wenig Arbeit, vor allem bist du das nicht gewohnt. Aber das ist der Weg, der -oftmals, sogar ganz schnell-

zum Erfolg führt. Momentan sind alle Pforten und Schleusen weit geöffnet. Was du jetzt bewusst und von ganzem Herzen und mit Nachdruck machst, das hat Erfolg, und zwar so richtig, glaube mir.

Du wirst, wenn du diesen Weg ganz konsequent gehst, immer wieder erstaunt sein, wie schnell Dinge sich zum Positiven ändern.

Und ja, es ist jetzt an der Zeit, sich von Altem, Behinderndem zu trennen. Egal ob es im beruflichen Bereich ist oder im Privaten. Auch Freundschaften, die beispielsweise schon lange einseitig sind, dürfen in Liebe losgelassen werden. Wichtig ist auch hier das Wie.

Mache alles in Liebe. Überstürze nichts. Aber wenn du sicher bist, dann setze klare Grenzen. Nicht jeder kann damit umgehen, wenn du ihn damit konfrontierst. Wenn du sagst, dass die Wegstrecke, die ihr bisher gemeinsam gegangen seid, schön war, aber jetzt stehst du an einer Weggabelung, wo es heißt, Abschied zu nehmen. Wenn dein Gegenüber das nicht versteht, dann bewerte es bitte nicht. Dann lass die Beziehung langsam auslaufen. Wenn du ganz klar bist, dann wird dein Weg auch klar, und Probleme, die du bisher als solche betrachtet hast, sind auf einmal ganz klein oder scheinen wie weggeblasen zu sein.

Also, vertraue immer mehr auf dich selbst und du wirst merken, dass du dir immer mehr zum Freund wirst. Dann bist du auch gerne wieder mit dir ganz allein unterwegs und freust dich, dass du Zeit für und mit dir hast. Das ist wie „nach Hause kommen", wie „ankommen".

In diesem Sinne bis bald und frohes Wohnen in euch!

Herzlichst
die Natur

Mittwoch, 15.05.19

An diesem Mittwochmorgen wollte ich eigentlich gen Westen aufbrechen, aber meine Augen und der ganze Körper sagten Nein! Es war, als wäre das gesamte System heruntergefahren worden, und alles ging nur noch im Sparmodus.

Also hieß es: schnell etwas überziehen, zur Rezeption, Verlängerung beantragen und noch mal in das schöne warme Bett zurück.

Als ich wieder aufwachte, war der Nachmittag bereits angebrochen. Jetzt war ich putzmunter. Die Sonne schien zwar auch heute, aber nicht mehr so bestechend und so warm wie gestern. Das war wohl die Botschaft, die alle Menschen vermittelten, die vom Wetter auf Island sprachen. Das Wetter war so, wie es war, und so musste man es nehmen. In diesem Moment. Und wenn ich Sonne genießen wollte, musste ich das eben dann tun, wenn sie schien, und nicht erst Stunden später. Denn später konnte sie es sich schon wieder ganz anders überlegt haben.

Also zog ich mir den warmen Wollpullover über und suchte mir eine Bank in der Sonne, ein Buch unterm Arm.

Als es mir auch hier zu kalt wurde, setzte ich mich in den Aufenthaltsraum und las das Buch bis zur letzten Seite. Ja, wenn ein Buch spannend ist, muss es zuerst fertiggelesen werden, bevor es zum nächsten Schritt geht. Nun konnte ich also morgen weiterfahren. Das heißt, ich nahm es mir zumindest mal vor. Hier hatte ich schnell gelernt, dass es besser ist, den Moment entscheiden zu lassen und nicht zu weit vorauszuplanen. Auch nicht unbedingt das zu machen, was hier gerade angeboten wurde und was andere bereits mit Begeisterung gemacht hatten. Nein, ich versuchte immer mehr, einfach das zu tun, was für mich gerade anstand. Und zwar gerade jetzt. Und wenn ich schlafen wollte, dann ging ich eben schlafen.

Jetzt war noch eine Rechnung per Onlinebanking zu beglei-
chen, die mir meine Nachbarin per WhatsApp geschickt hatte.
Danach ging ich zufrieden und glücklich zu Bett.

Donnerstag, 16.05.19

Heute wachte ich bereits um 4.30 Uhr auf und freute mich, nochmals schlafen zu können. Als ich zum zweiten Mal die Augen
öffnete, war es schon 9.30 Uhr.

Ich ging duschen und checkte aus. Danach ging ich noch mal
auf den Campingplatz, der auch als Naherholungsgebiet diente,
also für alle offen stand.

Hier wurde auch das sehr beliebte Frisbee-Golf gespielt. Vor allem kleine Gruppen junger Männer pirschten hier täglich durch
die Wälder, um diesem Hobby zu frönen. Die Frisbees mussten
in spezielle Körbe geworfen werden.

Ich ging den mir bereits bekannten Bachweg ein Stück hoch,
suchte mir ein lauschiges Plätzchen am Bach und holte meinen
Block und meinen Stift heraus.

Schon gestern Abend hatte ich bemerkt, wie ich in Gegenwart
dieses Rauschens ruhiger wurde und mich sammeln konnte. Alles um mich herum verschwand ganz langsam. Nur das Rauschen
des Baches begleitete mich nach innen und zu meinen Gedanken,
Gefühlen und Erlebtem. Immer wieder flüsterte mir das Rauschen ins Ohr: *Es ist alles gut, ich begleite dich. Das, was du tust, ist
richtig. Dazu bist du hier. Das ist deine Mission. Glaube an dich und
gehe deinen Weg. Sieh mich an: Auch ich bleibe mir treu, indem ich meinem Bachbett folge, Stunde um Stunde, Tag für Tag.*

Circa eine Stunde später stand ich auf, verabschiedete mich vom Bach und vom Campingplatz und sattelte die Hühner. Als ich bei Marc Heinrich von Blackbird angekommen war, begann es leicht zu nieseln.

Weiter ging es heute auf der Straße Nummer 1, der Ringstraße – hier war bereits Reykjavík angeschrieben. Ich wollte aber gar nicht so weit fahren, sondern vorher, im Nordwesten, hoch in die Fjorde.

Da ich durch Akureyri durchmusste, beschloss ich, hier noch einen Caffè Latte zu trinken und einen leckeren isländischen Kuchen zu genießen.

Dann ging es mit Marc Heinrich durch wunderschöne Täler und Schluchten – überall war Wasser, in Form von Bächen, Rückstau oder größeren Flussbetten, wo sich das Wasser seinen eigenen Weg suchte, quer durch das grobsteinige Bett.

Immer wieder hielt ich an, um den Ausblick zu genießen, um zu staunen und zu spüren. Einfach nur da zu sein, hier in dieser wunderbaren Landschaft. Es wurde mir immer mehr bewusst, wie schön es war, ganz viel Zeit zu haben beziehungsweise sie mir zu nehmen, sie mir zu gönnen. Sie mir zu eigen zu machen und nicht von ihr beherrscht zu werden beziehungsweise mich nicht von ihr beherrschen zu lassen.

Ich musste mich an keinen vorgegebenen Plan halten. Zwar wusste ich, was auf jeden Fall auf dem Plan stehen musste, und dazu gehörten auf jeden Fall die Westfjorde. Ansonsten war ich jedoch frei und ungebunden und wusste, ich habe ganz viel Zeit im Gepäck.

Den einzigen Stein, den ich mir immer wieder selbst in den Weg legte, war das Aufstehen. Ich schlafe generell unheimlich gern, und ich schlafe gerne aus. Aber im Urlaub gibt es ja so viel zu sehen, und da könnte ich ja etwas verpassen, wenn ich nicht frühzeitig aufstehe. Zudem schien heute Morgen die Sonne so warm durch mein Dachfenster, dass es mir im Schlafsack zu warm wurde.

Und was wettertechnisch absolut typisch für Island ist: Das Wetter wechselt ständig, und wenn man die Gelegenheit nutzen wollte, dann war der richtige Zeitpunkt *jetzt*.

Die Kilometerangabe von Akureyri nach Varmahlið war mit 100 angegeben. Da nicht schneller gefahren werden durfte als 90 Stundenkilometer und ich mit meinem Marc, auch wegen der Windböen, nicht schneller unterwegs war als mit 70 Stundenkilometer, erreichte ich mein Ziel in circa zwei Stunden.

Zuerst fuhr ich auf den örtlichen Campingplatz, der im Reiseführer als sehr schön beschrieben und von der Straße aus gut beschildert war. Vorbei ging es an einer größeren Baustelle, die rund um das kleine Dorfzentrum zu wüten schien. Dann den Berg hinauf, vorbei am Schwimmbad mit Hot Pot.

Darauf freute ich mich schon ganz besonders, das würde mein erster Aufenthalt im Hot Pot hier in Island werden! Wirklich unglaublich, wenn man bedenkt, dass ich bereits seit dem 7. Mai hier verweilte.

Der Zeltplatz lag wirklich wunderschön: Hecken zwischen den einzelnen, großzügigen und grünen Stellplätzen, und wieder Wald.

An der vage angedeuteten Rezeption war niemand anzutreffen und der Platz war leer. Aber die Toiletten waren offen, sauber und beheizt.

So fuhr ich zurück ins Dorf, wo ich anscheinend direkt gegenüber dem Kindergarten parkte. Auf jeden Fall verfolgten mich gut 15 platt gedrückte Näschen und doppelt so viele Augen von der anderen Seite der Scheibe. Alle Fenster, auch die von der daneben befindlichen stillgelegten Bank, waren mit bunten Kinderbildern beklebt.

Als ich zurTouristinformation wollte, die auch noch viele besondere Handwerksstücke aus Wolle und anderen Materialien verkaufte, sagte man mir im Lebensmittelmarkt und Schnellimbiss an der Tankstelle, dass diese während der Bauarbeiten geschlossen sei. Da dachte ich mal wieder: Reiseführer sind ja wirklich praktisch, zu sehr auf sie verlassen sollte man sich allerdings nicht.

So bestellte ich im „Restaurant" eine Suppe mit Schaffleisch, bezahlte, bekam eine Nummer und setzte mich an einen Tisch, der mit einer Box Papierservietten und einer Flasche Ketchup bestückt war. Da kam eine Dame vom Team auf mich zu und erklärte mir, dass es heute diese Suppe nicht gebe. Diese hatte ich bewusst gewählt, da es eine selbst gemachte gewesen wäre, „homemade". Die Isländischen Suppen sollen nämlich, genauso wie die Kuchen, sehr lecker sein.

So entschied ich mich für eine kleine Pizza, die dann auch so schmeckte, wie Pizzen eben so schmecken in einem Schnellrestaurant.

Nun war es aber endlich an der Zeit, meinen Bikini einzupacken und ins Schwimmbad zu gehen, das gleich um die Ecke gelegen war.

Als ich bezahlt hatte, wies mich der Bademeister an, meine Schuhe auszuziehen und auf die dafür vorgesehenen Regale zu stellen. Ach ja, das hatte ich auch schon gelesen. In Privatwohnungen und in Schwimmbädern werden die Straßenschuhe ausgezogen.

Dann ging ich in die Umkleide, danach duschte ich ganz brav nach isländischer Sitte, ohne Badebekleidung und mit Seife. Das ist hier sehr wichtig und wird in mehreren Sprachen auf einem großen Plakat beschrieben.

Da dem Wasser kein Chlor zugesetzt wird – das meiste Wasser kommt als Thermalwasser aus den Bergen –, wird die Hygiene vor dem Baden sehr großgeschrieben.

Ich war erstaunt, wie warm das Wasser hier im Freibad war. Wenn ich mich nicht täusche, gibt es in Island gar keine Hallenbäder.

So war es eine Wohltat, im sehr warmen Wasser zu schwimmen, den Wind zu spüren und im Hintergrund die Berge zu sehen.

Dann endlich kam das Highlight des Tages – der Hot Pot. Kreisrund, mit Düsen in verschiedenen Höhen versehen und richtig warm. Noch war ich allein hier und reckte und streckte mich genüsslich.

Mit der Zeit wurde es aber doch recht warm – sogar mir als Frostbeule. Jetzt war es angesagt, mich aufrecht hinzusetzen und den Kontrast von Kälte, Wind und sprudelndem Suppentopf zu spüren und zu genießen.

Das Wasser tat soooo gut! Es fühlte sich sehr weich an und meine Muskeln entspannten sich immer mehr. Nach und nach wurde mir bewusst, dass das Wasser hier sehr schwefelhaltig ist, was man zum Teil riecht. Auf dem Zeltplatz, zum Beispiel, hatte ich mich immer gewundert, warum die Heizung auf der Toilette so komisch riecht. Jetzt war mir klar, warum. Das Wasser wird also auch zum Heizen verwendet.

Nach dem Baden war ich so wohlig entspannt, dass ich mich direkt auf den Weg zurück zu meinem Nachtlager machte.

Inzwischen war klar, der Platz war nicht immer besetzt, konnte aber genutzt werden. Die Gebühren hatte man dann einfach in einen dafür vorgesehenen und gesicherten Kasten zu werfen.

Ja, hier lässt man sich nicht vorschreiben, wann man wo zu sein hat …

Vielleicht würde ich ja am Ende meiner Reise auch ganz entspannt so lange schlafen, wie es für mich passte – und das ohne schlechtes Gewissen.

Die Nacht war ruhig und es legte sich ein friedlicher Teppich über den gesamten Platz. Hier fühlte ich mich einfach nur wohl.

Baum-Stein-Wurzel

Ich: Hallo und guten Morgen. Heute bin ich in einer besseren Verfassung als gestern Abend. Danke, dass du mich gestern so liebevoll getragen hast, als ich mich auf die kleine Holzbrücke gelegt habe, die auf deiner Wurzel, oberhalb des kleinen Baches, verankert ist.

Wurzel: Ja, gestern Abend hattest du Beistand nötig. Es ist gut, dass du vorbeigekommen bist. Wenn es dir nicht gut geht und du dann nach draußen gehst, merkst du meist selbst, dass du bald wieder vitaler bist.

Ich: Ja, du hast mich ja bereits auf dem Campingplatz gerufen. Ich habe es deutlich vernommen. Nur wusste ich nicht, wer gerufen hat. Aber als ich den Wald betrat und mein Blick auf deine kraftvolle Wurzel gefallen ist, da wusste ich es.

Das finde ich speziell hier in Ísafjörður so faszinierend. Hier scheint irgendwie jeder Grashalm mit mir zu sprechen. Alle Poren scheinen hier auf Empfang zu stehen.

Wurzel: Ja, das liegt auch daran, dass du schon einmal hier gelebt hast. Das hast du ja selbst schon bemerkt. Und da, wo ihr schon einmal, oder vielleicht auch mehrfach, eure Fußspuren hinterlassen habt, dahin fühlt ihr euch oft wie magisch angezogen. Zum Teil geht ihr in diese Länder in Urlaub, belegt Sprach-, Kultur- oder Kochkurse oder lernt ein landestypisches Musikinstrument oder Handwerk. Ihr spürt einfach diesbezüglich eure Wurzeln. Und das wird momentan und in Zukunft immer stärker.

Daher wehrt euch bitte nicht dagegen, sondern seid offen und lasst euch darauf ein. Wenn ihr eure „Vergangenheit" annehmt und miteinbezieht, bekommt euer Leben noch viel mehr Kraft und ihr erhaltet Visionen und Botschaften wie aus dem Nichts. Botschaften, die einfach da sind. Aber sie kommen natürlich nicht aus dem „Nichts". Sie kommen von euren Wurzeln, von eurer Basis.

Jetzt ist die Zeit, Vergangenheit und Gegenwart miteinander zu vereinen. Aber bitte nicht mit Überlegen oder Grübeln, sondern durch Öffnen, Hineinspüren und Ausprobieren. Probiert aus, was euch Spaß und Freude bereitet. Und wenn es in der Vergangenheit schon einmal eure Hauptbeschäftigung, euer Beruf war, dann wird es sich als Talent wieder ganz neu und spielerisch zeigen. Lasst ihr es dann ganz intuitiv aus euch heraussprudeln, so wird es euch mit Freude, Liebe und Leichtigkeit erfüllen. Ihr werdet euch daran erfreuen und die anderen damit bereichern. Und dann seid ihr im Flow, im Fluss, im Strom, dann werden sich diese Freude und Fülle auf eure Umwelt, also auf Menschen, Tier und Natur, auswirken. Dann seid ihr ganz aktiv und spielerisch dabei, die Welt lichtvoller und heil zu machen. Dann müsst ihr nicht mehr für irgendetwas „kämpfen". Das kostet viel zu viel Kraft und ist bei Weitem nicht so lichtvoll, wie wenn ihr es aus Liebe macht. Wenn alle eure Poren rufen: *Ja, so ist es, so ist Leben, das ist Freude!*, dann ist alles gut.

Ich: Jetzt spüre ich vollkommen deine Kraft. Für mich fühlt es sich gerade so an, als würdest du gleich abheben und auf leichten Flügeln davonschweben.

Wurzel (lacht): Ja, das würde ich auch manchmal gerne. Vielleicht war ich doch schon einmal ein Vogel? (Grinst.)

Ich: Und deshalb habe ich gestern Abend so viel Kraft von dir und mit dir gespürt? Weil du mir genau das vermitteln wolltest? Auch wenn die Kommunikation auf eine andere Art stattgefunden hat?

Wurzel: Ja, die Botschaft war die gleiche. Ihr seid ja auch zu ganz vielen auf eurem Weg. Und trotzdem hat jeder eine andere Art, dieses auszudrücken. Die einen machen es mit Musik oder Kunst, die Nächsten mit Sport oder der Wissenschaft. Wieder andere geben es liebevoll an die Kinder, an Kranke oder ältere, bedürftige Menschen weiter. Also, egal wie: Findet euren ganz eigenen Weg. Dann seid ihr auch erfolgreich. Egal wie viele scheinbar genau das Gleiche anbieten. Aber zehn Mal das Gleiche ist eben trotzdem zehn Mal individuell verschieden, wenn jeder wirklich „SEIN DING" macht. Deshalb hört nicht auf die gut gemeinten Tipps und Ratschläge von anderen, sondern auf eure eigene Stimme. Dann seid ihr immer auf dem richtigen Weg.

Ich: Danke schön für diese schöne Interpretation. Dann sind wir also auch dann zufrieden und selbstsicher, wenn wir unserer inneren Stimme und unserer Lebensaufgabe folgen.

Wurzel: Ganz genau. Je mehr ihr im Einklang mit euch selbst seid, umso glücklicher seid ihr. Dann könnt ihr euren Luxus und Wohlstand genießen, ohne ihn wirklich zu benötigen. Dann ist es keine Abhängigkeit mehr, sondern eine Freude. Dann müsst ihr nicht, wie bei einer Sucht, immer mehr davon haben, sondern entscheidet euch freiwillig und in Freude, was und wie viel davon ihr vermehren wollt. Dann steht der Genuss im Vordergrund. Auch wollt ihr dann wieder viel lieber mit anderen gemeinsam Freude erleben. Dann unternehmt ihr gerne wieder etwas gemeinsam. Dann freut ihr euch mit anderen mit, anstatt euch gegeneinander auszuspielen und aufeinander neidisch zu sein. Ihr werdet sehen, es wird euch noch ganz viel Freude bereiten, hier auf Erden zu sein. Genießt es zusammen.

Ich wünsche euch viel Spaß!

(kommuniziert in Ísafjörður)

Freitag, 17.05.19

Wieder einmal langes Ausschlafen. Zwischendurch wollte noch eine Mail geschrieben werden, an den Vermieter von Marc. An der Vorderseite des Autos hing ein Klebeband herunter, das mir nicht gefiel. Anscheinend war dies ein bekanntes Problem, und so musste nichts Spezielles unternommen werden. Es war wohl die Ummantelung eines Wasserschlauchs, wie es schien. Wenn sich dieses löst, sieht das zwar nicht schön aus, aber es schränkt die Funktion nicht ein. Ich solle es einfach abschneiden, war die Antwort auf meine Frage.

Ich hatte schon damit gerechnet, irgendwann in die Werkstatt zu müssen. Schließlich war ich die eine oder andere Straße gefahren, für die Marc nicht gerade gemacht war.

Nun war ich doch beruhigt, dass mir der Gang in die Werkstatt erspart blieb. Und da ich bald in die Fjorde aufbrechen würde, war mir diese Absicherung wichtig, da dort weder Werkstätten noch Einkaufszentren dicht gesät waren.

Als es mir nun endgültig zu warm wurde in meinem Schlafsack und die Kinder mit ihren hellen, lachenden Stimmen mir einen schönen Morgen wünschten, stand ich nun doch auf.

Ich nahm meinen Wäschebeutel und schlenderte zur Toilette, eine Dusche war hier nicht zu finden. Schließlich wollte ich noch mal ins Schwimmbad, bevor ich zur nächsten Stadt aufbrach.

Jetzt sah ich, was die Kinder in so freudige Aufregung versetzte: Die in verschiedenen Farben gestreifte Plane, die mit Luftdruck nach oben gedrückt wurde und somit eine konvexe Wölbung verursachte, war ein Trampolin.

Vorher machte ich aber noch einen kleinen Spaziergang. Dann setzte ich mich zu einem Wurzelmännchen auf eine kleine Baumstamm-Bank und notierte meine Erlebnisse.

Hier in der Natur konnte ich völlig ungezwungen schreiben. Der Wind, die Vögel, sie alle motivierten mich, als wollten sie sagen: *Ja, schreib du nur, dafür bist du ja hierhergekommen.*

Wieder im „Zentrum" angekommen, es war kurz vor 14.00 Uhr, sagte mir der nette Teenager am Eingang des Schwimmbades, dass dieses um 14.00 Uhr schließe.

Das hieß für mich jetzt ganz klar: Weichen stellen für die Weiterfahrt. Weiter in Richtung Westen, nach Blönduós. Die Fahrt war wieder genial. Kein Regen, wenig Wind und wunderschöne Landschaften, wo immer man auch hinschaute. Berge, Bäche, Flüsse, Felsen – einfach nur schön!

So ganz langsam wurde ich aber doch etwas nervös. Jetzt war ich ungefähr zwei Stunden unterwegs, allerdings mit einigen Pausen.

Hatte ich die Abfahrt nach Blönduós bereits verpasst? Aber das konnte in dieser ländlichen Gegend kaum sein. Hier war es sogar für meine Verhältnisse sehr übersichtlich, was mir sehr entgegenkam.

Mit „50 Kilometer" war die Stadt angeschrieben von Varmahlíð aus. Die Spannung stieg.

Da stand es endlich, das lang ersehnte Schild, das mir die gewünschte Stadt anzeigte.

Das Städtchen liegt direkt an der Ringstraße, der Nummer 1. Der Campingplatz leider auch. Direkt unterhalb der großen Tankstelle, an der Durchgangsstraße. Zwar von einem Hang etwas geschützt, aber nichts Grünes und nichts Persönliches, das mich ansprach. Darum herum war eine Baustelle, da neue Cottages gebaut wurden. Dafür war der Platzt doppelt so teuer wie die meisten hier. Also dreimal tief durchatmen und durch.

Nachdem ich einmal quer durch den hiesigen Supermarkt gegangen war, fand ich ein schnuckliges gelbes Haus mit einer großen Kaffeetasse darauf, das mich sofort in seinen Bann zog.

Da ich heute noch nicht viel gegessen hatte, schaute ich auf die Speisekarte. Ich bestellte ein Bier – ich würde hier noch zum Biertrinker werden! Zu Hause sah ich kaum eines an. Aber hier wird auch ein wirklich gutes gebraut. Vor allem das Dunkle hatte es mir angetan. Doch leider gab es das hier nicht. So bestellte ich ein „Gull", das sich dann auch als schmackhaft herausstellte.

Danach bestellte ich Zwiebelringe, frittiert, mit einer scharfen Chilisoße. Und zum Nachtisch gab es einen Caffè Latte und einen selbst gebackenen Rüblikuchen mit Baiser. Dieser war meiner Nase nach etwas zu süß geraten, ansonsten aber sehr lecker.

War das ein Nebenprodukt der kalten und harten Natur? Hier wurde sehr viel Zucker verwendet. Ich bin wirklich eine Naschkatze, aber wenn es mir mal wirklich zu süß wurde, dann hatte es der Koch oder Konditor wirklich sehr gut gemeint. In diesem Fall zum Beispiel wäre der Kuchen auch ohne Guss ausreichend süß gewesen. Aber die Geschmäcker sind zum Glück verschieden. Und die nationalen Gewohnheiten ebenfalls. Dies war jedoch das Einzige, was ich ab und zu an den selbst gebackenen Kuchen „auszusetzten" hatte. Ansonsten waren sie wirklich sehr gut und mit viel Liebe zubereitet. Das war auch ein guter Kontrast zu der „Burger-, Pizza- und Fritten-Kultur". Deshalb ließ ich oft das Mittagessen ausfallen und bevorzugte dann die süße Variante.

Anschließend machte ich noch einen Spaziergang am Fluss entlang, direkt unter der Straßenbrücke. Hier blühten die Dotterblumen (oder ein ihr verwandtes Gewächs) und die Vögel waren hier zuhauf anzutreffen. Was mich zum Schmunzeln brachte, war der Standplatz der Schautafel der hier heimischen Vögel. Sie stand in Richtung Fluss, direkt gegenüber dem Polizeigebäude.

Der Abendspaziergang tat wirklich gut, aber es lag auch etwas leicht Graues über dem zu Ende gehenden Tag. Da der Campingplatz direkt an der Hauptverkehrsader lag, war hier wenig von dieser so genialen Island-Energie zu spüren.

Abends im Camper zog ich noch eine Blumenkarte. Es zeigte sich die Anemone, die für Gemeinschaft steht. Da war sofort die Intuition da, dass jetzt die Zeit reif ist, bewusst Kontakt mit den Naturwesen aufzunehmen.

Irgendein Wesen hatte sich nun eingeschaltet und sagte mir, ich solle ganz bei mir bleiben. Möglicherweise bräuchte ich etwas Geduld, um das Vertrauen dieser Wesen hier zu erhalten. Diese hätten sich von „westlichen Menschen" distanziert, da die Botschaften oft verlacht und negativ ausgelegt würden. Diese Menschen hätten das natürliche Denken und Fühlen verlernt. Sie würden nur noch mit ihrem Kopf arbeiten und gar nicht merken, wie arm sie in ihrem Herzen tatsächlich seien. Und dann benötigten sie allerlei „Drogen". Das beginne mit übermäßigem Essen und Trinken und ende in einem vermeintlichen „Wohlstand", den sie jedoch nicht wirklich zu ihrem eigenen „Wohl" zu nutzen wüssten.Und um ja nicht darüber nachdenken zu müssen, überfrachteten sie sich mit Arbeit und allerlei anderen „wichtigen" Dingen.

„Und jetzt kommt so jemand wie du und möchte sich nicht nur mit uns unterhalten, sondern diese Kontakte auch noch veröffentlichen", fuhr das Wesen fort. „Da habe ich, wie viele andere hier auch, so meine Bedenken, nämlich dass da wieder ganz böse über uns gelästert wird, unsere Behausungen geplündert werden und noch vieles mehr."

Jetzt war ich total platt und auch erstaunt über diese Botschaft, die da so leicht zu mir gefunden hatte. Schließlich war ich vollkommen unvorbereitet gewesen. Ich gab zurück, dass ich das sehr gut verstehen könne, dass ich aber auch immer mehr merken würde, dass dies meine Lebensaufgabe sei und die Menschen, zumindest viele von ihnen, offener dafür geworden seien, zuzuhören, nachzudenken und aufzuwachen. Mit „aufwachen" meine ich eine „Erweckung" in Richtung eines friedlichen und menschlichen Zusammenlebens aller Wesen.

„Aber ihr habt doch auch ‚Waffen', um euch zu schützen", sprach ich weiter. „Ich weiß, dass ihr davon nur im Notfall Gebrauch macht." Dann wollte ich noch wissen, mit wem ich denn da gerade so intensiven Kontakt hatte.

„Mit einem Gesandten der Natur", kam da die Antwort. „Du möchtest mir also nicht deinen Namen sagen?", hakte ich nach. „Nein, momentan nicht", kam die Antwort, „aber wir bleiben in Kontakt."

Ich bedankte mich von Herzen und teilte dem Vermittler mit, dass ich tief gerührt sei.

Mit diesen Gedanken im Herzen legte ich mich schlafen. Und immer wieder kam mir die Botschaft in den Sinn, mich von meiner Intuition führen zu lassen, was den Weg für den morgigen Tag betraf.

Vollmond Samstag, 18.05.19

Morgens um 4.30 Uhr wachte ich zum ersten Mal auf. Da war die Botschaft ganz klar: früh aufstehen, nicht an den Forellensee fahren (so wie ich es gestern Abend noch gedacht hatte). Da waren plötzlich Wasserfälle in meinem Kopf. Also schaute ich später im Reiseführer nach Wasserfällen hier in der Gegend.

Vorher war ich jedoch damit beschäftigt, mich mit dem Gedanken anzufreunden, früh aufzustehen. Ich hatte die Botschaft sehr wohl verstanden, wusste sie auch zu schätzen, aber mich so zeitig aus dem Bett zu schälen, was sicher auch etwas mit einem Hervorkriechen aus dem Schneckenhaus zu tun hatte, war hier und heute die ganz große Herausforderung für mich.

Da zog ich eine Engelkarte. Diese unterstütze mich, gemeinsam mit Tier- und Blumenkarten in meiner täglichen Meditationszeit. Und ich schätze diese Karten inzwischen wirklich sehr, da sie immer, aber auch wirklich immer das sagen, was gerade ansteht oder beachtet werden will. So kam es auch schon mal vor, dass ich eine Karte, die herausfiel, wieder unter die anderen mischte und dann genau diese wieder zog. Wenn also eine Botschaft zu uns will und wir offen dafür sind, dann kann sie auch kommen. Egal in welcher Form. Nur sind wir nicht mehr immer in der Lage, sie zu empfangen, oder wollen sie nicht annehmen.

Der Engel der Kooperation sagte mir, dass wir in der neuen Welt zusammenwirken sollten. Für mich war sofort klar, dass in meinem Fall nicht das Zusammenwirken mit anderen Menschen, sondern mit den Naturgeistern gemeint war.

Der Engel unten im Stapel, den ich gerne auch noch beachte, stand für das Empfangen. *Sei empfänglich. Empfange die Vision für dein Leben. Höre nicht auf Worte, sondern auf dein Herz. Sei immer offen für das, was dich erreichen will. Sei ohne Furcht.*

Ja, passender hätte es für den heutigen Tag nicht kommen können. Denn einen so vagen Plan für den kommenden Tag hatte ich bisher noch nicht gehabt.

Also stand ich wirklich kurz vor 7.00 Uhr auf, duschte und weiter ging die Fahrt.

Die Wasserfälle, die ich gestern noch im Reiseführer gesehen hatte, die hier in der Nähe sein sollten, waren heute nicht mehr zu finden. Früher hätte ich mich über mich selbst geärgert, heute weiß ich, dass eine Botschaft dahintersteht.

So fuhr ich weiter gen Westen, in Richtung Hvammstangi. Die Landschaft veränderte sich wie im Reiseführer „versprochen", nämlich nicht mehr so üppig bezüglich der Vegetation und Farbenpracht. Und nicht mehr so abwechslungsreich mit Bergen, Flüssen und Seen. Die Hügel wurden sanfter und grüner.

Nun ging es nach Hvammstangi rechts ab. Ich fühlte mich innerlich sehr orientierungslos und aufgewühlt. Ich spürte, dass eine Entscheidung anstand, aber ich wusste nicht, in welcher Form. Dass diesbezüglich ein ganz besonderer Tag war, das war mir klar. Es war, als stände ich vor einer Prüfung, bei der ich die Aufgabe noch nicht hatte. Es war wie die Ruhe vor dem Sturm, wo aber bereits alles vibrierte.

Ich wollte auf meine innere Stimme hören, aber da war nichts. Also bog ich rechts ab in Richtung Robbenzentrum und Wollfabrik. Es war Samstagmorgen kurz vor 8.00 Uhr. Alle Geschäfte waren noch geschlossen. Da zwinkerte ich meinen Helfern dort oben zu und meinte: „Das habe ich nun vom frühen Aufstehen!"

Flüchtig kam mir in den Sinn, die Halbinsel, die auch als See beschrieben war, zu umfahren. Als aber von sehr ausgefahrenen Straßen die Rede war, nahm ich wieder Abstand von diesem Gedanken. Diese Straßen hier fuhr ich schlicht und einfach, um von A nach B zu kommen, aber nicht, um mich zu amüsieren. Natürlich genoss ich die Natur, die sich mir auf der Fahrt bot, in vollen Zügen, aber das durfte auch von geteerten und weniger steil abfallenden Straßen aus geschehen.

Also fuhr ich wieder aus Hvammstangi hinaus, erneut in Richtung Ringstraße.

Irgendwann kam sie dann, die Abzweigung links in die Westfjorde. Ísafjörður war hier bereits angeschrieben. Jetzt läuteten alle Alarmglocken in meinem Kopf und in meinem Herzen. Jetzt war die Stunde der Wahrheit. Die letzten Tage hatte ich mich davor gedrückt, weil die Straßen im Straßenatlas wirklich sehr abenteuerlich aussahen. Und wenn die Straßennummern zweistellig oder gar dreistellig werden, dann heißt das immer Fuß vom Gaspedal, da meist eine geschotterte und teilweise mit Schlaglöchern übersäte Straße auf einen wartete.

Dreistellige Straßen versuchte ich grundsätzlich zu meiden. Diese waren meist nur für Allradfahrzeuge erlaubt. Diese waren auch meistens F-Routen, wo es galt, eine oder mehrere Furten zu queren. Und da ich keine Ahnung davon hatte, wie man prüft, wie tief der zu querende Fluss ist, ob die Strömung nicht zu stark ist und wie der Untergrund beschaffen ist, waren diese Straßen für mich, auch wegen meines Fahrzeuges, einfach tabu.

So bog ich nun mit ein wenig Herzklopfen und mit Respekt vor der Straße links ab in Richtung Westfjorde.

Noch war die Straße geteert und relativ breit. Aber bereits nach wenigen Kilometern ging die Straße in eine „gravelled road", also in eine geschotterte Straße über. Dies wurde vorher mit einem netten Verkehrsschild angekündigt.

Also ging mein Fuß automatisch runter vom Gas. Mein Marc rüttelte und ruckelte über die unebene Straße und im Innern des Fahrzeuges schepperte und quietschte es nur so vor sich hin.

Mehr und mehr ging es bergauf. Die Fahrt war schön, die Geschwindigkeit gering, aber mit der Zeit auch ermüdend, da meine volle Konzentration erforderlich war. Die viel vorhandenen Kurven wollten ausgefahren und Löcher umfahren werden.

Nach ungefähr eineinhalb Stunden Fahrzeit wurde die Straße echt herausfordernd. Links ging es nach oben, als Straßenbegrenzung in regelmäßigen Abständen gelb bemalte, lange Stöcke. Rechts ging es, ganz ohne Markierung, jäh die Schlucht hinunter. Nicht immer senkrecht, aber ganz eindeutig. So fuhr ich instinktiv relativ weit links, um auf der vermeintlich sicheren Seite zu bleiben.

Zu allem Überfluss wurde es jetzt auch noch dunkler. Nebel kam auf, und es ging weiter in Kurven steil nach oben. Also musste ich in diesem Nebel, die Sichtweite war inzwischen unter 50 Meter angelangt, auch noch vermehrt auf entgegenkommende Fahrzeuge achten, um dann ausweichen zu können. Meine Anspannung wuchs von Minute zu Minute. Jetzt benötigte ich unbedingt eine Pause. Ich hatte es noch nicht zu Ende gedacht und meine Füße reagierten prompt. Schon war das Auto gestoppt, der Warnblinker eingeschaltet und ich stieg total frustriert und k. o. aus. Es war wirklich gewagt, bei Nebel hier auf der Straße einfach zu stoppen.

Also atmete ich tief durch und da sah ich auf der anderen Straßenseite eine Ausweichstelle. Kurz prüfte ich noch, ob diese für mein

Auto passierbar war, da viele dieser Aussichts- und Parkplätze oft abschüssig und uneben waren. So fuhr ich meinen Marc dorthin und machte mir zunächst ein Käsebrot. Jetzt benötigte ich Energie.

Dann wollte ich mich für eine halbe Stunde aufs Ohr legen, das wirkte bei mir in schwierigen Situationen oft Wunder. Aber heute war alles anders.

Der Wind zauste an Marc und mein Gedankenkarussell war nicht anzuhalten. Ich hatte Angst ohne Ende und konnte nicht beschreiben, warum. Mitunter befürchtete ich auch, Marc könne bei diesem Wind umfallen, obwohl ich wusste, dass das auf dem Parkplatz und im Stehen kaum der Fall sein würde. Bisher hatte ich jede scheinbar schwierige Situation auf Islands Straßen gut gemeistert und fühlte mich diesbezüglich sicher. Andererseits war ich mir auch der Gefahren bewusst, vor allem bei Wind und Regen, aber hier war noch etwas anderes im Spiel, das spürte ich jetzt ganz deutlich. Irgendetwas blockierte mich und legte bei mir alles lahm. Meine Muskeln waren angespannt und das tiefe, ruhige Atmen wollte sich einfach nicht einstellen. So ging ich in den Rückzug, zog mir die Decke über den Kopf und hoffte darauf, dass der Nebel doch bitte ganz schnell verschwinden möge. Ruhe stellte sich jedoch keine ein.

Da war es mir auf einmal schlagartig klar. Ich musste durch diesen Nebel hier durch, egal wie. Aber er würde sich nicht verziehen, solange ich hier oben in der Totenstarre verharrte.

Aber die Angst blieb. Da waren auf einmal Bilder da. Bilder von einem weißen Fahrzeug, das den Hang hinabstürzte. Ich sah es nicht ganz deutlich, aber die Dramatik, die da mit im Spiel war, die spürte ich am ganzen Körper. Das war nicht irgendein Unfall, nein, dieser Unfall hatte etwas mit mir zu tun. Das alles spielte sich in einem Bruchteil von Sekunden ab. Und nun wusste ich ganz genau, das war ich als junger Mensch, in einem meiner früheren Leben (wohl in meinem letzten).

Jetzt stellte sich wieder mein normaler Atemrhythmus ein. Nun lag ich einfach hier, auf meinem Bett, und wusste, warum ich gerade hier im Nebel die Notbremse ziehen musste. Diese Etappe meines früheren Lebens wollte nun noch mal angeschaut und losgelassen werden. Also versuchte ich mich zu beruhigen und wieder klar zu denken, um wieder in die Handlung kommen zu können.

Ich redete mit meinen Engeln und den Naturwesen hier vor Ort. Ich nahm sie richtig ins Gebet, denn die Angst steckte mir tief in den Knochen. So beschloss ich, so vorsichtig wie bisher zu fahren, und sie sollten mich jetzt ganz fest einhüllen und begleiten. Denn sie hatten mich, das hoffte ich zumindest, nicht hierhergeschickt, damit ich in einem Holzgefäß nach Hause transportiert würde. Nein, das hier war eine Lebensaufgabe, die ich zu meistern hatte, und wenn ich im Vertrauen blieb, konnte mir auch nichts passieren.

Mit dieser „Aufgabenteilung" und dem Bewusstsein, dass ich behütet und beschützt bin, konnte ich nun meinen Weg fortsetzen.

So fuhr ich hoch konzentriert und wach durch den Nebel, der weiterhin sehr dicht war. Ich war mir der Prüfung bewusst, aber mit diesen „Informationen", die ich erhalten hatte, konnte ich nun getrost meinen Weg weiterverfolgen.

Nach ungefähr zehn Minuten klarte der Himmel tatsächlich auf, der Nebel war wie weggeblasen und ich konnte mich wieder entspannen. Der schlimmste Teil der Strecke lag auf jeden Fall für den heutigen Tag hinter mir.

Irgendwann ging dann die Schotterpiste wieder in eine asphaltierte über, und dann war auch schon Hólmavík mit „6 Kilometer" angeschrieben.

Meine Seele machte Luftsprünge. Hier würde ich mir einen Campingplatz suchen (mehrere gab es hier eh nicht) und dann meine Füße ausstrecken und die Seele baumeln lassen.

Aber zuerst fuhr ich in den netten Ort hinein, der sich mir als sehr lang gezogen zeigte. Rechts war der Hafen zu erkennen, ein Geschäft mit Woll- und Strickwaren, das momentan geschlossen war, und das „Museum of Icelandic Sorcery and Witchcraft" (Isländisches Museum für Hexerei und Magie), das ein nettes Café mit beherbergte.

Da beschloss ich doch, hier eine gemütliche Pause einzulegen, bei einer „heítt súkkulaði" (einer heißen Schokolade) und einem Rhabarberkuchen. Rhabarber war hier überall in der Küche anzutreffen, und bei den relativ geringen Temperaturen gehört er wohl zu den wenigen hier wachsenden Produkten direkt unter freiem Himmel.

Dann zog ich auf dem Campingplatz ein. Die Anmeldung war im Schwimmbad, das direkt neben dem Zeltplatz angesiedelt war.

Jetzt war mal wieder Alltag, oder anders formuliert, Haushalt angesagt, mit Wäsche waschen und Camper ausfegen.

Ich war ja so froh, dass neben einer Waschmaschine auch ein Trockner vorhanden war. Oft gab es zwar eine Waschmaschine, aber keinen Trockner oder genügend Platz, um die Wäsche zu trocknen. Auch wenn Waschen und Trocknen zusammen umgerechnet zehn Euro kostete, heute war es fällig.

Aber das Highlight des Tages sollte noch kommen: Das Schwimmbad, gerade ein paar Fußstapfen von meiner Heimat entfernt, das konnte ich mir doch nicht entgehen lassen! So legte ich mich in den 39 Grad heißen Hot Pot und genoss diese Wohltat in vollen Zügen. Es war sooo schön, in einem Hot Pot zu sitzen, vom Hals bis zu den Zehenspitzen war es einfach nur warm bis heiß, und um den Kopf wehte oft ein frischer Wind. Das fühlte sich manchmal an wie Sauna, nur eben mit Wasser. Irgendwann wurde es dann sogar mir zu heiß, und ich beschloss, ein paar Bahnen im Freibad zu ziehen.

Insgesamt blieb ich drei Nächte hier vor Ort. Das Fischerdorf mit seinem netten Hafen war einfach nur gemütlich.

Außer einem kleinen Einkaufszentrum mit integriertem Schnellimbiss, einer Tankstelle und einem Museum mit Café – nicht zu vergessen natürlich die Post – gab es hier keine Gastronomie.

Zwischendurch entspannte ich mich im Hot Pot so intensiv, dass ein junger Mann, der Aufsicht hatte, nach mir schaute und sich erkundigte, ob alles O. K. wäre. Als ich kurze Zeit später auf die

Uhr schaute, waren zwei Stunden vergangen, in denen ich im heißen Pot saß. Nun konnte ich die „Besorgnis" sehr gut verstehen. Ich weiß ja nicht, wie viele Touristen sich in diesen heißen „Gewässern" bereits in Luft aufgelöst hatten.

Dienstag, 21.05.19

Aufbruch in Richtung Ísafjörður

Auch heute bin ich für meine Verhältnisse mal wieder früh aufgestanden.

Duschen, anziehen, noch mal einen Blick auf die Karte, und weiter ging die Fahrt. Erst an der Tankstelle vorbei, noch mal volltanken und einen Blick auf die Kilometerangabe auf dem Straßenschild. Auch ein zweiter Blick veränderte an der Tatsache, dass es sich um 232 Kilometer handelte, rein gar nichts.

Aber ich war ja hier nicht auf einer deutschen Autobahn, wo bei normalem Verkehr mit zweieinhalb Stunden Fahrt zu rechnen gewesen wäre. Doch ich wusste, dass die Straße durchgehend geteert war; der Tag war hell, sodass ich von einer zwar gemächlichen, aber auch entspannten Fahrt ausging.

Mit meinem Marc Heinrich von Blackbird musste ich bezüglich des Windes vorsichtig sein. Die Höhe von zweieinhalb Metern wollte einfach mitberücksichtigt werden. Und die Bodenwellen, die ich immer noch nicht wirklich im Vorfeld erkannte, schüttelten mich gehörig durch, wenn ich schneller als 70 Stundenkilometer fuhr. Aber ich hatte ja Zeit und wollte kein Risiko eingehen.

Und ich muss sagen, die Wegstrecke hat mich total belohnt. Es war bisher mit absoluter Sicherheit die schönste und intensivste Gegend bisher.

Ich fühlte die Energie hier in der Natur bis in die letzte Haarspitze. Das Wasser kam mir blauer vor als überall sonst, die Fjorde waren lang gestreckt und sehr oft war die Straße auf der anderen Seite des Wassers bereits zu sehen. Und mehr als bisher rieselte immer wieder das Wasser aus den Felsen und Bergen ins Tal hinunter. Zurückgestautes Wasser, Bäche – einfach nur traumhaft schön.

Immer wieder hielt ich an, atmete tief durch, machte Bilder und war unheimlich dankbar, hier sein zu dürfen. Auch spürte ich auf dieser heutigen Fahrt immer wieder meinen Stolz aufblitzen, dass ich es gewagt hatte, mich ganz allein auf die Socken zu machen.

Als ich circa eine Autostunde von meiner Zielstadt entfernt war, sah ich ein altes, mit Torf gedecktes, kleines Haus an der linken Straßenseite. Es war gepflegt, und bei genauerem Hinschauen sah ich Tafeln, die auf ein gemütliches Café hinwiesen. So hielt ich an, denn gegen eine süße Pause sprach gerade rein gar nichts.

Es handelte sich um ein altes Gehöft, wo früher an die 20 Personen wohnten. Beim Eintreten fühlte ich mich einerseits sofort heimelig, auf der anderen Seite wie im Museum. Die Decken waren niedrig, selbst der Hausherr musste sich teilweise bücken, und die Wände und der Boden schienen auch nicht ganz im Lot zu sein. Irgendwie hatte dieses Haus etwas von Heimat. Mein Elternhaus war ebenfalls sehr alt (Baujahr 1749), und viele der hier ausgestellten Gegenstände kannte ich von dort. Wenn die Länder auch eine unterschiedliche Geschichte hatten, die verwendeten Werkzeuge und Maschinen waren doch gleich oder zumindest ähnlich.

Das ältere Ehepaar, das hier gemeinsam wohnte, hatte den größten Teil seiner Wohnung der Öffentlichkeit zur Verfügung gestellt. So waren alte Werkzeuge, eine Tischnähmaschine mit Handkurbel, Spinnräder und vieles mehr ausgestellt. Im oberen Stock waren ein Segelschiff und Weiteres über die Seefahrt zu sehen.

Im Wohnzimmer wurden heiße Getränke und Waffeln serviert. Schon beim Betreten des alten Hauses fielen mir die Kleiderstangen mit verschiedenen handgefertigten Kleidungsstücken auf. Standen die etwa alle zum Verkauf?

Als ich eine „heítt súkkulaði" (heiße Schokolade) und eine Waffel bestellt hatte, fiel mir ein junges Paar am Nebentisch auf. Sie erzählte ihrem afrikanischen Begleiter farbenfroh und lebhaft die Geschichte dieses hier wohnhaften Ehepaares.

Später kam der Hausherr zu ihnen an den Tisch und sprach die Dame persönlich an. Sie kam ursprünglich aus dieser Gegend und kannte diese beiden also sehr gut.

Einige Zeit später fragte mich der liebenswerte Afrikaner, ob ich ein Bild von ihnen machen würde. So kamen wir kurz ins Gespräch, und es stellte sich heraus, dass er aus Tansania war. Da erzählte ich ihm, dass ich vor über 20 Jahren für zwei Monate dort verweilte.

Bevor ich bezahlte, probierte ich eine der farbenfrohen selbst gestickten Wolljacken an. Alles, was hier zum Verkauf ausgestellt war, wurde von dieser rüstigen Dame, wahrscheinlich in den dunklen Wintermonaten, selbst hergestellt. Ich musste nicht lange überlegen. Diese Jacke sollte ab jetzt mir gehören.

Nach dieser netten und anregenden Pause lief die letzte Teilstrecke wie geschmiert.

Weiterhin war die Aussicht traumhaft, die Sonne schien warm und hell. Trotzdem bemerkte ich leichte Kopfschmerzen, wie ich sie die letzten Tage immer mal wieder hatte.

Ich hörte in mich hinein, und die Antwort kam prompt: *Das ist diese geniale Energie hier. Daran darfst du dich so ganz langsam gewöhnen!* Alles klar. So einfach war die Kommunikation hier. Ich wusste oft nicht, woher die Antwort kam, ob von innen, von außen – keine Ahnung, aber darauf kam es meiner Ansicht nach auch gar nicht an. Ich freute mich einfach, dass ich hier so „angebunden" war, an die Natur, an die Energie und an mich selbst. Es war so schön, so leicht, und weil es immer noch so neu war, genoss ich es einfach in vollen Zügen und war unheimlich dankbar, das so erleben zu dürfen.

Dann wurde es auf einmal spannend. Ísafjörður war angeschrieben. Von Weitem schon war es zu sehen. Nur noch um den Fjord herum und dann kam die Einfahrt in die Stadt.

Ich hatte mich bereits im Vorfeld auf diesen Moment gefreut, weil ich einfach merkte, was für eine Ausstrahlung diese Stadt auf mich haben würde. In mir stieg ein Gefühl der Wehmut genauso auf wie ein unheimliches Glücksgefühl. Es war wie endlich angekommen zu sein. Wie wenn man jahrelang weg gewesen war und nun wieder zurückkommt. Zurück und zu Hause. Bei der Familie, bei den Liebsten, und bei sich.

Die Stadt war auf drei Seiten mit hohen Bergen eingefasst, zum Teil leicht bewaldet und grün, zum Teil aber auch schroff und leicht mit Moos bewachsen.

Und auf einmal wusste ich es! Ich war hier nicht zum ersten Mal! Jetzt kamen tiefe Wärme und Wohlbehagen in mir auf. Ein ganz warmes Gefühl, eine Geborgenheit wie in einem kuschelweichen Federbett stieg in mir auf. In einem früheren Leben hatte ich hier oder in der größeren Umgebung gewohnt. Auf jeden Fall hatte der Hafen hier schon damals eine große Bedeutung in meinem Leben.

Nun war ich wirklich den Tränen nahe. Ich setzte den Blinker, fuhr an den Straßenrand und ließ jenen Blick hinein in den Fjord auf mich wirken. Diese Farben, dieses Spiel von Licht und Schatten, das sich immer wieder aufs Neue veränderte und somit eine ausgezeichnete Filmkulisse bot, war einfach nur berauschend.

So konnte ich gar nicht anders, als zuerst einmal in die Stadt zu fahren, um mich ein wenig umzusehen. Auch hier im Zentrum fühlte ich mich sofort sehr wohl. Wie in allen bisher besuchten Städten wirkte auch diese Innenstadt sehr angenehm und persönlich. Alles war übersichtlich, nett und gar nicht hektisch. Mitunter geschäftig, aber immer mit einem Lächeln und ein paar netten Worten in petto. Verschiedene kleinere und größere Geschäfte, nette, gemütliche Cafés. Herrlich!

Dann suchte ich den Campingplatz auf und war total überrascht. Obwohl er so im Reiseführer beschrieben war, überwältigte mich der Wasserfall am Eingang des Platzes. Er war so laut, dass er den Lärm der Straße auf der anderen Seite des Tales einfach übertönte. (War dies der Wasserfall, den mir meine geistige Welt vor ein paar Tagen mental gezeigt hatte, als ich in Richtung Hólmavík unterwegs war?)

Weiter hinten auf dem Platz waren auch noch zwei kleinere Wasserfälle im Hintergrund auszumachen. Und überall gab es Bäche, teils mit netten Holzbrücken überspannt, und wo immer ich auch hinschaute, gluckerte, plätscherte und rauschte es. Rechts am Berghang war Wald. Ich fühlte mich hier sofort wohl.

Auch eine Küche mit integriertem Aufenthaltsraum war vorhanden. Waschmaschine, Duschen und Toiletten. Diese Kombination war sonst eher selten. Allerdings stellte ich beim zweiten Blich fest, dass keine Kochgelegenheiten da waren. So war nun wohl Kochen im Camper angesagt.

Nach getaner Arbeit ging ich heute früh zu Bett. Diese Energie hier wollte erst einmal verarbeitet werden.

Mittwoch, 22.05.19

Wieder wachte ich heute zum ersten Mal vor 6.00 Uhr auf. Es war bereits, oder besser gesagt, immer noch taghell. Und da ich bisher nicht abgedunkelt hatte, weil ich immer mit offenen Rollläden beziehungsweise Vorhängen schlief, hielt ich es auch hier so.

Und schon wollten mich die lieben Geister hier aus dem Bett schmeißen. Sie waren auf einmal da. Und wie so oft hielten sie es auch gar nicht für nötig, sich mir vorzustellen. Sie waren einfach da und redeten mit mir oder gar über mich, so als würden wir uns schon Jahrzehnte kennen. Dabei wusste ich kaum etwas von ihnen und musste mich zuerst einmal an diese direkte und unverblümte Art der Kommunikation gewöhnen. Da war kein „Bitte" und „Wenn du Lust hast", sondern so klare Worte wie: „Wir warten auf dich!" oder einfach „Komm!".

Aber noch lag ich in meinem Bett. Und so leicht hatten sie es mit einer Nachteule wie mir nicht. Ich verstand es ja, dass am frühen Morgen noch alles taufrisch ist, keine Menschen groß unterwegs sind und die Kommunikation so besonders günstig ist. Aber ein warmes Bett war und blieb eine kuschelige Höhle, die ich nicht so einfach, mir nichts, dir nichts, verließ.

Noch vor 8.00 Uhr war ich dann doch auf den Beinen. Die Augen waren noch nicht dauerhaft geöffnet und ich tapste noch richtig schlaftrunken durch die Gegend. Ich wurde direkt in den Wald geführt. Und hier stand, direkt unterhalb eines kleinen Wasserfalls, ein Tisch mit zwei integrierten Sitzbänken aus Holz.

Jetzt war ich total begeistert. Die Wesen hier wussten, wie mich das Wasser beim Schreiben inspiriert. Sehr oft zieht es mich diesbezüglich in die Natur, und wenn Wasser vor Ort ist, dann dorthin.

Nun hatten mich die Wesen also hierhergeführt, um mir zu zeigen, dass es kein Entrinnen und keine Ausreden mehr gab. Ja, hier war ein guter Platz zum Schreiben. Sogar windgeschützt war es hier. Zwar waren die Tage noch nicht so warm, aber für eine begrenzte Zeit tat es sicher gut, in dieser zauberhaften, inspirierenden Umgebung zu sitzen, zu lauschen und die empfangenen Worte aufzuschreiben.

Auf einmal war das Rauschen des großen Wasserfalls kaum mehr zu hören. Was ich stattdessen vernahm, war der Straßenlärm. Der Wind hatte gedreht und ich merkte, wie der Krach in meinen Ohren tobte.

„So geht es uns den ganzen Tag, und die ganze Nacht. Wir können hier nicht weg, weil die meisten von uns an den Platz gebunden sind. Und im Gegensatz zu euch sind wir noch sensibler gegen Lärm und Gestank. Auch diesen können wir auf diese Distanz hin sehr gut wahrnehmen." Das war die Stimme hier aus dem Wald.

Ich wurde nachdenklich und fragte nach, was denn zu tun wäre, denn die Straße wieder „zurückzubauen", war ja nicht wirklich realistisch.

Da bekam ich zur Antwort: „Ihr habt so viele talentierte junge Menschen überall auf der Welt, die Intelligenz und Herz so miteinander vereint haben, dass sie es zum Wohle aller einsetzen können. Das sehen aber die Machtgierigen, vor allem die der nicht mehr so jungen Generation, überhaupt nicht gerne. Sie wollen die Macht nicht aus der Hand geben, schon gar nicht, wenn Vermögen und Besitz wieder gerechter aufgeteilt werden sollen. Und dafür steht die junge Generation. Nicht allen von ihnen ist dies bewusst, aber sie sind langfristig nicht mehr bereit, Profit habgierig an sich zu reißen ohne Rücksicht auf Verluste.

So seid ihr gerade auf einer sehr spannenden Reise unterwegs. Und wir, hier in der Natur, beobachten sehr interessiert, wie ihr den spürbaren Wandel umsetzt.

Und wenn ihr euch total herausreden wollt und sagt, es sei doch alles wie früher, dann sage ich euch: Heute verleugnet fast niemand mehr die Evolution. Nur kommt es mir so vor, als würdet ihr Menschen sie eindeutig nur der Vergangenheit zuschreiben. Aber das ist doch inkonsequent. Evolution beginnt nicht heute und endet morgen. So wie ihr, solange es Menschen gibt, neues Leben schenkt, so wird die Evolution nicht einfach angehalten. Natürlich habt ihr Angst davor, was als Nächste auf euch zukommt. Aber sagt ihr nicht immer selbst, es ist leichter, wenn man sich mit den Möglichkeiten auseinandersetzt, als einfach nur die Augen davor zu verschließen?

Also, entspannt euch, schaut den Tatsachen ins Auge und arbeitet zusammen. Ja, darauf kommt es in der Zukunft an. Jeder ist in seinem Bereich ein Genie. Aber gemeinsam erreicht ihr den Himmel. Ja, das ist nicht übertrieben. Zusammen seid ihr so macht- und kraftvoll, wie ihr es euch gar nicht vorstellen könnt. Ihr könnt soooo viel erreichen. Lasst also die jungen Menschen mit ihrem Fachwissen, ihrem Verstand und ihrem Gerechtigkeitssinn mit ins Boot einsteigen. Ihr werdet sehen, es gibt Wege, die euch bisher noch nicht klar waren. Vor allem Wege, die allen Menschen und der Natur zuträglich sind. Euch wird immer noch verkauft, dass das nicht geht. Papperlapapp!!! Und wie das geht! Lasst euch das von weisen Wesen der Natur sagen. Und ja, ich weiß, dass jetzt viele von euch sagen: Das gibt es doch gar nicht! Aber nur weil ihr es von euch weghaltet oder Angst davor habt, heißt das nicht, dass es das nicht gibt."

Jetzt war ich total geplättet. Dieses Gespräch, oder eher, dieser Vortrag und diese Energie hier! Und alles ging so leicht. Ich musste mich nicht erst einstimmen oder nachfragen. Nein, es war alles da. Es war Wahnsinn, einfach nur Wahnsinn! Und ich mittendrin. Ich setzte mich auf eine kleine Holztreppe, die zu einem schmalen Pfad führte, und legte meinen Oberkörper auf dem weichen Waldboden ab. Jetzt benötigte ich erst einmal eine Pause, um alles aufzunehmen und um diese Energie hier zu verarbeiten. So lag ich hier, inmitten der Natur mit ihren so wunderbaren Geheimnissen. Ich war ganz ruhig, entspannt und unheimlich zufrieden. Dieser Frieden ging ganz, ganz tief. Er war einfach nur da, wie eine große, nährende Kraft.

War es das, was ich bereits zu Hause gespürt hatte, als ich an die Westfjorde dachte oder im Reiseführer darüber las? Hatte ich damals schon diese Kraft und Energie gespürt? Aber vor ein paar Tagen sagte mir doch noch ein Wesen, es könne schwierig werden, hier Kontakt aufzunehmen, und es würde gegebenenfalls Zeit und Geduld benötigen.

Ich machte mich auf den Rückweg und legte mich noch mal in mein so kuscheliges Bett, in den Schlafsack. Dieses Ereignis, diese Erkenntnis wollte noch mal überschlafen werden.

Nachmittags zog ich dann meine Wanderschuhe an und machte mich auf der anderen Seite des Tales auf Erkundungsreise. Ich überquerte einen kleinen Bach, und schnell war ich auf einem Parallelweg zur Straße. Weiter ging es, bis ich an der Talstation des Skiliftes und vor dem hier beginnenden Tunnel stand. Dann drehte ich mich um, um den Weg wieder zurückzugehen. Aber nein, das konnte doch jetzt nicht sein! Dieser Anblick auf dieses kraftvolle Ísafjörður, inmitten der hohen, kräftigen und umschließenden Berge! Obwohl ich es ja wusste, was für eine Aussicht im Rücken auf mich wartete, war ich total geplättet. Das Meer, der Hafen und die Berge, die je nach Sonnenstand anders beschienen wurden. Und wieder waren da diese gemischten Gefühle aus Freude, Stolz und Wehmut.

Und jetzt durften sie kommen, die Tränen. Ich wusste immer noch nicht sicher, woher sie rührten, aber das war jetzt einerlei. Sie waren hier, um geweint zu werden. Und ich ließ sie da sein. Ich setzte mich auf einen großen Stein am Wegesrand, den Blick weiter auf den Hafen gerichtet. Und dann brach es aus mir heraus.

Ich war seither nicht mehr so glücklich in einer Beziehung gewesen wie damals hier. Er war ein Seelenpartner von mir. Gemeinsam waren wir sehr stark gewesen. Wir waren angesehen, weil uns vieles gelang, weil wir zusammenhielten und mein Mann mich genauso achtete wie ich ihn. Im Prinzip war das nichts Neues, aber hier, beim Anblick dieser Stadt, überwältigte es mich wieder. Denn jetzt waren die Gefühle dazu anwesend, dieser tiefe Stolz, die Liebe zu mir, zu meinem Partner, aber auch zu anderen Menschen und zur Natur. Alles wollte hier und jetzt, oder besser gesagt, es durfte noch mal gespürt werden. Sehr lange hatte ich es verdrängt, und heute wollte es wieder ans Licht. Es wollte ganz hell beleuchtet und anerkannt werden. So, als ob ein Puzzleteil noch gefehlt hätte und mich das leere Stück permanent angesehen hätte, nach dem Motto: *Ich schaue dich mit meiner Leere so lange an, bis du sie füllst.* War ich also gerade daran, leere Stellen in meinem Leben oder die der vergangenen anzuschauen und die blinden Flecken in Licht zu verwandeln?

Irgendwann stand ich auf, zog am Bach Schuhe und Socken aus und ging vorsichtig durch das gar nicht so kalte Wasser. Die Steine waren zum Teil schlüpfrig, sodass ich aufpassen musste, wohin ich meine Füße setzte.

Es tat so gut, ganz bewusst einen Fuß vor den anderen zu setzen, ganz bei mir zu sein und diesen kalten Bach, mitsamt den Steinen, zu spüren.

Als ich wieder bei Marc ankam, machte ich eine Kaffeepause mit den restlichen isländischen Erdbeeren, vermischt mit Skyr (Art isländischer Quark).

Danach nahm ich meinen Block und brachte zu Papier, was ich heute erlebt hatte.

Donnerstag, 23.05.19

Ich genoss die zwei Tage hier noch, einfach mit Da-Sein, Nichts-
tun sowie teilweise mit der Auflösung alter Denk- und Glau-
bensmuster.

Immer wenn mir so ein Glaubenssatz in den Sinn kam, besonders als ich auf einem Spaziergang ganz nah am Wasserfall war,
spürte ich, was dieser hier mit mir machte. Fühlte es sich gut an,
so konnte ich darüber lachen. Waren aber ungute Gefühle vorhanden, die mein Handeln negativ beeinflussen, so wusste ich,
das darf gehen. Dann atmete ich tief durch und ließ den Gedanken und das Gefühl dazu einfach nur hier sein. Wenn dann das

Gefühl neutral wurde, immer tief durchatmend und annehmend, überließ ich es liebevoll dem Wasser. Wichtig dabei ist mir immer wieder, dass vorher negativ Behaftetes positiv entlassen wird. So kann sich nach und nach die Energie auf Erden verwandeln.

Sind immer mehr Menschen bereit, sich positiv zu wandeln, so wirkt sich dies auch lichtvoll auf unseren Planeten aus. Sind dabei mehr Menschen am „Negativ-Wandeln", so gewinnt diese Energie die Oberhand.

Das war uns sehr lange nicht so richtig bewusst. Doch jeder, wirklich jeder, hat heute die Macht und die Möglichkeit, am Weltgeschehen AKTIV teilzunehmen. Wie, das entscheidet jeder ganz für sich selbst und oft täglich wieder ganz neu und hoffentlich ganz bewusst.

Samstag, 25.05.19

Heute Morgen habe ich wieder einen Spaziergang durch den Wald gemacht.

Eigentlich hätte ich heute wieder weiterfahren „sollen", weil ich bis heute gebucht hatte. Aber ich war so müde und wollte einfach nur nichts tun, sodass ich mich entschloss, mich noch einmal hinzulegen.

Gegen 16.00 Uhr fuhr ich dann in die Stadt, um die Geburtstagskarte für einen lieben Freund auf den Weg zu bringen und um Infos einzuholen bezüglich des Teils der Westfjorde, der nur mit dem Boot beziehungsweise der Fähre zugänglich ist und keine motorisierten Fahrzeuge zulässt.

Dann war noch Einkaufen angesagt, denn in den Fjorden, rund um Ísafjörður, gab es keine Einkaufsmöglichkeiten, wie es schien.

Eigentlich wollte ich anschließend auf den Campingplatz zurück und nachbuchen, aber jetzt war mir klar: Die Fahrt geht weiter.

Es war kurz vor 18.00 Uhr, und da es hier ja nicht wirklich dunkel wurde, sprach gar nichts dagegen. Und ausgeruht war ich inzwischen ja auch. Allerdings spürte ich eine leichte Unausgeglichenheit in mir, was sich leicht auf meinen Fahrstil auswirkte. So fuhr ich langsamer und vorsichtiger als sonst.

Da ich von Ísafjöður aus ab Anfang Juni noch weitere Aktivitäten geplant hatte, wollte ich mich nicht zu weit von dieser mir so heimeligen Stadt entfernen. Später, ab Anfang Juni, ging die Saison auf dem Teil der Fjorde los, der nur ohne Fahrzeuge erkundbar ist.

Also beschloss ich, das Tal weiter vor zu fahren, nach Suðureyri. Es sollten 25 Kilometer auf asphaltierter Straße sein. Ich wusste, dass ein Tunnel (der vom Campingplatz aus sichtbar war) auf der Strecke lag. Was das Spannende an diesem Tunnel ist, sind zwei Dinge. Zum einen wird er bald einspurig. Auf der einen Seite sind in regelmäßigen Abständen Ausweichnischen eingebaut. Fährt man also auf dieser Seite mit den Ausweichtaschen, so hat man diese auch zu benutzen, wenn Gegenverkehr kommt. Fährt man allerdings auf der anderen Seite, so hat man Vorfahrt und der Gegenverkehr hat dich durchzulassen. Das Zweite war, dass sich mitten im Tunnel die Straße teilt. Aber alles ist durch Verkehrszeichen gut beschildert, sodass das Passieren kein Problem darstellt.

Nach dem Tunnel ging es wieder kurvig weiter, mal bergauf, mal bergab, durch traumhafte Landschaften. Ab und zu passierten ein paar Schafe den Weg, diese habe hier generell Vorfahrt, was ich sehr gerne akzeptiere. Das alles war einfach nur „fraubert" also wunderbar.

Als ich dann an diesem malerischen Ort Suðureyri angekommen war, war ich wieder einmal überwältigt. Das Dorf schmiegte sich so romantisch und spielerisch an das Wasser an, als hätte sich jedes Haus separat seinen Standort aussuchen dürfen. Kleine, aber meist neuere Schiffe schaukelten im tiefblauen Hafen. Die Sonne zeigte sich mal wieder von ihrer besten Seite, ich war ihr so dankbar! So konnte ich mich mal wieder nicht sattsehen an diesem bezaubernden Farben-, Licht- und Schattenspiel von Sonne und Meer, vor allem in den Abendstunden. Hier konnte ich einfach nur sein, spüren und genießen. Hier waren kein Lärm und keine Hektik. Hier lebten Mensch und Natur noch im Einklang miteinander.

Da ich den Campingplatz in diesem winzigen Ort nicht auf Anhieb fand, stieg ich aus und ging in die Richtung, wo ich ihn vermutete, zu Fuß.

Wenn die Straße, auf der ich weiterfahren wollte, nicht genau beschrieben war, war ich sehr vorsichtig mit Marc. Denn Wenden bedeutete auf engen und steilen Straßen eine wahre Herausforderung.

Da kamen mir drei Damen entgegen. Sie waren ebenfalls „Ausländerinnen". Da sie mir keine Auskunft bezüglich eines Campingplatzes geben konnten, drehte ich wieder um, auch weil die Straße vor Steinschlag warnte.

Als ich in der einzigen, aber sehr gemütlichen Kneipe nachfragte, hieß es, dieser Platz existiere nicht mehr. Als die Dame meinen entsetzten Gesichtsausdruck sah, verwies sie auf den Herrn, den sie vor mir bedient hatte und der sich mit seinem „Björ" (Bier) nach draußen in die Abendsonne gesetzt hatte. Also sprach ich ihn an. Aber auch er erzählte mir nichts anderes.

So fuhr ich wieder ein Stück zurück, erneut durch den Tunnel, aber jetzt rechts ab zu dem nächsten kleinen Dorf am Meer, nach Flateyri.

Auch dieses kleine Dorf lag direkt am Hafen, aber charakteristisch unterschied es sich total von dem eben gerade besuchten.

Die Schiffe wirkten älter, sturmerprobt, robust. Im Hafen war noch viel Arbeit zu spüren, im vorherigen überwog das Hobby und somit die Leichtigkeit und Unbeschwertheit.

Hier war der Fischfang noch aktiv, die „aðalgata" (Hauptstraße) war ausschließlich mit sehr alten Häusern gesäumt. Allesamt waren von alten Einheimischen gebaut worden, allen voran von einem Kapitän und Fabrikinhaber. So hatte das „alte" Dorf den charmanten Charakter eines Museumsdorfes. Vielleicht auch deswegen, weil jedes Mal, als ich es passierte, sämtliche Läden, die zum Teil auch auf sehr alt getrimmt waren, geschlossen waren. Es war ja auch noch Vorsaison.

Am Ende des Dorfes lagen circa 20 einheitliche, neu gebaute Chalets, die von Angeltouristen genutzt wurden. Das „junge und bewohnte" Dorf lag seitlich des Dorfkerns.

Aber was war das denn heute? Auch hier fand ich den Campingplatz nicht. Schon befürchtete ich, dass auch dieser ausgerechnet jetzt nicht zur Verfügung stand. Vorhin war er doch noch angeschrieben gewesen?!

So fuhr ich durch das große Rohr aus Wellblech, doch mein Gefühl sagte, da bist du falsch. Es ging den Berg hoch und um eine enge Kurve, und da lagen zwei nicht zu große, aber auch nicht zu übersehende Steine im Weg. Also war wieder einmal ein Stopp angesagt und auf Schusters Rappen Erkundigungen einzuholen.

Da hatte ich zwar eine wunderschöne Aussicht auf Berg, Tal und Meer, aber nicht auf den Campingplatz.

Also wieder zurück. Wobei das leichter gesagt war als getan. In dieser Kurve hatte ich nun umzudrehen. Und ganz eben war es auch hier nicht. Aber mit viel Geduld, Zeit und Ruhe war auch Marc wieder ganz behutsam in anderer Richtung unterwegs.

Nun suchte ich nach Menschen, die mir am Samstagabend nach 19.00 Uhr noch den Weg weisen konnten.

Da hörte ich Lachen und das Geräusch eines bewegten Trampolins, das vom Kinderspielplatz herkam. Hier saßen mehrere türkische Familien auf dem Gras, während die Kinder auf der Plane hüpften, die als Trampolin diente.

Ein Papa nahm sich meiner an und zeigte mir den gesuchten Platz. Genau dort, wo das Schild angebracht war, war der Campingplatz dann auch tatsächlich. Er war völlig unscheinbar und erinnerte an eine Wiese mit kleinem Kinderspielplatz. Da es keine Rezeption gab und auch sonst nichts an einen Zeltplatz erinnerte, war ich vorhin daran vorbeigefahren.

Jetzt sah ich es auch, eine super gemähte Wiese mit Pappelhecken, liebevoll und in geschwungener Form unterteilt, und am Ende des Platzes, in Richtung der Tankstelle, ein grünes Häuschen mit zwei Toiletten.

Nach wie vor fand ich es spannend, wenn die Campingplätze nicht besetzt waren. Bei einem warf man das Geld einfach in einen dafür vorgesehenen Kasten. Ob hier täglich jemand vorbeikam?, fragte ich mich, denn es gab nirgends eine Info. Vielleicht war der Platz ja noch nicht offiziell geöffnet, es war schließlich noch keine Hauptsaison.

Ich stellte Marc am Ende des Platzes ab, erkundete das Dorf, setzte mich an den Steindamm, der das Dorf umschloss und schützen sollte, und genoss die warmen Strahlen der glitzernden Abendsonne.

Sonntag, 26.05.19

Als ich ausgeschlafen hatte, zog ich meine Wanderschuhe an und ging in Richtung Dorfausgang, von wo ich gestern hergekommen war.

Auch hier waren wie im Dorf Tafeln aufgestellt, die dreisprachig (Isländisch, Englisch, Deutsch) auf Besonderheiten hinwiesen.

Wahrscheinlich konnte man im alten „bookstore" (Buchladen) eine Audiokassette ausleihen und sich dann auf Spurensuche begeben.

Bei aller Reiselaune mit Sonnenschein wurde einem aber bereits am Eingang des Dorfes bewusst, wie stark die Menschen hier mit der Natur konfrontiert sind. Direkt vor der Kirche, an der Hauptstraße, wird der 20 Menschen gedacht, die 1995 bei einer Schneelawine morgens um 4.00 Uhr im Schlaf überrascht und verschüttet wurden.

Meine Reise ging weiter am Meer entlang. Anfangs ging ich noch parallel zur Straße, dann wechselte ich direkt ans Meer und zu den Steinen. Immer wieder kam von den Bergen ein Bach herunter, der sich klar und frisch seinen Weg suchte. Und ich durfte mir auch immer wieder einen Weg darüber oder mittendurch erkunden. Die Sonne schien und der Wind hatte eine berechtigte Pause eingelegt. So legte ich mich auf einen großen, vorgewärmten Stein und genoss mein Hiersein.

Als mein Innerstes zurückwollte, ging ich die Strecke wieder ganz leicht und beflügelt zurück und richtete mir ein „Plätzle" auf dem Campingplatz ein, mit Klapptisch und Stuhl.

Da am Dienstag ein guter Freund Geburtstag haben würde, beschloss ich, ein Gedicht für ihn zu schreiben. So entspannt, wie ich war, gelang es sogar ganz leicht und locker, sodass ich am Ende sehr zufrieden war mit dem Resultat.

Nun hatte ich aber doch etwas Hunger. In meinen Reserven schlummerte noch eine Dose Hummersuppe und ein halbes Brötchen. Das Abendessen war gerettet.

Montag, 27.05.19

Für den heutigen Tag hatte ich mir noch gar nichts vorgenommen. Nein, das stimmt nicht ganz. Gestern Abend hatte ich noch überlegt, wieder nach Ísafjörður zurückzufahren. Aber auch hier wurde ich mal wieder ausgebremst. Also ließ ich mich leiten. Ich wusste zwar noch nicht warum, aber dass hier noch etwas auf mich wartete, das spürte ich. Es war nicht leicht, herauszufinden, was zu tun war, und so versuchte ich, ganz offen und präsent zu sein, um Veränderungen im Innen und im Außen besser wahrnehmen zu können.

Irgendwann plagte mich dann doch der Hunger und ich beschloss, in der Tankstelle direkt nebenan vorbeizuschauen.

Der nette junge Mann, der mir gestern schon gratis einen Kaffee gegeben hatte, lächelte mich freundlich an.

Hier gab es Burger, Hotdogs und dergleichen, aber leider nichts an Salat oder Gemüse. Auch war hier wohl der allgemeine Treffpunkt des gesamten Dorfes. Ein paar runde Tische luden zum Verweilen ein. Der typische Mix aus Tankstellengewerbe mit Lebensmittelabteilung und „Schnellimbiss" machte das ganz besondere Flair aus.

Um diese Zeit ging es besonders munter rein und raus. Viele, auch Touristen, die hierher zum Angeln kamen, aßen hier, unterhielten sich und hatten einfach ihren Spaß.

Heute wollte ich mal klassisch „Fish and Chips" essen. Zur Feier des Tages und weil es mir die Speisekarte leicht machte, bestellte ich auf Isländisch.

Die Pommes waren knusprig und gut gewürzt, aber der Fisch hatte einen eigenartigen Geschmack. Als ich für mich beschlossen hatte, dass es an der Panade lag, die meines Erachtens Bier enthielt, war er gar nicht mehr so schlecht. Trotzdem war ich der Cocktailsoße dankbar, dass es sie gab.

Anschließend zückte ich meinen Block und schrieb in diesem „Wirbel" von Dorfgemeinschaft und Co.

Ich fühlte mich auf einmal so heimelig, so wohl und warm, einfach wie angekommen. Es fühlte sich an wie eine richtige Zusammengehörigkeit. Diese lebhaften Gespräche auf Isländisch, die Gestik und Mimik, es tat so gut, hier mittendrin zu sein. Und obwohl ich kaum ein Wort verstand, hatte ich das Gefühl, die inneren Aussagen der Menschen sehr wohl zu verstehen.

Sonst fühlte ich mich abgelenkt und schreibe daher gern in der Natur oder im stillen Kämmerlein. Aber das hier kam direkt nach der Natur.

Ich glaube, aus diesem Grunde hatte ich mir so viel Zeit für diese Reise genommen. Wollte ich nachspüren, wo ich mich wohlfühle und was mich zu den entsprechenden Orten zog, so benötigte ich Zeit und Muße. Also musste doch noch die eine oder andere Verbindung zu einem oder mehreren früheren Leben bestehen.

Nach diesem intensiven Schreiben machte ich noch einen ausgedehnten Spaziergang und setzte mich auch heute wieder an den Damm. Hier glitzerte die Sonne im Wasser, als wolle sie alles geben. Die Strahlen funkelten an den „Rändern" der gespiegelten Sonnenbahnen wie Sternschnuppen.

Gab es eigentlich hier in Island und im Sommer Sternschnuppen? Da, wo die Sonne nicht unterzugehen scheint? Oder sah man sie nur im Winter, wenn es dunkel ist?

Kurz vor 22.00 Uhr brachte ich dann meine Mail für meinen Freund auf den Weg. Sie sollte um 0.00 Uhr deutscher Zeit ankommen.

Dienstag, 28.05.19

Heute Morgen hatte mich der Wind sehr früh geweckt. Bei Antritt der Reise hatte ich mich noch gefürchtet, weil ich mir der Macht des Windes sehr wohl bewusst war und mir ihm gegenüber wie ein kleiner Wurm vorkam. Schließlich kannte ich als Süddeutsche keine richtigen Winde, sondern nur die kleinen Geschwister dieser rauen Gesellen. Inzwischen hatte ich aber mehr Vertrauen und konnte den Wind besser einschätzen.

Ich bemerkte, wie es um mich beziehungsweise um mein Auto herum tobte und wehte, aber mein Marc stand vollkommen still. Es kam mir vor, als würde der Wind mich bewusst aussparen.

So versuchte ich zu ihm Kontakt aufzunehmen. Das Erste, was ich vernahm, war: *Löse die Handbremse ein Stück, nicht ganz, aber löse sie leicht.*

Das war eine ganz klare Aufforderung, und es war mir auch gleich klar, warum. Nur wenn wir uns dem Wind leicht beugen, etwas mit ihm mitgehen, nehmen wir keinen Schaden. Also stand ich auf und lockerte die Bremse.

Ich fragte den Wind, was er mir zu sagen habe. Da hörte ich Dinge, die ich nicht für möglich hielt. Wenn mir früher immer wieder die Macht des Windes bewusst wurde, hatte ich immer das Gefühl, da kommt eine große Macht und rauscht überall durch, wo es ihm gerade passt. Meist waren Wälder und oft auch Häuser, Schiffe und Fahrzeuge anschließend beschädigt oder zertrümmert.

Aber hier kam die Botschaft ganz klar, ja schon fast freundschaftlich:

„Arbeitet mit der Natur zusammen, hört ihrer Botschaft zu. Wenn ihr so interessiert an der Natur wärt wie zum Beispiel früher die Indianer, dann würden euch keine Vorboten von Katastrophen entgehen. Dann wären aufmerksame Menschen zur Stelle und würden vor Lawinen, Geröll und heftigen Winden warnen. Denn so wie du zuhörst und dich bei diesem Wind nicht auf den Weg machst, so gibt es überall Vorboten, egal ob in Form von Naturphänomen, verändertem Wasserspiegel oder vollkommener Ruhe vor dem Sturm.

Wenn ihr wieder auf die Natur hört oder Menschen mehr Gehör verschafft, denen genau dieses leichtfällt, dann habt ihr einen großen Schritt in die richtige Richtung gemacht.

Wenn ihr die Natur direkt befragt, kommen oft direkte Antworten ans Tageslicht, die es euch einfacher machen, die Forderungen und Wünsche für Natur und Mensch umzusetzen.

Auch wir in der Natur möchten mit euch zusammenarbeiten, möchten euch unterstützen, wieder eins zu werden mit der Natur und mit dem Kosmos.

Aber ihr habt euch von der Natur entfremdet. Jetzt müsst ihr wieder einen Schritt auf uns zu machen. Je mehr Menschen mit der Natur Hand in Hand arbeiten, umso harmonischer ist das gemeinsame Wirken. Das heißt nicht, dass gar kein Unglück mehr geschieht, aber das menschliche Leid kann minimiert werden. Jetzt wünsche ich dir einen guten Tag und gehe weiter."

Da bedankte ich mich, freute mich aber auch ungemein, das Vertrauen des Windes erhalten zu haben.

Denn als ich hier im Dorf ankam, war eine starke Zurückhaltung der Naturwesen vor Ort zu spüren gewesen. So hatte ich zu hören bekommen, dass ich mir das Vertrauen erst „zu erarbeiten" habe.

Jetzt hatte ich das Gefühl, einen ganz großen Schritt weitergekommen zu sein. Etwas erschöpft, erleichtert und total happy bedankte ich mich nochmals, legte mich behaglich ein zweites Mal in mein kuscheliges Bett und schlummerte selig ein.

Auch heute stattete ich der Tankstelle wieder einen Besuch ab. Heute wagte ich mich an einen Hamburger. Wie lange schon hatte ich keinen mehr gegessen! Eigentlich stand ich überhaupt nicht auf Fast Food, aber hier kam man kaum darum herum. Vielleicht schmeckte er hier ja ganz anders als die unserer Burger-Ketten.

Als er dann mit Pommes serviert wurde, sah er wirklich sehr vielversprechend aus. Und der erste Bissen bestätigte es tatsächlich. Kein Bier im Käse! Dieser Burger mundete einfach nur traumhaft. Das Fleisch schmeckte nach Fleisch und alle anderen Zutaten gaben das Ihrige dazu, sodass wirklich ein richtig guter Gaumenschmaus daraus wurde.

Als ich gesättigt war, kramte ich wieder meinen Block hervor, holte mir einen Becher Kaffee und los ging's. Und auch heute waren die Hintergrundgeräusche so beruhigend und gingen so tief, dass die Worte nur so auf das Papier purzelten. Ich war so tiefenentspannt und fühlte mich einfach nur geborgen. So wie ein Baby in den Armen seiner Mutter oder seines Vaters behütet zu schlummern vermag, weil es gar nichts anderes kennt. Ganz egal, was um es herum passiert.

Die Sonne schien auch heute wieder warm durch die Scheibe. Und auch heute war wieder ein buntes Treiben in diesen vier Wänden zu beobachten. Vom Rentner über den Gemeindearbeiter bis zu jungen Erwachsenen und Schülern. Jeder sprach mit jedem, und wenn kein freier Tisch mehr zur Verfügung stand, so setzte man sich eben zu den anderen dazu.

Nach getaner Arbeit und vollkommen entspannt packte ich meine Badesachen und ging zum ersten Mal in Island in ein

Hallenbad. Also gab es sie doch. Aber sie sollten eine Ausnahme bleiben.

Hier musste das Wasser beheizt werden und so waren im Außenbereich nur zwei Hot Pots in Form von großen Kinderplanschbecken zu finden.

So liegt man hier im 36 °C–38 °C warmen Wasser. Aber warum war in dem als 40 °C angegebenen Wasser niemand drin? Als ich mit der Zehenspitze testete, war dieses Wasser eiskalt. Also war es als Wechselbecken gedacht. Auch nicht schlecht, aber halt mal wieder nicht wie angeschrieben. Also gesellte ich mich doch zu den Menschen hier im warmen Nass.

Als ich mich so langsam bettfertig machte, hatte es deutlich abgekühlt, und ein frischer Wind blies. Also rechnete ich mit einer stürmischen Nacht. Meist windete es hier so richtig in der Nacht und am frühen Morgen.

Kaum lag ich im Bett, rüttelte der Wind bereits an meinem Marc. Die Dachluke direkt über meinem Bett knarzte verdächtig. So prüfte ich noch mal, ob sie auch richtig geschlossen war, verdunkelte sie und legte mich wieder hin. Der Wind rauschte, rüttelte und zerrte. Das hörte sich für mich jetzt gar nicht mehr so schön an. Da ich schlafen wollte, hatte ich mich dem Geräusch wohl hinzugeben beziehungsweise es wenigstens zu akzeptieren.

Zu Hause, von der sicheren Wohnung aus, hatte ich es immer gerngehabt, dieses Geräusch des Sturmes. Aber da war ja auch scheinbar alles so sicher.

Vor langer Zeit arbeitete ich einmal auf einer Burg. Dort hatte ich ein Zimmer auf Höhe der Burgmauer, die aufgrund ihrer Breite begehbar war und am Ende ein Turmstübchen beherbergte. Wenn es da gewitterte, hatte ich vom Fenster aus einen genialen Blick auf das Tal, und die drei Holztüren in meinem Zimmer wackelten und gaben großzügig ihre Kommentare dazu ab. Dieses Schauspiel genoss ich immer in vollen Zügen und auch heute denke ich noch gerne daran zurück.

Aber hier im Camper, viel näher an der Natur und weniger geschützt als sonst, war das eine ganz andere Nummer. Ich vertraute zwar immer mehr, dass mein Gefährt, hier auf ebener Erde und stehend, nicht so schnell das Gleichgewicht verlor; aber dass die Natur auch anders kann, war mir sehr wohl bewusst.

So atmete ich tief durch, spürte in mich hinein und holte mir noch einmal die Bestätigung, dass alles gut ist und ich beschützt bin. So nahm ich den Wind als Gutenachtgeschichte oder vielleicht doch als Gutenachtlied und irgendwann war ich dann ganz entspannt eingeschlafen.

Mittwoch, 29.05.19

Während des Aufwachens überlegte ich mir, ob ich nicht doch eine Kajaktour buchen sollte. Bisher hatte ich noch nicht genügend Mut dazu gehabt, auch wegen meines nicht ganz so stark ausgebildeten Gleichgewichtssinns.

Also schlenderte ich ins „Zentrum" und schaute, ob der Shop offen war, denn im Dorf hingen überall Plakate aus, die solche Bootstouren bewarben.

An einigen Tischen saßen Männer und füllten Formulare aus, aber an der Türe hing ein Schild mit der Aufschrift: „closed".

Als ein Herr herauskam, fragte ich nach, aber der Zuständige wollte mich nicht bedienen. Also fotografierte ich die Mailadresse ab, die auf einem Plakat in der Nähe abgedruckt war. Dann schrieb ich eine Mail und war gespannt, ob ich heute noch Antwort bekommen würde, denn ich wollte demnächst wieder zurück nach Ísafjörður.

Die Antwort kam schneller als erwartet, aber leider nicht mit dem erhofften Resultat. Der Mail-Domainer meldete sich zu Wort wegen scheinbar falscher Adresse. So beschloss ich, es damit auf sich beruhen zu lassen. Dann sollte es wohl nicht sein, oder zumindest hier nicht.

Momentan schien die Sonne so warm, und es war windstill, sodass ich kurzerhand beschloss, meine Isomatte aus dem Auto zu holen und mich in die Sonne zu legen. Diese Stunden waren so selten und so besonders, dass man sie einfach sofort genießen musste. Auch wenn ich mit Regen sehr viel Glück hatte, so konnte man bezüglich des Windes nie sagen, wann er sich wieder melden würde oder wie lange er pausieren wollte. Also genoss ich meine Zeit hier mal wieder in vollen Zügen, las, träumte und ließ es mir einfach nur gut gehen.

Als ich zwischendurch meine Augen einmal kurz öffnete, merkte ich, dass ich wohl tatsächlich etwas weggedöst war. Deshalb musste ich ein zweites Mal in den Himmel schauen. Ich blinzelte und schaute direkt in die Sonne. Ja, war es denn wirklich die Sonne? Mit diesem Hof ringsherum musste ich doch genauer hinschauen. Gab es das bei der Sonne auch? Instinktiv fingerte ich nach meinem Handy, das neben mir lag, und machte ein Bild.

Das war wirklich immer wieder faszinierend. Ich schaute irgendwohin, drehte mich dann um oder beschäftigte mich kurz mit etwas anderem, und im nächsten Augenblick war da ein ganz besonderes visuelles Highlight.

Beim Recherchieren im Internet stellte sich dann heraus, dass es sich um einen Halo handelte. Durch die Lichtbrechung an Eiskristallen in 5.000 bis 13.000 Kilometer Höhe entstehen sie sowohl um die Sonne als auch um den Mond. Scheinbar kamen sie teilweise auch in Farbe vor, aber hier und heute zeigte sich dieser Halo ganz Ton in Ton mit seinem Begleiter, der Sonne, und zwar ganz in Weiß.

Nun genoss ich diesen Anblick noch mal in vollen Zügen und war so richtig dankbar, dass ich diesem besonderen Naturschauspiel beiwohnen durfte.

Irgendwann meldete sich dann ein ganz anderes Bedürfnis. Es ist ja schon komisch, aber die Atmosphäre der Tankstelle gehörte nun schon so zu meiner Tagesroutine hier dazu, dass es mir gar nicht mehr in den Sinn kam, selbst zu kochen, selbst wenn ich alle Zutaten hatte und die Preise nicht gerade zur „Dauergastronomie" einluden. Doch das war mir gerade so was von egal. Eines war jedoch klar: Ich würde mir wieder einen Burger bestellen, den gleichen wie gestern. Vielleicht ohne Pommes? Dass ich einmal so ins Schwärmen kommen würde wegen eines Burgers, hätte ich nun wirklich nicht gedacht. Und auch heute schmeckte er einfach nur saftig und lecker.

Die meisten Menschen um mich herum aßen ihren Burger ganz brav mit Messer und Gabel. Da habe ich beim ersten Mal schon gestaunt, als ich Besteck dazu serviert bekam. Dieses ignorierte ich nun geflissentlich. Burger und Besteck, das geht bei mir gar nicht. Da muss der Direktkontakt zwischen Hand und Mund hergestellt werden. So war gewährleistet, dass weniger auf dem Teller landete und man mir auch noch beim Essen zuschauen konnte. Insgeheim bewunderte ich das Geschick der Menschen, die das vorbildlich zelebrierten, aber schon.

Und jetzt noch einen Kaffee aus der großen Pumpkanne auf dem Tresen, zur Selbstbedienung. Daneben stand ein rotes, durchsichtiges und dickbäuchiges Schweinchen mit der Aufschrift „Kaffistödur".

Auch hier gab es entweder Papp- oder Plastikbecher. Um sich an den Plastikbechern nicht die Finger zu verbrennen, gab es dann noch so nette Plastikhüllen mit Griff, die man von unten über den Becher zog. Da musste ich an die Bowlengläser der Siebzigerjahre denken, aber auch an die Müllberge, die nicht nur dadurch gezüchtet worden waren.

Gut gesättigt und rundum zufrieden, machte ich mich danach auf zu einem Spaziergang. Und heute gelang es mir gar nicht, das Handy in der Tasche zu lassen. So vieles hier sprach mich an. Die großen Felsen, die überall wie zur Dekoration dalagen, das angespülte Treibholz, aber auch die inzwischen wundervoll blühenden Pflanzen. In Zartgelb, Orange und Weiß blühte es hier um die Wette. Und dann der leichte Wind dazu, der die Blumen immer wieder in Bewegung hielt.

So lehnte ich mich irgendwann an einen großen Stein, schaute auf das Meer, das von der Sonne beschienen wurde, und war ganz präsent. Dieser Genuss in den Abendstunden war einfach traumhaft. Hier kam ich ganz bei mir selbst an. Meine Gedankentätigkeit legte sich zur Ruhe, und alles war einfach nur gut.

Rundum zufrieden legte ich mich nach der Abendtoilette ganz entspannt ins Bett. Der Wind erzählte mir wieder eine Gutenachtgeschichte. Aber heute hörte sie sich ganz zärtlich und gar nicht hektisch oder aufbrausend an.

Donnerstag, 30.05.19

Letzte Nacht hatte ich viel und intensiv geträumt. Beim Aufwachen merkte ich bereits, dass ich wohl gut gearbeitet hatte, also ließ ich mir im Bett noch Zeit zum Nachspüren.

Eigentlich wollte ich noch ins Schwimmbad, bevor ich mich auf die Rückfahrt nach Ísafjörður machen würde. Aber heute Morgen lockte es nicht mehr so stark. Dem Hamburger und dem entsprechenden Flair in der Tankstelle würde ich mich aber sicher nicht entziehen.

So war es dann auch. An Schwimmen war nicht mehr zu denken. Es reizte einfach gerade gar nicht mehr. Was mich aber wieder magisch anzog, wer hätte das gedacht, war natürlich meine momentane Ersatzfamilie – die Tankstelle.

Und nun saß ich hier, den dritten Tag in Folge, und wusste, dass der Aufbruch bevorstand. Und obwohl ich kaum ein persönliches Wort mit dem Personal oder den Einwohnern hier gewechselt hatte, vergoss mein Herz beim Abschiednehmen Tränen. Also nahm ich die Emotionen ernst und ließ sie einfach da sein, obwohl ich sie im Moment gar nicht erklären oder an irgendetwas festmachen konnte. Es war einfach das ganze Drumherum, das sich wie eine Ahnung über meine Seele legte. So als hätte ich hier einen Teil meiner Seelenfamilie getroffen.

So, jetzt aber genug der Melancholie. Jetzt hieß es Zähne putzen, alles einsammeln und durch den einspurigen Tunnel wieder zurück auf den idyllischen Zeltplatz von Ísafjörður.

Freitag, 31.05.19

Ja, ich war wieder in Ísafjörður angekommen. Und ja, es war spannend. Die Tage, als ich von hier weg gewesen war, hatte mich niemand morgens, ganz früh, gerufen. Aber kaum wieder da, orderten mich die anwesenden „Geister" in den frühen Morgenstunden.

Trotz der Morgenmüdigkeit zauberte sich ein Grinsen auf mein Gesicht bezüglich dieser liebevollen Hartnäckigkeit. Ich fühlte es ja jeden Morgen wieder aufs Neue, was es heißt, die unverbrauchte Morgenenergie zu spüren. Diese klare und frische Unverfänglichkeit. Dieses Hier-Sein, ganz bei mir, diesen unverbrauchten, kraftvollen Tag in mir zu spüren. Das war wie ein persönlicher Sonnenaufgang, wie das Erwachen eines neuen, heiligen Tages. Wie ich ihn gestalten würde, das war von mir abhängig. Aber hier in diesem Wald, in dieser Energie den Anfang zu nehmen, fühlte sich für mich gerade so an wie „Eingebettetsein in Mutters Schoß". Und diese Ruhe und Klarheit musste ich mir nicht erst verdienen, aber sie mir gönnen und sie dankbar annehmen, das durfte ich schon.

Mit dieser Dankbarkeit im Herzen machte ich mich nun an die „Samstagsarbeiten", die heute anstanden.

So wollte Wäsche gewaschen und das Handyporto aufgeladen werden. Und das Wichtigste: Die Organisation bezüglich der Vogelbesichtigung bei Látrabjarg stand an. Die letzten Tage war mir immer klarer geworden, dass ich nicht nur zu den Vogelfelsen im Süden der Westfjorde wollte. Ich wollte hier die eine oder andere Straße fahren, die ich mir mit Marc nicht zutraute. Hier waren viele Straßen nicht nur „gravelled", also geschottert, sondern auch mit Schlaglöchern versehen, mit engen Kurven und Gefälle. So hatte ich mich entschlossen, mich auf die Suche nach einem Mietwagen zu machen. Also ging es in die Stadt, zur Touristinfo, wo ich die Telefonnummern der ortsansässigen Vermietungsfirmen bekam.

110

Das Telefonkonto war jetzt auch gesichert. Nun gab es zur Feier des Tages noch einen leckeren Kuchen und einen Caffè Latte im blauen Café.

Gespräch mit dem Wasser

Ich sitze im Wald auf einem Steg über dem kleinen Bach. Hier nenne ich ihn Triangel, weil sich zwei kleinere Bäche, fast parallel, gerade vor meinen Füßen und Augen vereinen und gemeinsam, zusammen, weiterfließen.

Da kommt mir gerade mein Geburtsdatum in den Sinn. Ich habe an einem Dritten Geburtstag. Und die Drei spricht auch von Vergangenheit, Gegenwart und Zukunft. Sie spricht immer von den drei Stufen. Nicht von der uns so bekannten Zwei, von Ja oder Nein, sondern von den Nuancen zwischendrin. Von dem Leben zwischen Geburt und Tod.

Wie oft täte es uns gut, nicht in Gut und Böse zu werten, sondern die feinen Saiten in uns mitklingen zu lassen. Mehr hören statt reden, mehr hinhören statt werten.

Will mir das Wasser, das hier einfach im Fluss ist und so friedlich unter mir durchfließt, das sagen?

Ja, vielleicht ist es gerade das, was mich schon immer zum Wasser hingezogen hat. Auch dieser reinigende Aspekt, wenn ich vom Schwimmbad kam oder aus dem See gestiegen bin. Da fühlte ich mich immer wie neugeboren, als wenn alle Sorgen und Problemchen des Alltags nicht mehr wichtig seien. Nach dem Motto: Jetzt hast du dich wieder neu ausgerichtet, hast dich wieder neu justiert.

Möchtest du uns das sagen, kraftvolles Wasser? Dass wir im Flussbett geborgen sind, egal wie kalt das Wasser oder wie hoch die Wellen gerade schlagen? Dass wir unser Lebensziel nicht aus den Augen verlieren, wenn wir im Fluss, im Flussbett bleiben?

Wasser: Wenn einzelne Tropfen aus dem Wasserbach springen, werden sie vom Gras aufgefangen. Dann nähren sie das Gras. Das hat auch seinen Sinn. Das Wasser ist sich seiner Aufgabe noch bewusst. Doch ihr scheint vergessen zu haben, warum ihr auf der Erde seid. Ich glaube, das habt ihr jetzt schon öfter gehört, aber ich sage es noch einmal. Weil wenn ihr ohne Sinn lebt, dann seid ihr wie eine Pflanze ohne Frucht. Sie wird keinen Samen in diese Welt bringen. Doch ihr habt eine Aufgabe. Ihr denkt oft noch, ihr habt nur ein Leben zur Verfügung und da dürft ihr nur begrenzt Spaß haben. Und erst nach dem Tod, im „Himmel", würdet ihr „belohnt" werden. Aber das hat doch keinen Sinn. Dann arbeitet ihr nur für die Zukunft, dann ist die Gegenwart für euch wie eine „hohle Nuss". Leer, schwarz und klanglos. Und dafür wollt ihr dann auch noch belohnt werden?

Lasst euch nicht mehr von anderen „beeinflussen". Fließt wie das Wasser im Bach. Das ist niemals warm und lahm. Es erfrischt euch zu jeder Zeit. Seid wach und munter im Umgang mit anderen. Zeigt euch und ihnen, dass das Leben Freude bereitet. Und wenn es das gerade nicht tut, dann ändert ganz schnell etwas daran.

Ihr seid einerseits geistig träge und anderseits übervorsichtig geworden, wägt immerzu ab. So entzieht ihr dem Leben seine Frische, seine Lebendigkeit und seine Spontaneität. Wenn man am Wasser spielt, wird man auch mal nass. Nur deswegen auf das lustige Spiel zu verzichten, wäre doch am Leben vorbeigelebt, oder etwa nicht? Ihr wollt immer so vernünftig sein, dabei seid ihr nur einfältig, grau und ängstlich.

Also, wacht auf, setzt euch an fließendes Gewässer. Spürt nach, für welche Aufgabe ihr hierhergekommen seid. Und dann beginnt. Aber bitte nicht mit der Turmspitze, sondern mit dem ersten Stein des Fundamentes.

In diesem Sinne: ein Teil der Natur, das köstliche Nass

Samstag, 01.06.19

Endlich hatte ich eine passende Telefonnummer von einem Bewohner der Stadt erhalten, nachdem ich nach dem Büro der Autovermietung gefragt hatte. Und diese Nummer funktionierte, im Gegensatz zu den anderen, die ich ausprobiert hatte, auf Anhieb.

Im Vorfeld hatte ich festgelegt, was das Auto haben musste. Und so rief ich besagte Nummer an, sagte, dass ich ein Auto für die Westfjorde benötigte, in dem ich schlafen könne, für den Zeitraum von einer Woche. Vorsichtig fügte ich hinzu, dass es möglichst morgen, vielleicht aber auch schon heute zur Verfügung stehen dürfe.

Als mir der nette junge Mann am anderen Ende der Leitung dann bestätigte, dass ich den Wagen bereits in einer Stunde am Flughafen abholen könne, war ich richtig begeistert. Jetzt musste es schnell gehen. Einkaufen stand noch an, da in den entlegenen Orten oft keine Einkaufsmöglichkeit bestand.

Am Flughafen angekommen, füllte ich alle Formulare aus, und schon hatte ich den Schlüssel für meinen Land Rover in der Hand.

Gerade wusste ich sicher, welches Auto für die nächsten sieben Tage meines ist, und schon war der junge Mann verschwunden. Verwundert rief ich ihm noch nach, mit der Frage, ob er mir denn keine Einweisung gebe. Da meinte er nur ganz knapp: „Es ist ein Automatik, und ich muss ein Auto waschen."

So stand ich nun da mit zwei Autos, wo mir das eine noch so fremd war, wie ein Nachbar, der gerade erst neben mir eingezogen war.

Jetzt beschloss ich, zuerst die Autos umzupacken. Also hieß es, gut zu überlegen, was ich mitnehmen wollte und was hier auf meine Rückkehr warten durfte.

Im Auto zu schlafen war mit umgeklappten Rücklehnen möglich. Kühlschrank und Kochstelle waren wohl ausschließlich Marc vorbehalten. Aber schlafen auf der nackten Rückbank? Nein, das ging nun wirklich nicht. Also schaute ich meine Matratze vom Camper an. Da sie dreigeteilt war, nahm ich sie kurzerhand auseinander und legte zwei davon auf die umgeklappten Rücklehnen.

Essen und Kleider; aber bitte nur das Wichtigste. Denn ich wollte den Überblick behalten, und so viel Platz war auch nicht, wenn ich nicht ständig umbauen wollte.

So war der große Wanderrucksack für Kleider, Hygiene und Kleinkram bestimmt. Eine Tasche für Lebensmittel und Geschirr, einschließlich Topf und Pfanne. Ach ja, die Autokarte von Island und die technischen Hilfsmittel, die im Führerhaus von Marc ruhten, durften auch nicht vergessen werden.

Zum Glück verweilte ich ja bereits ein paar Tage in Island, sodass ich ganz genau wusste, was ich benötigte und auf was ich gut verzichten konnte.

Und schon war der Umräume-Vorgang abgeschlossen und Marc gut geparkt. Es war abgesprochen, dass mein Camper für die Tage da ohne Probleme stehen konnte.

Jetzt konnte es also losgehen. Am Steuer meines Land Rovers angekommen, suchte ich vergebens das Zündschloss. Und wie war das noch mal mit einem Automatik-Getriebe? Mir standen Fragezeichen im Gesicht.

Bevor ich mich umständlich an das Handbuch, in englischer Sprache, machen konnte, sah ich den jungen Mann in einem anderen Auto herfahren. So machte ich mich ganz schnell und laut bemerkbar, sonst hätte er mich wohl ignoriert. Dieser junge, geschäftige Mann würde es bestimmt zu etwas bringen in seinem Leben.

Wieder nur so nebenbei, versuchte er mir das Erfragte zu erklären. Dann packte ich ihn doch am Ärmel, und ich wusste anschließend, wo dieses Gefährt zu starten wäre und welche Gänge welche Funktion hatten. Alles klar, wieder einen Schritt weiter, ich war erleichtert.

Langsam, aber mit einem Gefühl von neuer Sicherheit und Freiheit fuhr ich mal wieder in Richtung des Tunnels. Diesmal aber mit dem Wissen, alle Orte ansteuern zu können, die auf meiner inneren Landkarte noch abgebildet waren.

Zum ersten Mal in meinem Leben konnte ich so richtig die Männer verstehen, die auf große Autos mit viel PS, Allrad und dem Gefühl nach Freiheit stehen. Hier auf dieser Insel, mit diesen Höhenunterschieden, starkem Wind und harten Straßenverhältnissen, konnte ich diese Gedanken und Gefühle absolut nachvollziehen.

So fuhr ich nun mit diesem neuen Gefühl, alles richtig gemacht zu haben, in Richtung Þingeyri.

Das kleine Dorf zog mich sofort in seinen Bann. Ein nettes Café direkt an der Durchgangsstraße; ein Shop, der mit einem übergroßen gestrickten Handschuh, der munter im Wind wehte, zum Eintreten aufforderte. Dann folgte eine alte Fabrikhalle, die einen enormen Charme ausstrahlte und bei der man das Gefühl nicht loswurde, dass im Inneren etwas ganz Besonderes, vielleicht sogar etwas Magisches auf einen wartete.

Vor dieser Halle stand grüßend ein ganz besonderer „Schneemann". Er war aus zwei oder drei übereinandergestellten und weiß angemalten Autoreifen gefertigt. Der Kopf war eine Holzkugel und die Arme waren aus alten Schläuchen gemacht. In diesen hielt er einen stilechten, alten und gut genutzten Besen. Natürlich alles in Weiß.

Und überall, an jeder Ecke und am Wasser, alte oder weniger
alte Schiffe und Boote. Dieses Dorf hatte so eine Leichtigkeit.
Auch der Campingplatz am Ende des Dorfes, direkt neben dem
Schwimmbad, gefiel mir auf Anhieb.

Das Häuschen mit Küche und den sanitären Anlagen war neu
gebaut worden. Mit seinen hellen Fenstern und der Holzveranda
lud es so richtig zum Verweilen und Genießen ein. So viel Luxus, gepaart mit „Heimeligkeit", gab es nur an wenigen Orten.
Also wieder einmal Genuss pur.

Als ich ankam, war ich noch die Erste auf dem Platz und konnte mir meinen gewünschten Ort zum Sein und Schlafen noch
aussuchen.

Anschließend machte ich einen Spaziergang am Meer. Auch dieser Platz hatte etwas Liebliches und wirkte gar nicht so rau wie manch andere Plätze hier im Land. Hier war auch ein netter, mit Holz gestalteter Versammlungsort, mit Tischen, Bänken, einer Bühne und einem Aussichtspunkt. Dort wurden Veranstaltungen angeboten in Bezug auf die Wikinger. Denn nach der Saga lebte Gísli, der Held der Gísli-Saga, in einem kleinen Tal westlich von ingeyri. Und hier soll auch der Thingplatz, also ein „öffentlicher" Platz, gewesen sein, der für Rechtsprechung und Volksversammlungen genutzt wurde.

So spazierte ich zwischen Meer und den großen, runden Steinen entlang, ganz entspannt, um dieser besonderen Energie nachzuspüren und immer mehr davon zu tanken.

Da sah ich ein Vogelpaar, das laut und fröhlich hin- und herflog, sich immer wieder umwarb und gar nicht scheu schien. Im Isländischen werden sie Tjaldur genannt. Der botanische Name ist Haematopus ostralegus, bei uns bekannt unter dem Namen Austernfischer. Bei uns wird er auch liebevoll „Ostfriesenstorch" oder „Halligstorch" genannt, wegen seiner Ähnlichkeit zum Storch. Allerding sind sie aufgrund des Größenunterschiedes nicht einmal von Vogelunkundigen zu verwechseln. Mit ihren orangefarbenen Füßen und Schnäbel, das Gefieder schwarz und weiß, sahen sie auch richtig putzig aus. Ich ließ mich in ihren Bann ziehen und beobachtete sie lange, versuchte sie zu fotografieren und spürte nach, was sie zu sagen hatten.

Später kam unter anderem das ältere Ehepaar aus Deutschland, das, wie ich bis heute Morgen auch, einen dunklen Camper fuhr. Als sie mich sahen, fragten sie gleich nach, denn das „neue" Auto irritierte sie doch leicht. Sie wollten auch nach Látrabjarg, und ich sollte die nächsten Tage ab und zu an sie denken.

Nun machte ich langsam mein Auto bettfertig. Ich holte alles aus dem Kofferraum und vom Rücksitz. Dann legte ich meine zwei Matratzen hinein und fertig! Fertig???

Oh nein, so aufeinander abgestimmt schien das nun doch nicht zu sein. Ich konnte es drehen und wenden, wie ich wollte, beide Matratzen zusammen passten einfach nicht. Und eine allein war sogar für mich, mit meinen 164 Zentimetern, zu kurz.

Also legte ich eine Matratze quer, unten die zusammengerollte Iso-matte und oben für den Kopf das doppelt gelegte Nackenhörnchen. Ja, so konnte es gehen. Da war ich ja mal auf die Nacht gespannt.

Abends, als ich noch im Aufenthaltsraum saß, sah und hörte ich ein Feuerwerk. Auf Nachfragen erfuhr ich, dass dieses den See-männern gewidmet sei. Diesen wurde einmal im Jahr mit einem ihnen geweihten Feiertag gedacht.

Zwei Vögel am Strand (ein Austernfischerpaar)

Ich: Ich habe euch am Strand beobachtet. Ihr wart oft ganz nah bei mir. Und anfangs habt ihr auf euch aufmerksam gemacht.

Vögel: Ja, du warst in Gedanken versunken oder mit den Steinen beschäftigt, über die du gestolpert und geklettert bist. Wir wollten dir sagen, dass wir bereit sind, dich mitzunehmen auf eine Vogelreise. Vielleicht für einen Blick aus der Vogelperspektive.

Ich: Danke schön. Das ist sehr nett von euch. Ich finde es schön, dass man euch anmerkt, dass ihr ein Paar seid. Ihr habt euch nicht aus den Augen gelassen. Und trotzdem hatte ich das Gefühl, dass ihr einer Aufgabe gefolgt seid. Seid ihr mit dem Nestbau beschäftigt oder sind eure Jungen bereits geschlüpft?

Vögel: Nein, die sind noch nicht geschlüpft. Wir brüten dieses Jahr zum ersten Mal. Vielleicht hast du diese Aufregung gespürt. Ja, wir beginnen demnächst mit dem Nestbau.

Ich: Wie lange brütet ihr eure Jungen aus, und wie lange füttert ihr sie im Nest? Wann sind sie flügge? Und wie viele Eier brütet ihr im Normalfall aus?

Vögel: Das sind viele Fragen auf einmal. Aber du hast ja schon gesagt, dass ihr Menschen euch nicht mehr so gut in der Natur auskennt. Und außerdem ist das ja von Art zu Art verschieden bei uns Gefiederten. Wir brüten in der Regel drei Eier aus. Viel mehr haben gar nicht Platz im Nest beziehungsweise unter unserem Gefieder.

Und das Brüten dauert bei uns circa 20 Tage. Dabei wechseln wir uns ab. Auch nachher beim Füttern müssen wir zusammenhalten. Die Kleinen haben mehr Hunger, als man ihnen ansehen würde. Das ist ein Piepsen den ganzen Tag und eine Aufregung, wenn sie uns wiedersehen. Und sie erkennen uns sofort. Schon von Weitem an unserem Flug und in der Nähe am Duft, den wir verströmen. Der ist für euch kaum wahrnehmbar. Aber unsere Jungtiere orientieren sich daran.

Ich: Was bekommen sie denn zu fressen und was macht ihr, wenn eines sehr schwach ist?

Vögel: Sie bekommen zu fressen, was wir auch fressen würden. Wir verdauen es schon ein bisschen vor, wie es eure Schwalben auch tun. Das machen nicht alle Seevögel so. Aber für unsere Art ist es so richtig. Die Jungvogelzeit ist bei uns sehr kurz, und so helfen wir den Kleinen, schneller flügge zu werden.

Wenn ein Jungtier von Anfang an schwächelt, dann umsorgen wir es, so gut es geht. Da wir aber so nah an der Natur sind, ist uns immer bewusst, dass das Leben begrenzt ist. Das unsere genauso wie das unserer Jungvögel. Auch wenn wir sie nicht mehr versorgen können, weil wir der Natur unterlegen sind, haben die Jungen keine Chance zu überleben. Schon wenn ein Elternvogel stirbt, wird es sehr schwer für das andere Elterntier. Da kommt es ganz schnell an seine Grenzen. Zu fressen bekommen sie kleine Fische, Muscheln, zum Teil auch Algen, aber eben alles schon etwas vorbereitet.

Ich: Wo nistet ihr denn im Gras oder in den Felsen?

Vögel: Oft in den Steinen am Strand. Du wirst uns oder unsere Artverwandten schon noch sehen und auch hören. Wir sind sehr gesellige Vögel und genießen unser Leben. Wir lassen uns auch gerne auf den Wellen schaukeln, den Wind um uns blasen, und dann singen wir uns gegenseitig Lieder vor. Oder wir reden miteinander. Wir bleiben auch den ganzen Sommer über zusammen, bis die Kleinen flügge geworden sind. Dann trennen sich unsere Wege meistens wieder. Und das ist auch gut so. Dann kann sich jeder wieder erholen und Kraft sammeln für den zum Teil sehr harten Winter und für die neue Nist- und Aufzuchtsaison.

Ich: Das hört sich alles sehr kraftvoll und voller Energie an. Wie schafft ihr es, so positiv zu bleiben? Das Leben fordert ja doch ganz viel von euch.

Vögel: Ja, aber es ist, wie es ist. Wir sammeln nicht. Wir nehmen, was wir bekommen, und wenn es gar nichts gibt, dann ist es eben so vorbestimmt. Wir denken nicht, wir leben.

Und wir glauben, das findet ihr Menschen so schön an uns Vögeln, und deshalb beobachtet ihr uns auch so gerne. Eben weil wir das Leben genießen, weil wir die Winde so nutzen, wie sie wehen, und weil wir teilweise lautlos sind. Euch hört man jammern, aber kaum noch vor Freude lachen oder singen.

Wir grüßen euch und freuen uns mit euch mit, wenn ihr lustig, fröhlich und ausgelassen seid.

Viel Spaß am Leben wünschen wir euch in Vertretung der ganzen Seevogelwelt hier vor Ort.

Ich: DANKE!

Sonntag, 02.06.19

Obwohl der Schlafsack auf der Unterlage rutschte und die Bein-
freiheit durch den Übergang auf die etwas höhere zusammengerollte Isomatte eingeschränkt war, hatte ich doch ganz gut
geschlafen. Zwar wachte ich immer wieder auf und korrigier-
te meine Schlafhaltung, aber dann dämmerte ich so ganz leicht
wieder in den Schlaf. Das war also meine erste Nacht im Ersatz-
fahrzeug von Marc.

Morgens, sehr früh, wurde ich von den Vögeln geweckt. Entweder
sprangen sie auf dem Auto herum oder an der Windschutzschei-
be. Das konnte ich von meiner Schlafposition aus nicht ausmachen. Auf jeden Fall hörte es sich komisch an, und normalerweise tummeln sich Vögel ja auch nicht gerade auf Autos.

In diesem Moment, wo ich diese Zeilen schreibe, kommt der
„neckische Schabernackgruß" von den Kobolden. Also waren
sie im Spiel. Und zwar akustisch so getarnt, als wären es Vögel
gewesen. Da musste ich dann doch ganz breit grinsen und freute
mich, dass ich eine „so harmlose" Kostprobe von diesen Wich-
teln erhalten hatte.

Da alles im Innen und Außen zum Aufbruch drängte, fuhr ich
gegen 7.30 Uhr los in Richtung Patreksfjörður. Ich war aufgeregt, da diese Passstrecke nicht ohne war. Aber ich hatte ein sehr
gutes Gefühl, weil das Fahrzeug nun viel besser zur Straße passte.

Kaum war ich im Dorf in Richtung Pass und auf die Straße Nr.
60 abgebogen, ging es steil und geschottert nach oben. Also war
ich hier ganz sicher richtig.

Und wie auf der Karte angezeigt, ging es hoch und runter, enge
Kurven und Kuppen wollten erfahren werden. Aber auch die
Aussicht war sehr schön. Jetzt war ich wirklich froh, Marc gegen
den Land Rover ausgetauscht zu haben. So kamen manche Passa-

gen, bei denen ich an das deutsche Paar mit dem Camper dachte. Ich wusste auf jeden Fall, dass es sich für mich so stressfreier und sicherer anfühlte. Und das war alles, was zählte.

Immer wieder hielt ich an, machte Fotos und genoss den wunderbaren Ausblick.

Jetzt kam auf der rechen Seite der Dynjandi-Wasserfall. Er war schon von Weitem zu sehen, wie er sich von weit oben den Weg ins Tal suchte. So genoss ich, was ich von der Straße aus sah, und fuhr daran vorbei. Da ich ja wieder nach Ísafjörður zurückwollte, beschloss ich, diesen ganz besonderen Abstecher auf die Rückfahrt zu verlegen.

Als es nur noch bergab ging, war irgendwann die Fähre nach Snaefellsnes angeschrieben. Also war ich wieder im Tal angelangt und hatte die anstrengendste Strecke hinter mir.

Da sah ich ein schönes Hotel am Straßenrand, das Hotel Flókalundur, das mich ganz persönlich zur Kaffeepause einlud. Und das konnte ich ja nicht ausschlagen.

Hier im Café hatte ich wieder diesen traumhaften Blick auf das Meer. Vögel waren immer wieder zu hören und zu sehen und das Wasser kräuselte sich ständig und undramatisch. Und ich saß da, sah, spürte und genoss diesen Moment bis in die letzten Zellen.

Nach dieser Stärkung war ich wieder für alles gewappnet, was auf der Straße erkundet werden wollte.

Vor meiner Pause war ich mir nicht ganz sicher gewesen, in welche Richtung ich weiter nach Patreksfjörður musste. So drehte ich noch einmal um, um die Straßenschilder von der anderen Fahrtrichtung zu studieren.

Aus irgendeinem Grund war diese Stadt nicht angeschrieben. Na, so was. Die Isländer sind doch bei wichtigen Dingen ganz klar.

Nicht zu viele Informationen, aber die an den richtigen Stellen angebracht. Doch manchmal war ich auch gut darin, Dinge zu übersehen. Aber so angestrengt ich auch schaute, immer wieder stand das Gleiche darauf. So entschied ich mich, nicht in Richtung Fähranleger zu fahren, sondern mich eher links zu halten.

Es war kaum zu glauben, aber die Naturgewalt wurde noch wilder, etwas bunter und vor allem grüner. Insgesamt noch kraftvoller. So kam ich aus dem Staunen einfach nicht mehr heraus. Und immer wieder der veränderte Blick auf das Meer. Manchmal war es zum Greifen nah und lag mir fast zu Füßen, himmelblau bis kalt und klar, dann war es auf einmal wieder ganz verschwunden oder nur noch ansatzweise zu erahnen. Und wieder den ganzen Tag nur Sonne. Egal was ich den ganzen Tag trieb, sie wollte mir einfach Gesellschaft leisten.

Die Straße wurde im Gegensatz zur Vegetation etwas gemäßigter. Immer wieder waren asphaltierte Abschnitte dazwischen und es ging insgesamt mehr bergab. Das kräftige Grün der Wiesen – oder war es zum Teil Moos? – erinnerte mich jetzt mehr an Irland. Und wieder einmal konnte ich mich kaum sattsehen. So saß ich hinter dem Steuer und staunte, atmete und redete zum Teil mit mir selbst. Ja, ich redete, um diese wunderbaren Eindrücke zu verarbeiten. Ich redete mit mir selbst, weil niemand zugegen war, mit dem ich diese wunderschönen Bilder hätte teilen könne. Anders war dieses Naturschauspiel, das sich auch durch Licht- und Schattenspiele immer wieder neu definierte, nicht zu verdauen. *Das gibt es nicht, das kann doch nicht wahr sein!,* kam es immer wieder über meine Lippen.

So waren auf der Straße Schafe, die nicht recht wussten, ob sie rechts oder links der Straße gehen oder doch besser in der Mitte bleiben sollten – eine schöne Abwechslung und Ausrede genug, um weiter den Fuß vom Gaspedal zu nehmen.

Und irgendwie schienen es diese Tiere und auch die Vögel zu spüren, dass sie in diesem Land respektiert werden und die Menschen sie ganz selbstverständlich akzeptierten und schützten. So haben Tiere hier immer Vorfahrt, egal wie eilig es die Zweibeiner auch haben.

Was immer ganz herzig aussah: wenn das Mutterschaf auf einer Seite lief, oft zwei Junge bei sich, und sich das eine oder gar beide noch auf der anderen Seite befanden, aber sich noch nicht richtig entscheiden konnten, ob und wann sie wechseln sollten. Oft rannte auch die ganze Gesellschaft so lange auf der Straße weiter, bis das Auto hinter ihnen für die eigenen Verhältnisse auf Dauer doch zu schnell unterwegs war. Getrieben und gestresst wichen sie dann doch ins Geröll, nach oben oder unten jäh abfallend, aus. Das sah dann nicht mehr sehr entspannt aus. Was aber immer wieder erstaunlich war, ist die Erkenntnis, wie viel Kletterkunst unter so viel Wolle verborgen ist.

Und ich fuhr und fuhr und fuhr. So langsam kam es mir dann doch komisch vor. Es kam weder ein Wegweiser noch ein Ortsschild noch eine Abzweigung, an der ich mich hätte orientieren können. So beschloss ich einfach weiterzufahren, bis ich es schwarz auf weiß in Form eines Straßenschildes vor mir hätte, und genoss einfach die Fahrt und die Aussicht.

Und da kam er, der lang ersehnte Wegweiser mit Abbiegemöglichkeit. Aber was war denn das? Es waren Hólmavík und die Hauptstadt Reykjavík angeschrieben.

Und das passte gar nicht zu meinem heutigen Reiseziel. Ich war viel zu weit südöstlich unterwegs. So drehte ich um und schaute auf den Wegweiser, der in meine Herkunftsrichtung zeigte. Und da prangte es groß und klar, das Wort Patreksfjörður!

Verflixt noch mal! Jetzt hatte ich mich doch auf Island verfahren. Und nicht einmal um zehn oder zwanzig Kilometer. Jetzt schaute ich doch noch mal auf die Karte. Aber es half alles nichts. Ich durfte diese traumhafte Straße wieder zurück, bis genau dahin, wo der Fährhafen angeschrieben war. Also war die Fahrt nach der Kaffeepause, gute zwei Stunden ungefähr, falsch gewesen. „Falsch", aber traumhaft schön.

Eine Wut stieg in mir auf, dass ich nicht früher auf die Karte geschaut hatte und die Schilder nicht aufmerksam genug studiert hatte. Dass ich mich auf Island verfuhr! Und das kannte ich aus meinem Leben zur Genüge. Immer wieder strengte ich mich an, versuchte Herausforderungen anzunehmen, und immer wieder erlitt ich jähe Bauchlandungen. Schmerz und Wut mir selbst gegenüber kochten hoch. Und da kam der Versuch des Trostes, dass ich doch so geniale Landschaften genossen hatte, wie ein viel zu warm servierter Sekt daher.

War also heute mal wieder Zeit, mir selbst zu verzeihen und ein bisschen weniger hart mit mir ins Gericht zu gehen? Die Botschaft hatte ich schon verstanden, aber die Umsetzung war nicht nur holprig und steinig, nein, sie schmerzte auch ungemein, weil es mich an einem meiner wunden Punkte traf.

Ja, genau. Mich jetzt nicht mehr abwerten und heruntermachen, sondern alles so stehen lassen. Diesen Rat gab ich gern anderen Menschen. Aber mich selbst so anzunehmen, mit allen Ecken und Kanten, das war dann doch mal wieder eine knackige Herausforderung.

Also fuhr ich wieder zurück. Ich versuchte, die Strecke, jetzt aus der anderen Richtung kommend, wieder neu aufzunehmen, aber der Wermutstropfen ließ sich nicht so schnell abschütteln. So versuchte ich die Gefühle einfach zuzulassen, alle Wut, aller Frust, mit der einen oder anderen Träne.

Nach nochmaliger Genussfahrt kam ich dann nach circa eineinhalb Stunden und 200 Kilometern Umweg wieder an der besagten Kreuzung und dem Hotel vorbei. Doch jetzt war Patreksfjörður auf einmal angeschrieben. Da musste ich dann doch ein klein wenig lachen, über mich selbst und über die Situation. (Und eine kleine Ahnung bezüglich der Kobolde kam leise und sachte bei mir an. Denn am Vorabend, als ich sie auf dem Campingplatz spürte, meinten sie, sie hätten eine Überraschung für mich.)

In Patreksfjörður wollte ich auf den Campingplatz und am morgigen Tag weiter in Richtung Látrabjarg und somit zu den Vögeln, allem voran zu den Papageientauchern. Hier wurden sie nur liebevoll Puffins genannt.

Doch der Campingplatz sagte mir nicht so recht zu. Er war karg, geschottert und wirkte etwas verwahrlost. Trotzdem blieb ich erst mal stehen und machte mich auf in die Stadt.

Aber auch diese ließ bei mir keine „heimelige" Stimmung aufkommen, obwohl die Straßen bunt geschmückt waren. Überall wehten Fahnen, und an den Laternenpfosten waren in bemalten Konservendosen Blumen und Zweige befestigt.

Wie ich später mitbekam, wurde auch hier der Seemannsfeiertag groß begangen und die Bevölkerung war aufgerufen, die Straßenseite, die sie bewohnte, gebührend zu schmücken. So war dann auch die eine Seite in Blau und die andere in Rot gehalten. Und immer wieder standen oder saßen Figuren im Garten oder auf der Wiese. So mähte ein Skelett den Rasen, und ein großer Luftballon-Mensch saß, mit einem Sonnenschirm bewaffnet, auf einem Stuhl. Inzwischen war er aber umgefallen. Vielleicht hatte er doch zu lange gefeiert. Sogar, oder gerade, die Schiffe im Hafen waren mit bunten Fähnchen geschmückt.

Hier fielen auch drei Denkmäler auf, die an die nicht mehr zurückgekehrten Seeleute erinnerten. Auch hier wurde ihnen mit Blumen gedacht.

Als ich mir so einen Gesamteindruck der Stadt eingeholt hatte, meldete sich doch so ganz langsam der Hunger. Aber auf einen

Burger oder Schnellimbiss hatte ich jetzt wirklich keine Lust. Da tauchte an der Straße eine Gaststätte mit Café auf, die sehr einladend wirkte.

In dieser Stadt, die auch heute noch vom Fischfang lebt, wollte ich auch gerne ein Fischgericht genießen. Der Fisch des Tages war Heilbutt. Also bestellte ich diesen und ließ mich überraschen. (Später erfuhr ich von einem erfahrenen Angler, dass der Heilbutt in Island geschützt sei. Er bezweifelte also, ob es sich wirklich um diesen Fisch handelte). Auf jeden Fall schmeckte er richtig gut, egal, was sich auf meinem Teller tatsächlich breitmachte.

So gestärkt, trat ich den Rückweg zum Campingplatz an. Da ich mir immer noch nicht ganz schlüssig war, ob ich hier wirklich nächtigen wollte, schaute ich mir noch mal den Aufenthaltsraum und die Küche an, und nach dem Gang zur Toilette war die Entscheidung zur Weiterfahrt gefallen.

Zum nächsten Campingplatz waren es circa 20 Kilometer, zwar schon etwas kurvig und bergauf, aber das war heute Abend noch zu schaffen. Dann hätte ich es morgen früh nicht mehr so weit bis zum Vogelfelsen. Denn ich dachte, der ganz frühe Morgen wäre die beste Zeit, um diese putzigen Vögel an den Felsen und Brutplätzen und nicht auf offenem Meer anzutreffen.

Es war jetzt kurz vor 20.00 Uhr, aber noch taghell. Das ist einfach genial hier. Man konnte fahren, solange man wollte, ohne das Gefühl zu haben, bei Nacht unterwegs zu sein.

Die Straße wurde staubiger und steiler und war zum Teil mit Kuppen und scharfen Kurven versehen. Aber für den Land Rover stellte dies natürlich kein Problem dar.

Als ich um eine Kurve bog, lagen in einem kleinen Weiler ein amerikanisches Militärflugzeug – und sonstige interessante, alte Fahrzeuge. Es handelte sich um ein Museum einer Privatperson und eines Sammlers. Hier in dieser Landschaft, die schroff und kahl aussah, wirkte alles etwas surreal. Auch die Gegend wirkte um diese Zeit – es dämmerte leicht – eher ausgestorben und verlassen.

Als ich auf dem Campingplatz angekommen war, fühlte ich mich sofort viel wohler als auf dem letzten, obwohl hier ein viel rauerer Wind wehte und die Landschaft viel karger war. Es war nicht wirklich kalt, aber der Wind zerrte und rüttelte überall und nahm alles mit, was nicht hundertprozentig überzeugt unterwegs war.

Beim Einchecken im Hotel und Campingplatz Látrabjarg, erfuhr ich, dass es keine gute Idee sei, erst am nächsten Morgen zu den Vogelkolonien aufzubrechen. Tagsüber seien die Puffins auf dem Meer und deshalb an den Felsen nicht zu sehen. So riet mir der junge Mann an der Rezeption, doch heute Abend noch zu den Felsen aufzubrechen. Es seien auch nur noch zwölf Kilometer.

Da musste ich doch schlucken. Heute hatte ich schon einiges erlebt, es war spät, und ich wollte mich gern zur Ruhe begeben. Denn diese letzten Kilometer steil nach oben würden noch anspruchsvoller werden als die bereits zurückgelegten. Und diese Straßen forderten immer noch meine volle Konzentration. Schließlich waren gerade die letzten Meter vor der Abzweigung zum Campingplatz eine knackige Herausforderung gewesen. Aber es half alles nichts. Da musste ich jetzt wohl durch, denn diese speziellen Vögel wollte ich auf jeden Fall hautnah erleben.

Nach einer kurzen Pause machte ich mich also noch mal auf den Weg mit meinem klasse Gefährt. In ihm fühlte ich mich absolut sicher.

Die Straße wurde steiler. Manche Kurven waren ausgewaschen, sodass ich mich vorsichtig am oberen Ende der Straße entlanghangelte und langsam deren Verlauf folgte. Um die Kurve herum blickte mich ein klarer Bergsee aus der Tiefe an. Danach folgte eine sehr steile Stichstraße nach unten. Also, noch einen Gang zurück und im Schritttempo weiter. Um die nächste Kurve wartete ein kleines Dorf mit vier oder fünf Häusern mit Radaranlage und einem Schild, das dazu aufforderte, langsam zu fahren.

So ganz langsam, aber stetig hangelte ich mich den Berg hoch. Ganz oben angekommen, wehte nun ein richtig rauer, starker und kalter Wind. Bereits das Öffnen der Fahrertür war mit Vorsicht zu genießen. So deckte ich mich mit Stirnband, Handschuhen, Schal, Fernglas und Handy ein.

Der Hauswirt hatte mir einen Wanderweg empfohlen, aber bereits nach einigen Schritten war mir klar, dass das heute Abend keine Option war. Ich war müde vom zurückgelegten Weg, und jetzt hatte ich noch richtig mit diesem Wind zu kämpfen.

Heute dämmerte es doch tatsächlich wieder einmal.

Ich hatte gerade den Anfang des vorgegebenen Weges erreicht, da sah ich auch schon den ersten Papageientaucher. Er saß auf dem Boden, den einen Flügel leicht gespreizt, als hätte er nichts anderes zu tun, als die Besucher zu begrüßen. Das war doch ein toller Einstieg!

Und dann, weiter hinten, hinter den gespannten Absperrseilen, saßen noch zwei weitere. Sie waren am Brüten, mitten im Gras, direkt neben dem Fußweg der Besucher. Deswegen waren die Seile gespannt, um die Nester, samt Brut und Brütende, zu schützen.

Langsam, gebückt und tief atmend ging ich den Weg direkt neben den ins Meer ragenden Felsen hoch. Hier hatte man eine traumhafte Sicht auf die zum Teil rege bevölkerten Vogelfelsen. Da saßen Tausende von Vögeln, in schwarz-weißem Frack, und Möwen. Aber die Puffins fand ich hier in den Felsen nicht.

Auffällig war auf jeden Fall, dass auch hier eine gewisse Ordnung herrschte. So waren bestimmte „Etagen" auch bestimmten Vogelarten zugewiesen. Ein Durcheinander wurde hier ganz bestimmt nicht geduldet.

Immer wieder schaute ich nach unten, aber da war Vorsicht geboten. Der Wind war doch kräftig und zum Teil in Böen unterwegs, sodass ich aufpassen musste, nicht weggeweht zu werden. Nun zog ich meine Kapuze über und umwickelte meinen Schal noch etwas fester.

Es war eine knappe halbe Stunde vergangen, seit meiner Ankunft hier bei den Felsen, aber der Wind und die Kälte schickten mich wieder zum Auto zurück. Sehr viele Papageientaucher hatte ich wirklich nicht gesehen, aber ich hatte einen Eindruck von dieser knallharten und rauen Heimat dieses gefiederten Volkes bekommen.

Und immer wieder kreisten Möwen und andere hier ansässige Vögel über dem Meer, den Felsen und den Wiesen. Auch das Kreischen war immer wieder zu hören. Einfach ganz viel kraftvolle, raue und strenge Natur, die mir immer wieder bewusst machte, wie klein und unscheinbar wir Menschen doch sind im Gewahrwerden dieser monumentalen Schönheit und Naturgewalt.

Jetzt hatte ich wohl kaum noch mit entgegenkommenden Fahrzeugen zu rechnen, was mich im Anblick dieser Straßenverhältnisse beruhigte. Denn hier in diesen engen Kurven, wo es auf der einen Seite steil nach oben und auf der anderen steil nach unten ging, war schon der Gedanke an Ausweichmanöver spektakulär.

Als ich dann wieder auf dem Campingplatz ankam, war ich gar nicht mehr müde, sondern eher aufgekratzt und tief erfüllt.

Gerne hätte ich mich jetzt mit jemandem ausgetauscht, aber die Menschen, die sich um mich herum in der Lobby aufhielten, waren entweder ins Gespräch vertieft oder mit sich selbst und der Technik beschäftigt. So setzte ich mich in einen bequemen Ledersessel und ließ das gerade erlebte Revue passieren.

Endlich war ich so weit heruntergefahren, dass ich mein Auto und meine Schlafstätte aufsuchen konnte. Der Umbau war schnell erledigt, und so legte ich mich, tief erfüllt, schlafen.

Gespräch mit Kobolden

Abends lag ich im Bett, als ich wieder das Gefühl hatte, hier eine andere, mir neue Energie zu spüren. Sie fühlte sich etwas „neckischer", fordernder und vielleicht ein ganz klein wenig heimtückisch an. Auf jeden Fall so, als hätte man das Gefühl, einen Tick aufmerksamer sein zu wollen, um keine „bösen" Überraschungen zu erleben.

So spürte ich genauer hinein, fragte nach und erhielt zur Antwort ein neckisches Kichern.

Kobolde: Jaja, das stimmt. Das ist eine andere Energie, wenn wir Kobolde zugegen sind. Nicht so lieblich, wie zum Beispiel bei den Blumenfeen.

Aber so unterschiedlich wie die Gegenden sind, so unterschiedlich sind auch ihre Bewohner und die Zusammensetzung der verschiedenen Arten der Naturwesen. An bestimmten Orten können verschiedene Gruppen gar nicht miteinander, also kommen sie in dieser Konstellation gar nicht vor, und woanders arbeiten sie Hand in Hand zusammen.

Ich: Ich stelle mir Kobolde so ein bisschen wie Rumpelstilzchen vor. Mit verwegenem Hut, langen, zerzausten Haaren, vielleicht mit einer längeren, spitzen Nase …

Und wie seid ihr tatsächlich?

Kobolde: Das ist auch wieder vom Ort abhängig wo wir wirken. Das ist ein bisschen so, als würdet ihr Engländer mit Franzosen vergleichen …

Wir hier vor Ort sind in der Regel friedlich. Wir lachen gern und sind für jeden Schabernack zu haben. Aber immer in einem Rahmen, wo niemand wirklich zu Schaden kommt. Ursprünglich war es meist so, dass wir Menschen, die sich der Natur gegenüber eher uncharmant benommen haben, in die Schranken weisen wollten. Das heißt, wir kitzelten sie an der Nase, zwickten sie immer wieder an den unmöglichsten und schlecht zugänglichen Stellen. Und dann freuen wir uns ungemein, wenn sie im Kreis laufen, sich aufregen und so gar nicht mehr entspannt sind.

In der Zwischenzeit haben die Menschen aber immer mehr vergessen, dass es da einen Zusammenhang zwischen den „Leiden", die wir verursachen, und ihrem Verhalten gibt. So scheint unser kleiner Fingerzeig immer mehr ins Leere zu laufen.

Ich: Aber die Isländer scheinen da ja noch offener zu sein.

Kobolde: Ja, aber auch nur bedingt. Und hier an diesem Platz halten sich ja momentan mehr Touristen als Einheimische auf.

Ich: Was treibt ihr denn noch für Schabernack, außer uns an der Nase zu kitzeln und zu zwicken?

Kobolde: Das ist natürlich unser großes Geheimnis. Ihr gebt ja auch nicht gern euer Lieblingsrezept preis. Aber insgesamt verstecken wir auch gern etwas, was nachher so aussieht, als hättet ihr es kopflos woanders hingelegt. Oder ihr seht etwas nicht, zum Beispiel eine Stelle im Buch, obwohl ihr wisst, dass ihr es bereits an dieser Stelle gelesen habt. Und nach einer gewissen Zeit ist es einfach wieder da. Ihr sagt dann, ihr wärt nicht aufmerksam, aber manchmal ist es der Griff in unsere Trickkiste.

Ich: Das ist ja spannend. Und wenn wir richtig aufmerksam sind, dann merken wir, dass ihr die Finger im Spiel habt oder hattet?

Kobolde: Das merken nur noch ganz wenige Menschen. Aber wenn sie es merken, freut es uns natürlich auch. Aber meist ist es ja so, dass diese Menschen, die uns spüren oder wahrnehmen, nicht diese sind, die wir gerne „ansprechen" würden.

Ich: O. K., danke schön. Wollt ihr den Menschen noch eine Botschaft oder eine Weisheit vermitteln?

Kobolde: Lasst euch mal wieder von der Natur verzaubern. Und schaut mal euren Kindern zu. Sie spüren uns noch. Wenn ihr bei ihnen nachfragt ohne sie zu bremsen, dann erzählen sie euch bereitwillig, was sie mit uns erleben.

Viel Spaß beim Spüren! (großer Lacher)

Ich: DANKE SCHÖN.

Montag, 03.06.19

An diesem Morgen beschloss ich, eine Nacht nachzubuchen. Alles hier drängte zur Muße, zum Atmen, zum Bleiben. Also schlief ich erst einmal aus.

Auch heute Morgen war es wieder gut windig. Aber ich hatte das Gefühl, dass das hier zur Gegend, zu den Felsen und zu den Vögeln gehört. Hart, rau, klar, Natur pur eben. Und farblich alles in Grau, aber in allen Nuancen und Schattierungen.

Nach dem Duschen hatte ich Hunger und Lust auf ein zünftiges Essen. So kochte ich einen Reis, briet diesen an und schnitt noch Käse und Tomaten hinein. Die Tomaten wurden hier auf der Insel gezogen und schmeckten sehr aromatisch, obwohl es ja Gewächshaustomaten sind. Nach dem Essen war der Hunger gestillt und ein wohliges Gefühl umlagerte mich. So holte ich aus der Lobby ein paar Bildbände aus dem Regal über Vögel und Polarfüchse und schmökerte, auf dem gemütlichen Sofa liegend.

Manche Bücher beschrieben die Bilder nicht nur auf Isländisch, sondern auch auf Englisch, sodass ich mich etwas in die Landessprache einlesen konnte. Dann kaufte ich noch einige Postkarten – wann hatte ich die letzte geschrieben? –, beschriftete sie und gab sie an der Lobby ab.

Der Nachmittag verflog und langsam kam die Frage auf, ob ich nicht noch einmal zum Felsen und zu den Vögeln sollte. Zeit hatte ich ja noch. Hier konnte ich mir einfach Zeit nehmen und Entscheidungen in Ruhe treffen.

Oft dachte ich über etwas nach, und von einem Schritt zum nächsten war die Entscheidung gefallen. Dann aber glasklar und goldrichtig. Einfach so und ganz nebenbei. So wie bei einem Ei, das nach kurzem, lautem Gegacker auf einmal einfach da ist. Unübersehbar, klar und eindeutig.

Da die Papageientaucher erst in der „Dämmerung", wann immer das auch ist, zu den Felsen vom Meer zurückkehren, hatte ich ja noch Zeit.

Gegen 19.00 Uhr brach ich dann ein zweites Mal auf. Den Weg kannte ich ja inzwischen. Und das war beruhigend. Schließlich hatte es ja gestern sehr gut geklappt.

Oben angekommen, wurde ich leider nicht mehr so nett begrüßt wie gestern Abend. Aber schließlich ist kein Tag wie der andere, hier schon zweimal nicht.

Dafür war der Wind kaum weniger als tags zuvor. Doch heute hatte ich die Kraft, dem Weg weiter nach oben zu folgen, um immer wieder einen neuen Blickwinkel auf die Felsen und deren Bewohner zu erhaschen.

Aber heute waren es nicht die Puffins, die mich unterhielten, sondern Hunderte oder Tausende andere Gefiederten. Es war so schön. Der Wind, das Gezeter der Vögel, diese herbe, kahle und urwüchsige Natur hier. Hatte man sie einmal, auch nur ansatzweise ins Herz geschlossen, so gab es kein Zurück mehr. Es war einfach bei jedem Atemzug, bei jedem neuen Augenblick ersichtlich, dass die Natur hier Chef ist und wir Menschen nur geduldet sind.

Aber dann war da noch etwas anderes hier. Diese Energie! Mit diesem Wind verbunden, war sie so kraftvoll, dass mir das Atmen zum Teil recht schwerfiel. Ich musste so tief atmen, um alles in mir aufzunehmen, zu verarbeiten und es dann wieder loszulassen. Immer wieder atmete ich japsend ein, als hätte ich mit Asthma zu kämpfen.

Es war der „Hammer", einfach nur „krass". Immer wieder blieb ich stehen, schaute, atmete. Zwischendurch machte ich ein Foto, denn diesen Anblick hatte ich sicher noch nicht eingefangen. Nein –

doch, aber es war eine Form, diese Gefühle zu verarbeiten, ein Stück davon mit nach Hause zu nehmen. Ich wollte es aufbewahren, für mich, für immer, für meine Seele. Ob das wohl funktioniert?

Wieder zurück am Parkplatz, sah ich am Leuchtturm einige Menschen stehen. Allerdings blies dort der Wind so heftig, dass ich überlegte, ob es sich wohl lohnte, diesen „Abstecher" noch mit einzubauen. Also machte ich mich auf den Weg zu diesen Leuten.

Ganz nahe am Hang sah ich sie dann, zwei oder drei „Buntschnabelige" posierten da auf der anderen Seite des Geländers. Ich sah sie nur ein bisschen durch die dicht stehenden Fotografen hindurch. Als es etwas lichter wurde und ich einen der Gesellen besser sehen konnte, verabschiedete sich dieser galant und schnell in die nächste Felsenhöhle.

Innerlich grinste ich. Nun hatte ich heute also doch noch welche gesehen, auch wenn es nicht mehr für die Kamera reichte.

Schnell ging ich zum Wagen zurück, denn es war jetzt durch den Wind richtig kalt. Auszukühlen und dadurch in Gefahr zu kommen, das war hier in Island gar nicht so schwer.

Total erfüllt und überwältigt, nicht nur wegen des Gesehenen, sondern auch wegen der Gefühle, die diese Landschaft bei mir ausgelöst hatte, kehrte ich zu meinem Schlafplatz zurück. Und heute ging ich direkt zu Bett.

Wind- und Steinhexen

Ich: Ich habe euch in Breiðavik (hier in der Nähe) immer wieder, meist versteckt, durch die Kamera gesehen. Ihr wirkt sehr kraftvoll und mit ganz viel „Ur-Zauber".

Hexen: Ja, das stimmt. Die Energie, die wir haben, geht in die Richtung der Kobolde. Mit ihnen wirken wir auch oft zusammen.

So wie ihr die Hexen kennt, wie sie mit der Kraft der Natur „zaubern", was ja nichts anderes bedeutet, als diese optimal zu nutzen, so könnt ihr euch auch unser Tun hier im Stein und Wind vorstellen.

Hier um die Felsen, bei den verschiedensten Vögeln und mit den zum Teil sehr heftigen Winden fühlen wir uns sehr wohl. Hier kommt eine Energie zusammen, auch gemeinsam mit dem Meer und den Bergen, sodass oft nicht mehr klar ersichtlich ist, welche Wesen was und wie viel dazu beigetragen haben. Klar ist aber, dass wir einem „Gesamtprojekt" dienen, dass also nicht jeder tun und lassen kann, was er gerade will.

Ich: Und was ist eure Aufgabe im Gesamtkonzept?

Hexen: Wir steuern unsere Form von wilder Energie bei. Das ist das, was ihr Touristen an Island so mögt. Dieses Unnahbare und Wilde der Natur. Die Unberechenbarkeit der Natur und der Wind.

Ich: Aber für den Wind seid ihr nicht zuständig, oder?

Hexen: Im weitesten Sinne schon auch. Je nachdem, was wir beisteuern, verstärkt sich auch der Wind, oder eben auch nicht.

Ich: Könnt ihr mal bitte ein Beispiel geben? Das hört sich für mich alles sehr vage an.

Hexen: Aber du weißt schon, dass wir uns bewusst Hexen nennen? Du glaubst doch nicht wirklich, dass wir uns in unseren Hexenkessel blicken lassen?

Was wir genau machen, wissen ja nicht einmal die anderen Wesen um uns herum, mit denen wir zusammenwirken. Da lassen sich die wenigsten in die Karten schauen. Alle Gruppen haben ihr Spezialwissen immer mehr ausgebaut und kennen ihre Qualitäten. Niemand von den anderen zweifelt das an oder pfuscht ihnen ins Handwerk. Das wäre dann wie Krieg in der Natur.

Ich: Das sind klare Worte. Und hier, in dieser Gegend, seid ihr dann, wenn ich es richtig verstanden habe, mit für das Wetter verantwortlich? Das heißt, wenn es mir mal wieder zu windig ist, kann ich mich an euch wenden?

Hexen: Du kannst es ja mal versuchen, aber wir hören eben auch nicht immer alles, vor allem dann, wenn es uns von unserer eigentlichen Arbeit abhält.

Ich: Also lasst ihr euch nicht belästigen. Das habe ich verstanden und mir auch schon fast gedacht.

Wollt ihr uns Menschen noch etwas mitteilen oder einen Tipp geben, wie auch immer?

Hexen: Ihr fühlt euch von Hexen und deren Künsten sehr angezogen. Dabei hat jeder von euch diese Anlagen im Blut. Den Mut, aus der Masse herauszutreten und eure eigene Portion „Hexen-Potpourri" in euren Alltag einzubauen, müsst ihr aber selbst aufbringen.

Hexe zu sein, bedeutet für uns auch, stark zu sein, für das was man tut, einzustehen und Grenzen zu setzen.

In diesem Sinne, arbeitet an euren Zauberkünsten!

Eure kraft- und machtvollen Hexen aus Wind und Stein

Dienstag, 04.06.19

Heute wollte ich mal wieder relativ früh los. Warum eigentlich?

Auf jeden Fall wachte ich gegen 9.00 Uhr auf und die meisten Fahrzeuge samt Zelten waren bereits fort. Na, dann hatte ich jetzt wohl freie Fahrt und nicht mehr viele Autos hinter mir, die schneller an ihr Ziel wollten als ich.

Als der Ort eines Nebenfjordes angeschrieben war, bog ich instinktiv ab. Es handelte sich um eine dreistellige Straßennummer, aber mit meinem Gefährt war das ja jetzt kein Problem mehr.

Nun ging es vorbei an traumhaft weißen Sandstränden. Diese faszinierten mich so sehr, dass ich gar nicht lange zögerte. Ich stellte das Auto ab, suchte mir einen Weg und spazierte, heute leider nicht barfuß, in Richtung Strand. Es war wieder so windig, dass ich freiwillig meine Schuhe anbehielt. Auch meine Wolljacke und mein warmes Stirnband gehörten heute wieder zum mir lieb gewonnenen Accessoire.

Schafe grasten auf den vorgelagerten Wiesen und Vögel kamen auch immer wieder vorbeigeflogen.

So versuchte ich mir einen Weg zu suchen, ohne dabei brütende Vögel oder die Vegetation stark zu stören. Denn die fliegenden Gesellen brüten oft direkt am Boden, sodass die Nester kaum zu erkennen sind. Manche Arten legten die Eier auch direkt am Boden ab, ohne erkennbares Nest.

So spazierte ich, am Meer angekommen, auf diesem unberührten Flecken Sand. Wellen, Wind, sie kamen und gingen. Und so würden meine Schuhabdrücke im Sand in wenigen Stunden ebenfalls der Vergangenheit angehören. Ich genoss die Zeit ganz bei und mit mir an diesem so steten wie auch ständig sich verändernden Ort.

144

Ich kam immer mehr bei mir an, spürte die Wellen durch mich durchgehen. Der Wind nahm alles mit, egal ob ich es halten wollte oder nicht. Der Sand hielt meine Füße, zeigte mir aber gleichzeitig, wie beweglich und veränderlich alles um mich herum war. Ging ich mit diesen Wellen mit, wenn ich sie annahm und ihre klare Botschaft des beständigen Wandels akzeptierte, konnte ich das weiche Umspielen und Umwerben der Natur spüren und sie als Botschaft mit auf den heutigen Weg nehmen.

Auf einmal hatte ich aber so richtig Appetit auf ein leckeres Lammfleisch. Diese Anwandlung hatte mich genauso angeflogen wie viele andere Botschaften auch. Der Körper hatte also wohl auch noch Bedürfnisse. Und wenn der Geist in höheren Dimensionen schwelgte, so wollte dies mein „Fleisch" und Blut ebenso. Da hatte ich auf jeden Fall schon eine Ahnung, welche Art von Gastronomie ich heute bevorzugen würde. Also wieder ein Festtag für alle Sinne.

Hier im Urlaub gelang mir das immer besser und spielerischer. Aber diese Praxis immer mehr in den Alltag zu Hause zu integrieren, diese Theorie durfte sich immer mehr als ganz klare Lebensphilosophie in mir verankern. Dieses So-sein-Lassen, dieses Nachspüren und mir die Offenheit für diese Feinstofflichkeit erhalten. Ja, das war bereits jetzt schon mein Wunsch für zu Hause, für die Zeit danach.

Nach dem Spaziergang fuhr ich weiter nach draußen in Richtung Fjordspitze. Ich hatte keine Ahnung, was mich dort erwartete. Wieder einmal fuhr ich einfach nach Gefühl.

Und da tauchte auch schon ein orangefarbener Leuchtturm auf, als ich um eine Kurve bog. Von der Straße aus hatte ich einen erhabenen Blick auf dieses leuchtende Bauwerk direkt am Meer. So beschloss ich, diesen Anblick mit meinem Fotoapparat einzufangen und der steiler werdenden Straße weiter nach oben zu folgen.

Rechter Hand lag ein malerisches Dorf fast ganz in Gelb. Dieser warme Ton an einem ganz sonnigen Tag löste ein heimeliges und gemütliches Gefühl in mir aus.

Da ich beschlossen hatte umzudrehen, bog ich hier ab und drehte um. Noch weiter den Berg hinauf musste jetzt nicht mehr sein.

Auf dem Weg zum Dorf standen mal wieder einige Schafe in Schwarz und Weiß. Sie ließen sich Zeit, bis ich passieren durfte. Schließlich waren sie es gewohnt, Chef auf der Straße zu sein.

Wieder auf der Hauptroute zurück, passierte ich wieder einmal ein „Straßenbewässerungsfahrzeug". Diese fuhren bei Trockenheit regelmäßig die geschotterten Straßen ab, um mit dem Wasser den Staub zu binden. Ja, hier gab es nicht nur Wasser im Überfluss!

Nun beschloss ich, den kleinen Dörfern Tálknafjörður und Bíldudalur noch einen Besuch abzustatten. Bei der Hinfahrt nach Látrabjarg hatte ich diese bewusst „links liegen gelassen".

Es war weiterhin sonnig und im Wagen ganz ohne Wind richtig warm. Als ich in Richtung Tálknafjörður abbog, ging es mal wieder stetig nach oben. Aber die Straße war einladend breit und geteert. Als ich nach wenigen Kilometern das kleine, aber einladende Dorf erreichte, suchte ich sofort den Zeltplatz auf. Dieser war schlicht, es gab kaum Gebüsch, aber der gesamte Platz, mitsamt dem Rasen, war gepflegt. Im hinteren Bereich waren ein kleiner Spielplatz und eine überdachte Grillstelle angesiedelt. Auch eine Küche mit einigen Tischen und Stühlen war in einem kleinen Haus untergebracht.

Beim Einchecken im Schwimmbad fragte ich nach Restaurants hier im Dorf denn mein Hunger hatte sich wieder gemeldet.

Das nette Restaurant und Café, direkt neben dem Campingplatz, in einem alten, aber einladenden Haus, dessen Giebel mich rot anleuchtete, öffnete erst um 15.00 Uhr. Es gab noch eine Pizzeria und einen Imbiss bei der Tankstelle. Da ich mein Lieblingsessen für den heutigen Tag bereits ausgesendet hatte, wusste ich, dass das Ziel ganz nahe lag.

Als ich gegen 14.30 Uhr zu einem Rundgang ins Dorf aufbrach, kam mir die freundliche Besitzerin des Cafés entgegen, als ich gerade die Speisekarte studieren wolle.

Sie meinte, sie öffne erst um 15.00 Uhr, aber ich solle doch bereits eintreten. Sie war am Telefonieren mit ihrem Mobiltelefon und wollte „eine rauchen".

„Drinnen gibt es Internet, suchen Sie sich einen Platz, Bücher finden Sie auch. Fühlen Sie sich einfach wohl." Dies sagte sie zwischen dem Telefonat und Zigarette in einem Gemisch von Quirligkeit und Lebensfreude.

Die Begrüßung fiel so warm aus wie die Atmosphäre der gesamten Gaststätte. Der Eingangsbereich erstreckte sich über die ganze Breite des Cafés. Hier stand rechts an der Wand ein einladendes, helles Holzsofa mit Holzlehnen, auf dem eine in warmen Tönen gestrickte Decke lag.

Überall an den Wänden hingen Bilder vergangener Zeiten. Nach dem Eingangsbereich war der Raum zweigeteilt. Durch eine Wand getrennt, befand sich linker Hand eine Art Bibliothek mit Büchern, Zeitschriften und einer bunten Plattensammlung. Alles lag und stand, als hätte man diese Ecke gerade erst noch genutzt und nur für kurze Zeit verlassen, um dann wieder an diesen so heimeligen Ort zurückzukehren.

Der rechte Teil des Raumes bildete die eigentliche Gaststätte. Auf der linken Seite, durch helles Holz in netten Nischen abgetrennt, waren Holzbänke mit jeweils einem Tisch dazwischen. Die Bänke waren mit einem warmen roten Lederbezug ausgestattet. Auf der rechten Seite standen Tische und Stühle mit gelb-grünen Stoffbezügen. Die Wände und Decke waren mit hellem Holz getäfert. Es war hell und bunt und sehr geschmackvoll eingerichtet.

Hier roch alles nach Lebenslust, nach Freude und Genuss. Und so brauchten wir zwei Frauen auch nicht lange, um ins Gespräch zu kommen. Ich fühlte mich vom ersten Augenblick an wieder einmal wie zu Hause.

Als sie mir die Speisekare brachte, stellte sie mir die Speisen vor. Auch ein veganes Gericht war darunter. Da fiel mein Blick auf das Tagesspezialgericht. Da stand es schwarz auf weiß: Es gab Lamm. Also hatte ich bereits entschieden. Und dass hier mit der gleichen Leidenschaft gekocht wurde wie die Einrichtung ausgesucht und zusammengestellt worden war, davon war ich bereits überzeugt.

Die nette Dame machte noch altertümliche Musik an, die perfekt zum Ambiente passte, dann verschwand sie in der Küche.

Währenddessen kümmerte ich mich um das „Wi-Fi" und genoss diese wunderbare Stimmung, während warm von draußen die Sonne durch die Fenster schien.

Wieder einmal wunderte ich mich, wie schnell bereits formulierte Wünsche in Erfüllung gehen können. So war es kaum drei Stunden her, seit der Traum nach einem leckeren Lammfleisch in mir aufgeflammt war.

Als das Essen serviert wurde, war ich nicht überrascht, weil ich hier gute Qualität vorausgesetzt hatte, aber ich war begeistert!

Das in einer Rolle servierte Fleisch lag auf einer Art Kartoffelpüree. Daneben zeigte sich ein gut aussehender gemischter Salat. Eine leckere Soße rundete das Bild ab. Natürlich schmeckte es auch so lecker, wie es aussah. Einfach nur traumhaft!

Zwischendurch erzählte mir die Wirtin, dass sie in der oberen Etage einen Tanzsaal habe. Ja, das musste sie gerade mir erzählen, wo ich doch mit Leidenschaft und sprühenden Augen tanze. So fragte ich sie, ob ich mir diesen Raum ansehen dürfe.

Oben angekommen, setzte sich der geniale Stil von unten fort. Die Decke bildete eine Kuppel. Diese war mit hellblauen Fliesen und weißen Fugen genial hervorgehoben. An der Frontseite befand sich eine Bühne, deren Wand in Orange gehalten war. Die restlichen Wände waren wieder hell getäfert. Tische und Stühle aus Holz aus früheren Zeiten und ein roter Teppich zierte den Boden in der Mitte des Raumes.

An der rechten Seite vom Eingang thronte an der der Wand ein großes Bücherregal, gefüllt mit alten Schätzen. Davor stand im gleichen dunklen Holz ein runder Holztisch mit zwei schweren Lederstühlen. Ja, hier wäre ich beim nächsten Fest auch gerne dabei.

Wieder unten angekommen, teilte ich der Wirtin meine Begeisterung mit. Dann holte ich meinen Block heraus, denn hier war der ideale Platz, um zu schreiben. Hier fühlte ich mich einfach nur wohl. So purzelten die Worte einfach nur so aufs Papier.

Zwischendurch bestellte ich noch einen Kaffee und selbst gebackenen Schokoladenkuchen. Denn die Zeit verging hier wie im Flug, und ich wollte einfach noch etwas länger in dieser so schönen Energie verbringen.

Als ich mich dann doch irgendwann wieder auf den Weg machte, bot mir die Wirtin an, wiederzukommen. Ich könne mich gerne oben in den Tanzsaal setzen, um ungestört zu schreiben. Das war natürlich ein ganz spezielles Angebot, das ich sehr zu schätzen wusste. Ja, zwischen uns stimmte einfach die Chemie. So erkundigte ich mich nach den Öffnungszeiten und zog beschwingt von dannen.

Ich setzte mich ins Auto und fuhr die Straße entlang, die mir meine „neue Freundin" empfohlen hatte. Dort sollte es etwas Schönes geben. Intuitiv hatte ich gefragt, ob sie einen Hot Pot meine, aber ich verstand ihre Antwort als Nein. Sie antwortete nur, dass es mir gefallen würde.

Es war auch wirklich traumhaft hier. Links der Straße war mal wieder ein wunderschöner Sandstrand zu sehen. Rechts war, ganz unscheinbar, etwas angeschrieben. Aber ich folgte der „Hauptstraße" weiter.

Irgendwann stellte ich irgendwo zwischen Bergen und Meer meinen Land Rover ab und wanderte zwischen Steinen, Sand und Wasser am Strand entlang. Nebenher schaute ich immer mal wieder auf die Uhr, was ich hier in Island nur selten mal tat. Aber ich wollte noch ins Schwimmbad, und das schloss um 21.00 Uhr.

Wie so oft hier, ging ich, im Schwimmbad angekommen, direkt in den Hot Pot und ließ das Schwimmerbecken links liegen. Hier saß mir ein Mann gegenüber. Allerdings konnte ich nur seinen Rücken bewundern, da er in Richtung des Schwimmerbeckens schaute.

Beim Einsteigen in den Pool hatte ich schon bemerkt, wie weich das Wasser hier ist. Es fühlte sich schon etwas seifig an, aber auch ganz leicht. So hielt ich mich beim Ein- und Aussteigen dann doch lieber gut fest, um nicht zu hohe Wellen zu verursachen.

Als der Mann sich umdrehte, kamen wir sofort ins Gespräch. Ich schwärmte ihm von dem weichen Wasser vor, und er grinste mich nur an.

„Wenn du magst, können wir uns gerne auf Deutsch unterhalten. Dann wird es etwas einfacher", meinte er. Für wen, ließ er offen. O. K. Das war mal wieder leicht peinlich. Aber meine schwäbischen Wurzeln konnte ich nicht einmal in Island verstecken. Es war mal wieder spannend, mit welchen Menschen man im Urlaub in Kontakt trat. Er war Physiotherapeut, ich Ergotherapeutin.

Er ist Deutscher, lebte und arbeitete sechs Jahre hier und wollte nun von Deutschland wieder zurück auf die Insel.

Ich fragte ihn, ob es auf der Fjordstraße, die ich am Nachmittag erkundet hatte, noch etwas Besonderes gebe. Ja, da gebe es einen Hot Pot. Aber die Isländer würden dafür noch ein anderes Wort benutzen. Wenn ich morgen Lust und Zeit hätte, würde er ihn mir gerne zeigen.

Das hörte sich vielversprechend an. Mit jemandem unterwegs zu sein, der das Land schon ganz gut kannte und auch noch die gleiche Sprache sprach. Und unsympathisch war er auch nicht, ganz und gar nicht. Also sagte ich zu. Und wieder einmal jemanden zum Reden und Austauschen zu haben, ist immer wieder, nach tagelangem Alleinsein, sehr schön.

Mittwoch, 05.06.19

In meinem „bakpok" (Rucksack) hatte ich Handtuch und Bikini
verstaut. Eine Flasche Wasser war auch immer dabei. Fernglas,
Handy als Fotoapparat und Block mit Stift durften auch nie fehlen. So holte ich Frank zur verabredeten Zeit ab. Da er noch nicht
gefrühstückt hatte, holte er sich an der Tankstelle einen „Pilsa",
den speziellen Hotdog. Da ich auch einen leichten Hunger verspürte – ich konnte doch niemandem beim Essen zuschauen! –,
bestellte ich mir auch einen. Bisher hatte ich mich noch nicht ge-
traut, diese „Spezialität" zu probieren, weil ich befürchtete, dass
zumindest das Brötchen so schmeckte, wie es aussah. Meine Augen täuschten sich also nicht. Das Würstchen inmitten des langen,
weichen und bleichen Brötchens war ja noch ganz passabel. Aber
ein zweites Mal brauchte ich das nicht. Da frühstückte ich lieber
gar nicht und schlemmte gegen Mittag mit Kaffee und Kuchen.

Am Hot Pot angekommen, schlüpfte ich in meinen Bikini, duschte und ging in das erste Becken. Hier waren die Temperaturen
nicht angeschrieben, also hieß es ausprobieren.

Und nun hatte ich freien Blick auf das blaue Meer und die Berge im Hintergrund.

Da zeigte Frank auf den Berg und fragte mich, ob ich das Gesicht in dem Felsen sehen würde. Und ja, tatsächlich. Da war – dunkler, vom Berg abgesetzt – ein sehr großes Gesicht zu sehen. Es wirkte freundlich, ja schon fast gütig auf mich und absolut kraftvoll.

So lag ich im warmen Wasser, das auf meinen Körper angenehm entspannend wirkte, und nun sprach mich dieses Monument auf eine ganz andere Weise an. Ich fühlte Körper und Geist immer mehr miteinander verschmelzen und hatte mal wieder eine sachte Ahnung von „All Ein Sein."

Im Winter, erzählte er weiter, sei dieses Gesicht aufgrund der Schneemassen nicht zu sehen. Sichten dann die Einwohner nach langem Winter wieder dieses Gesicht, so sagen sie, dass nun der Sommer da sei.

Fischköpfe

153

Im Laufe des Tages erfuhr ich noch einiges über das Land, die Bewohner und ihre Lebensweise.

Als ich Frank berichtete, wie stark die Westfjorde mich in ihren Bann gezogen hatten, erzählte er, dass der Oberelf dazu berechtigt sei, die Hand – denn als solche wurden die Fjorde oft gesehen – einfach umzudrehen, wenn die Menschen es zu doll treiben sollten. Das konnte ich sofort unterschreiben. Das war mit jedem Fußtritt, mit jedem Atemzug zu spüren. Hier hatte man es mit einer Natur zu tun, die nicht lange wartete mit ihren Reaktionen. Da kamen Lawinen sofort auf den Fuß, Stürme oder das Meer holte sich zurück, was ihm genommen wurde.

Auch mögen es die Naturwesen nicht, wenn Steine zu Türmchen aufgestapelt werden. Es wird erzählt, dass sie nachts die Steine wieder einen nach dem anderen an ihren ursprünglichen Platz zurückbringen.

Auf dem Weg zurück ins Dorf kamen wir an der Eiderenten-Farm vorbei. Die Daunen dieser Enten sind sehr beliebt wegen ihrer Wärme und Behaglichkeit, die sie dem Schläfer übermitteln. Direkt parallel zur Straße brüteten diese hinter einem Zaun. Zum Teil unter Wellblech-Häuschen oder in großen Autoreifen, manche direkt auf der Wiese. Wenn die Küken geschlüpft sind, werden die Nester eingesammelt und die Federn von allem anderen von Hand getrennt. Unter diesem Blickwinkel wird klar, wie viel ein Kilogramm Eiderdaunen wert ist.

Die Hafenbesichtigung mit meinem „persönlichen Reiseführer" machte mir „Bodensee-Schwabe" mal wieder klar, wie wenig Ahnung ich von Fischen und ihrem Lebensraum hatte.

Hier standen verschiedene Becken mit unterschiedlich großen Fischen von der hier ansässigen Fischzucht. Die Fisch verarbeitende Fabrik war in unmittelbarer Nähe, direkt neben den Aufzuchtbecken. Gerade war eine Frau dabei, die automatische Fütterung, Belüftung und Temperatur der Becken zu kontrollieren.

Dass der Fischbestand hier, rund um Island, noch recht gut ist, liegt wohl auch an dem Kontingent, das von der Regierung verteilt und streng überwacht wird. Zu Beginn der Saison kann jeder Fischer Kontingente erwerben, wie es seinen Möglichkeiten entspricht. Später kann zwar noch nachgekauft werden, aber dies lohne sich dann kaum noch.

In diesem Zusammenhang kam die „Fischerei-Krise" der Sechziger- und Siebzigerjahre zur Sprache, wo die Engländer Fischzonen auf Island beanspruchten. Ja, so ganz dunkel war da noch was in meinem Hinterkopf. Um sich zur Wehr zu setzen, wurden die Netze der „Eindringlinge" aufgeschnitten, und es war politisch einiges zu tun, um nicht nur die Wogen zu glätten, sondern den Isländern zu helfen, das Meer mit seinem Fischbestand zu wahren.

Zwischendurch erfuhr ich so nebenbei noch, dass diese Sträucher, die hier überall wild wachsen, Heidelbeeren beziehungsweise Blaubeeren sind. Das war wohl nach dem Rhabarber das nächste wichtige „süße Früchtchen", das hier wild wächst.

Aber auch die „Landes-Blume" möchte hier einmal erwähnt werden, die Lupine. Überall, egal ob nah am Meer oder am Hang, überall blühte es momentan in Blau und Lila.

Und so ging dieser eindrucksreiche Tag so ganz langsam dem Ende entgegen. Frank führte mich in die hiesige Pizzeria, die seiner Meinung nach ganz eindeutig die beste überhaupt sei. So hungrig wie ich war, bestellte ich die Meeresfrüchte-Pizza. Dazu ein Gingerbeer und die Welt war gerettet. Oder doch nicht? Das Gingerbeer hielt nicht das, was es versprach, oder zumindest war es nicht das, wofür ich es bisher gehalten hatte. Es war das erste Ingwerbier hier im Lande, was seinem Namen Ehre machte und tatsächlich Alkohol enthielt. Also gab es wohl doch zwei Varianten. Und die Pizza schmeckte wirklich superlecker.

Trotzdem nahm ich bereits innerlich mal wieder Abschied von einer so faszinierenden Gegend. Denn tags darauf wollte ich über Bíldudalur wieder zurückfahren nach Ísafjöður.

Da Frank morgen von Bíldudalur einen Flug in die Hauptstadt gebucht hatte und von dort wieder nach Deutschland aufbrechen würde, hatte er mich gefragt, ob ich ihn mitnehmen würde.

Donnerstag, 06.06.19

Aufbruchstimmung! Und das nicht nur bei mir.

Auch Frank war heute einsilbiger und zurückhaltender als gestern. Ja, dieses Land wieder zu verlassen, stand mir ja auch irgendwann noch bevor und ich konnte seine Stimmung sehr gut nachvollziehen.

In Bíldudalur angekommen, erzählte er mir, wo ich was besichtigen könne und wo es gute Übernachtungsmöglichkeiten gebe. Schließlich war es ja nicht sonderlich bequem, das Schlafen in meinem Auto. Aber vorerst hatte ich Hunger und wollte etwas essen. Vor einer Gaststätte angekommen, wurden wir mit viel Lärm begrüßt. Zuerst dachte ich an Kettensägen, aber in Anbetracht der Dauerbeschallung ohne Unterbrechungen stellte es sich dann doch als Rasentrimmer heraus. Wie laut diese Geräte doch sind.

Zum Essen bestellte ich mir eine Portion mit ganz kleinen Camembert- und Ziegenkäse-Taler. Dann setzten wir uns raus auf die Terrasse, denn es war mal wieder traumhaft schönes Wetter. Aber nicht nur das Wetter war phänomenal, auch die Aussicht. Der Hafen mit seinen schmucken Booten lag direkt vor unseren Augen.

Nach dem Essen wollte ich nun doch einmal ein Softeis probieren. Dieses gab es hier überall. Aber meist kamen noch irgendwelche Streusel mit drauf, oder das Eis wurde gemixt, mit den ausgesuchten süßen Streuseln, Gummifrüchten, und dann im Becher zum Löffeln serviert.

Der junge Mann am Tresen war mit allem etwas überfordert, er wurde gerade eingewiesen. Als das Eis dann in Entenform bei mir ankam, hatten wir alle etwas zu lachen.

War das Eis hier süßer als in Deutschland? Zugegeben, ich hatte auch in Deutschland schon lange kein Softeis mehr gegessen. So ist es doch immer wieder gut, wenn man Speisen wieder einmal isst, um dann festzustellen, dass der optische Anblick und der Geschmack nicht mehr im Einklang miteinander stehen.

So, nun mussten wir aber wirklich weiter, wenn Frank ohne Hektik seinen Flieger erreichen wollte.

Am Flughafen angekommen, machten wir auch bezüglich der Verabschiedung kurzen Prozess. Denn auch mir fiel dieser Abschied nicht ganz leicht. Und jetzt hatte ich auch keine Lust mehr auf Dorfbesichtigung. Irgendetwas rief auch mich zum Aufbruch.

Also fuhr ich weiter in Richtung Pass und in Richtung Ísafjörður. Ich wusste, dass auf dieser Stecke noch ein Natur-Hot-Pot liegt. Da freute ich mich schon richtig drauf und wollte ihn auf keinen Fall verpassen.

Dort angekommen, war ich zuerst ganz für mich alleine. Im Vordergrund war ein Geo-Thermalschwimmbad. Vorn war der Wasserstand sehr niedrig, hinten wurde es geringfügig tiefer.

Weiter hinten sah man dann, wenn man es wusste, einen naturbelassenen Hot Pot. So saß man direkt im Bachbett. Vom Felsen her, weiter hinten, tröpfelte das richtig heiße Wasser ins Becken. Kurz versuchte ich in dieses leicht separate Becken zu steigen. Aber bereits beim vorsichtigen Testen boykottierte mein großer Zeh wegen Überhitzung. So saß ich im sehr heißen Wasser, lehnte mich an die Böschung an und genoss Wasser, Natur und mich.

Zwischenzeitlich kamen weitere Touristen und es wurde lustig. Viele kannten sich bereits von anderen Schauplätzen, und so kam es mir vor wie ein gemütlicher Kaffeeplausch.

Später, auf der Straße, begegneten wir uns immer wieder. Mal wenn man aneinander vorbeifuhr, während die einen pausierten oder fotografierten, oder am Spätnachmittag am größten Wasserfall der Westfjorde, dem Dynjandi.

Bevor ich aber die Abzweigung zu den Wasserfällen nahm, kam es noch zu einem nicht so schönen Ereignis. Aber auch das kann man manchmal nicht wirklich beeinflussen. So fuhr ich hinter anderen Fahrzeugen und sah bereits, wie ein entgegenkommendes Auto sehr schnell unterwegs war. Ich verlangsamte das Tempo, und als wir aneinander vorbei waren, machte es einen Schlag. Als ich angehalten hatte, stand der Mann auch schon vor mir. Es war ein Isländer. Er sagte, sein Rückspiegel sei kaputt, und meiner hatte leichte Lackspuren. Nach kurzem Disput füllten wir die Unfallbögen aus und die Fahrt ging weiter.

Zuerst war ich noch etwas sauer wegen dieses Vorfalls, als mir aber bewusst wurde, dass nur ein Spiegel zu Bruch gegangen war, beruhigte ich mich ganz langsam wieder.

Endlich war er dann ausgeschrieben, dieser ganz spezielle Wasserfall. Eigentlich bestand er aus drei aufeinanderfolgenden. Diese waren auch jeweils durch eine kleine Tafel namentlich erwähnt.

Ja, Wasser, das in diesen Massen mit so viel Wucht den Hang herunterpurzelt, hat sehr viel Kraft und wirkte auf mich erst einmal sehr beruhigend. Beim genaueren Betrachten merkte ich, dass mich immer wieder Gesichter anschauten. Entweder aus dem Wasser, aber die meisten waren mit dem Stein „verwachsen". Wo ich auch hinblickte, hier agierte nicht nur das rauschende Wasser, hier lebte einfach alles, in welcher Form auch immer. Von allen Seiten schauten sie mich an, grinsten oder lachten. Heute schien es, als wollten sie alle auf einmal mit mir reden, oder sich zumindest zeigen. Vielleicht wollten sie mich auch trösten beziehungsweise wieder kraftvoll aufladen nach dem kleinen Unfall.

Ganz oft waren es Hexengesichter, die mich beäugten, aber auch „namenlose" waren darunter. Oft konnte ich ein Wesen erst durch die Linse meines Handys erkennen. Ja, die Technik kommt uns in diesen Bereichen der für uns unsichtbaren Wesen sehr entgegen. So werden Orbs ja meist auch erst auf dem Bild gesehen.

Direkt vor dem Wasserfall sprach mich ein Mann auf Englisch an, ob er ein Bild von mir machen solle. Das fand ich sehr aufmerksam und nahm das Angebot gerne an. Gemeinsam mit seiner Partnerin bastelte er ein paar richtig schöne Bilder auf mein Handy. Ja, manche Dinge fliegen einem einfach zu. Meistens dann, wenn man überhaupt keine Bedürfnisse anmeldet, also gerade mit sich ganz im Reinen ist. Und diese Fülle spürte ich heute und die letzten Tage sehr deutlich.

So hatte ich oft keinen klaren Plan, was ich wann machen wollte, und je mehr ich losließ, umso mehr Dinge kamen einfach auf mich zu. Unkompliziert, spannend und genial.

Und dann ging die Fahrt weiter. Auch heute genoss ich die Aussicht von dieser Naturstraße aus wieder voll und ganz. Die Natur breitete sich wieder in ihrer ganzen Schönheit vor mir aus. Und auch heute war es warm und sonnig.

Aber irgendwann begann mich dann das Fahren anzustrengen. Die Hälfte der Strecke hatte ich bei den Wasserfällen ja bereits geschafft. Es war also ein intensiver und teilweise sehr emotionaler Tag gewesen. Jetzt wollte ich einfach nur „heim". Heim nach Ísafjörður. Denn solange ich mich in den Westfjorden aufhielt, war Ísafjörður mit seinem wunderbaren Campingplatz immer wieder Anlaufstelle und Heimat für mich.

Als ich in Þingeyri die Passstraße hinter mir gelassen hatte, beschloss ich, hier noch einmal zu nächtigen. Denn auch hier war alles vorhanden, was eine „Camper-Seele" braucht. So schlenderte ich hier bereits zum zweiten Mal ins Schwimmbad, um mich anzumelden. Die Dame an der Rezeption freute sich ganz offensichtlich, mich wiederzusehen. Sie blätterte in ihren Unterlagen und fand sofort den Beleg, dass ich schon vor einigen Tagen hier gewesen war. Mit einem Strahlen im Gesicht erklärte sie mir, dass sie mich anhand meiner Jacke (markante Strickjacke mit Kapuze) sofort wiedererkannt hatte. Leider musste ich sie enttäuschen, als sie wissen wollte, ob die Jacke aus Island stammte. Nein, diese spezielle Jacke hatte ich bereits in Deutschland auf einem Krämermarkt gekauft und die wollte unbedingt mit nach Island. Und da es ja so gut wie nie regnete, waren wir die letzten Wochen unzertrennlich miteinander unterwegs gewesen.

Nun war ich aber nicht nur müde, sondern auch hungrig und freute mich auf meinen Fisch. Denn am Morgen hatte ich im Hafen von Tálknafjörður noch arktischen Saibling gekauft. Schließlich wollte ich wissen, wie der Fisch, über den ich gestern so viel erfahren hatte, schmeckt. So hatte ich mit Frank zusammen direkt in der Verkaufsstelle der Fischfabrik eingekauft.

Tjaldur

Als ich die „eine Portion" auspackte, die ich bestellt hatte, merkte ich sofort, dass die Hälfte für mich heute absolut ausreichend war.

So kochte ich Reis dazu und gab dem halb gebratenen Fisch noch ein paar halbierte Cocktailtomaten und Brühe bei. Mit einer guten Portion „rjómi" (Sahne) war eine Soße gezaubert und fertig war der Festschmaus. Ja, der Saibling konnte ins Repertoire der feinen Fische aufgenommen werden.

Auch heute Abend lockte der Strand zu einem Spaziergang. Hier ließ ich den spannenden und ereignisreichen Tag ausklingen. An genau diesem Strand, wo ich bei der Hinfahrt mit den Austernfischern kommuniziert hatte, sprach mich heute Abend eine Stelle an, die mit weicher Erde bedeckt war. Intuitiv machte ich einen Bogen um die Stelle, um nicht die Behausung eines oder mehrerer Wesen zu zerstören.

Wesen unter der lockeren, weichen Erde

Ich: Die Erde scheint hier ganz locker und leicht zu sein. Ist das wichtig, damit du hier leben kannst?

Wesen: Ja, ich bevorzuge weichen und lockeren Untergrund. Ich bin auch gar nicht so weit unter der Erde. Ich habe gern den Wind über mir, und unter mir ist es so schön dunkel. Das Licht mag ich nicht so gerne, weil es mich blendet. Das ist dann einfach anstrengend für mich.

Ich: So wie für mich auf Dauer der Wind?

Wesen: Es gibt einfach Gegebenheiten, für die man wie geschaffen ist. Da machen wir uns hier aber gar keine Gedanken. Nie würde ich auf die Idee kommen, im Stein leben zu wollen. Bei euch ist das natürlich etwas anderes. Ihr seid beweglich und benötigt das, um flexibel zu bleiben und um Erfahrungen zu sammeln.

Ich: Aber noch mal zu dir. Lebst du allein hier unter der Erde oder lebt ihr im Verband?

Wesen: Ich lebe meistens alleine hier.

Ich: Dann hast du auch genügend Platz um dich herum. Wie würdest du denn deine Aufgabe hier beschreiben?

Wesen: Darüber habe ich irgendwie noch gar nicht richtig nachgedacht. Hier ist alles in der Natur so, wie es ist. Und hier in Island wehrt sich die Natur auch einmal ganz gewaltig, wenn die Menschen meinen, sie müssten ganz dummes Zeug machen. Wir in der Natur mögen das nicht so gern. Wir kennen die Hintergründe, warum Verschiedenes nicht verändert werden darf. Diese Unterschied, wo etwas verändert werden kann und wo nicht, dieses Wissen oder dieses Gespür haben die Menschen leider immer mehr verloren. Wir bekommen immer wieder zu hören, dass wir diesbezüglich hier in Island im Paradies wären. Da bin ich jedes Mal aus Neue entsetzt, was die Natur dann wohl in anderen Teilen der Welt alles erdulden muss.

Ich: Ja, da hast du recht. Die Profitgier ist schon enorm. Aber auch wenn man einen sehr „starken Bezug" zur Natur hat, wird man gerne belächelt beziehungsweise nicht ernst genommen.

Ich fühle von dir eine warme, erdige Energie ausgehen. Irgendwie fühle ich mich geborgen und wie von einem Moos- oder Erdenteppich bedeckt. Das wärmt so tief, ja, ich würde sagen, es fühlt sich gerade wie eine Heilenergie an. Kann es sein, dass du dich den Wesen um dich herum anpasst und ihnen das zukommen lässt, was ihnen gerade guttut? So nach dem Motto: Ich biete es dir mal an, weil ich es so spüre und du nicht. Aber annehmen darfst du es selbst.

Wesen: Ja, so in etwa könnte man es ausdrücken. Ich bin einfach da, und ohne es richtig zu bemerken, sende ich diese Impulse oder Energie aus, die im Außen gerade angesagt sind.

Ich: Für mich fühlt es sich an, als würde ich nach Hause kommen. Als würde mich jemand in den Arm nehmen und sagen: *Alles ist gut. Du bist angekommen.*

Wesen: Das ist es, was dir gerade guttut. Aber wenn jemand traurig ist, kann ihn auch Bewegung bereichern. Dann gebe ich den Impuls dazu. Jemand anderen inspiriere ich vielleicht, sich wieder mehr zu öffnen. Und möglicherweise beginnt er dann zu singen oder zu pfeifen.

Ich: Das ist ja interessant. Wir Menschen reden da schnell von Zauberei oder Magie.

Wesen: Genau. Weil ihr eure Augen verschließt. Ihr habt so viel verdrängt, dass ihr davor Angst habt, es euch anzuschauen. Dann seid ihr schnell dabei, dem allem einen unseriösen Touch zu geben. So seid ihr Menschen nun mal.

Ich: Und wie ist es für dich, wenn wir Menschen oder Tiere auf dir herumtreten beziehungsweise auf der Erde über dir?

Wesen: Wir Wesen liegen so, dass ihr im Normalfall einen Bogen um das Gelände macht. Weil es sehr trocken, uneben oder mit Steinen oder Pflanzen bedeckt ist.

Ich: Also schützt ihr euch wieder gegenseitig?

Wesen: Ja, ganz genau.

Ich: Du heilst aber auch Verletzungen. Dabei meine ich innere Verletzungen.

Wesen: Alles, was ihr hier in meiner Umgebung von euch zeigt, das darf auf ganz leichte und einfache Weise gehen oder heilen. Je offener ihr hier unterwegs seid, umso mehr könnt ihr euer Gleichgewicht wiederfinden.

Ich: Auch bei Dingen, von denen wir behaupten, dass es eines Arztes bedarf?

Wesen: Solange sie nicht akut sind, ja. Ihr sucht euch ja intuitiv Plätze aus, die euch guttun.

Dich hat es zu mir hingezogen. Andere benötigen eine andere Energie. Grundsätzlich finden sie das alles draußen in der Natur. Dass kaum noch jemand daran glaubt, heißt nicht, dass es nicht (mehr) wirkt.

Ich: Gilt das überwiegend für Island, weil ihr hier nach wie vor dafür sorgt, dass das Gleichgewicht gewahrt bleibt?

Wesen: Grundsätzlich gilt das weltweit. So hat es ja auch einen Grund, warum ihr in eurem Geburtsland inkarniert seid. Dort habt ihr die optimalen Bedingungen, zu wachsen und zu reifen. Aber je mehr die Natur beschädigt wird, umso mehr schadet ihr euch selbst. So sind Pflanzen, die hier wachsen, woanders nicht heimisch. Und wenn ihr dann nach Island kommt und offen seid, kann es trotzdem sein, dass verschiedene Komponenten nicht passen. Wir versuchen das dann natürlich auszugleichen und ähnliche Energien anzubieten. Aber wie gesagt, das bleibt immer ein Experiment. Von daher wäre es natürlich zehnmal besser, ihr würdet eure Hausaufgaben machen, als ins Ausland in Urlaub zu gehen. Das ist manchmal so verzerrt. Und bevor du nachfragst, fangt bei euren Tieren an. Verbietet Massentierhaltung und achtet *alle* Tiere.

Und euren Müll! Entsorgt den gefälligst im eigenen Land. Ihr wisst ja gar nicht, was ihr mit dem ganzen Zeug im Meer verursacht. Das, was ihr zu wissen scheint, ist nur ein ganz geringer Anteil. Schaut den Menschen, die euren Müll entsorgen, auf die Finger. Alles, was stinkt und nicht gut aussieht, verabscheut ihr. Aber wenn ihr nicht hinschaut, wird die Lage ganz schnell kippen.Wenn ihr mich sehen würdet wie ich aussehe, wärt ihr auch nicht begeistert. Aber darum geht es nicht. Genau das habt ihr verlernt. Doch das wird sich eines Tages rächen. Und sagt mir jetzt nicht, ihr könntet nichts tun. Dass ihr euch da selbst in die Tasche lügt, ist euch tief in eurem Inneren sehr wohl bewusst.

Ich: Vielen herzlichen Dank für deine Offenheit.

Freitag, 07.06.19

Als ich heue morgen aufwachte, spürte ich sofort, dass etwas nicht stimmte. In meinem Inneren tobte es. Gefühle wie Trauer und Wut, aber auch eine zarte Verletzlichkeit zeigten sich.

Ja, auch solche Tage beziehungsweise Situationen gehörten bei mir inzwischen genauso dazu wie die Freude und der Spaß. Alte Themen wollten mal wieder angeschaut und verabschiedet werden. Also war jetzt nicht die Zeit für die Weiterfahrt, sondern mein Körper drängte zur Ruhe. Jetzt waren Rückzug und Innenschau angesagt.

So machte ich einen Nachspür-Strandspaziergang. Hier fiel es nicht auf, wenn sich ein paar Tränen mit dem Meerwasser verbündeten.

Manchmal fragte ich mich schon, wie viele alte, unerlöste Themen denn noch auf das Loslassen warteten. Schließlich war ich diesbezüglich nicht erst seit gestern unterwegs, und es wäre einfach schön, endlich ganz frei zu sein. Aber das war wohl wieder so eine Wertung. Im Prinzip konnte ich ja für jede Sache dankbar sein, die ich in Liebe und Harmonie gelöst hatte. So konnte ich mit leichterem Gepäck weitergehen. Ja, auch jetzt war mein Rucksack wieder leichter. Es war deutlich zu spüren.

Auch geistige Arbeit kann hungrig machen. Und so beschloss ich, meine zweite Ration Fisch, die noch auf mich wartete, genussvoll zu verspeisen.

Hier stand mir auch eine Küche mit Herd zur Verfügung, was in Ísafjörður nicht der Fall war. Dort kochte ich immer im Camper. So kreierte ich eine leckere Pasta mit Saibling-Soße. Danach duschte ich ausgiebig, was ich nach spiritueller Auflösungsarbeit besonders sehr genoss.

Anschließend wieder das Auto startklar machen und los ging es zu den letzten leichten Kilometern, die ich ja inzwischen sehr gut kannte.

In Ísafjörður angekommen, fuhr ich schnurstracks zum Flughafen und parkte neben Marc, der immer noch genauso dastand wie vor einer Woche. Zum Glück!

So lud ich alles aus dem Land Rover in meinen Camper, baute das hier gemietete Gefährt wieder so weit wie möglich zurück und ab ging es mit Marc auf den Campingplatz.

Ich hatte beschlossen, das Auto erst am anderen Morgen abzugeben. Dieser halbe Tag machte den Kohl auch nicht mehr fett.

Der Zeltplatz wirkte heute, dadurch dass er sehr gut besucht war, nicht mehr ganz so energetisch und kraftvoll. Aber das hielt mich nicht davon ab, sofort nach dem Suchen des geeigneten Stellplatzes ganz schnell meinen geliebten Wald aufzusuchen.

Irgendwie war ich noch etwas aufgewühlt. Hier spürte ich ganz deutlich die „neue" Energie. Also wandelte sich die Energie immer mit den Menschen und den Ereignissen mit, die um Plätze und Orte herrschte. Energie ist ja veränderlich. Aber dass ich sie immer besser spüren durfte, auch gerade dann, wenn sie im Wandel begriffen ist, diese Erfahrung machte mich andächtig und froh. Ich war sehr dankbar, das erleben zu dürfen.

Samstag, 08.06.19

Morgens war ich für meine Verhältnisse wieder früh wach und wurde wieder einmal in den Wald gerufen.

Hier sprang mir sofort ein Stein ins Gesicht, der leicht mit dunklem, weichem Moos bewachsen war. Er besaß nicht diese allgemeine Leichtigkeit und Beschwingtheit des Waldes.

Als ich ihn ansprach, stellte er sich als „Melancholie des Winters" vor. Da war meine Aufmerksamkeit geweckt. Gleichzeitig spürte ich, dass jetzt nicht der geeignete Zeitpunkt für „tiefere Gespräche" war. So verabredeten wir uns für später. Hatte ich jetzt tatsächlich ein Date mit einem Stein?

Schließlich lag die Autorückgabe noch vor mir. Ein bisschen Bammel hatte ich schon davor, weil alles bezüglich des Unfalls auf Englisch abgewickelt werden wollte. So ging ich noch mal in mich, versuchte mich zu entspannen und bat meine Engel und geistigen Helfer um Unterstützung. Dann kam der Impuls am Bach, der von den Steinen von oben kam, hier Wasser zu holen. Ich sollte die Flasche ganz füllen und im Laufe des Tages leer trinken.

Ganz bei und mit mir, ging ich den Weg barfuß, das Wetter lud geradewegs dazu ein.

Weiter bekam ich die Ansage, Punkt 11.00 Uhr am Flughafen bei der Vermietungsfirma zu sein. Obwohl ich den Wagen erst um 12.00 Uhr hätte abgeben müssen, ignorierte ich die Botschaft nicht.

Kurz vor 11.00 Uhr stand ich an besagter Stelle und war schon ein bisschen enttäuscht, dass niemand hier war. Ich rief die hinterlegte Nummer an und die freundliche Dame meinte, ich solle doch den Schlüssel am Flughafenschalter abgeben. Das hätte ich auch liebend gern getan. Als ich ihr sagte, dass das nicht gehe, weil es einen Unfall gegeben habe, meinte sie, in zehn Minuten sei jemand bei mir.

Als ein junger Mann auftauchte, der suchend um sich blickte, sprach ich ihn an. Er wirkte freundlich und offen. So erzählte ich ihm den Unfallvorgang aus meiner Sicht. Dann gab es eine Diskussion in Bezug auf die Schuldfrage, denn aus meiner Sicht war der Kontrahent einfach zu schnell unterwegs gewesen. Schließlich gab ich es auf, füllte die Formulare aus und der Herr hielt telefonisch Rücksprache mit der Zentrale.

Insgesamt waren wir knappe zwei Stunden damit beschäftigt, aber trotz alledem war ich richtig erleichtert, es endlich erledigt zu haben. Immerhin hatte ich mich auch auf Englisch sehr gut geschlagen.

Eine kleine Begebenheit am Rande fand ich noch ganz nett. Als ich in der Flughafenhalle saß, um die Formulare auszufüllen, kamen zwei Flughafenmitarbeiter herein und machten vor einer großen Islandkarte Pause mit Kaffee und Brot.

Der eine schien dem anderen gerade mit dem Finger auf der Karte zu erzählen, was für Reiseziele er noch im eigenen Land habe. Obwohl ich mit mir beschäftigt war, rührte mich dieses Gespräch, von dem ich nichts verstand, sehr. Hier hatte ich immer das Gefühl, dass beide Gesprächspartner sowohl zuhören als auch persönlich erzählen konnten. Die Gespräche waren viel mehr mit Gefühlen untermalt und in den Stimmen lagen Wärme und Verständnis.

Auch diese beiden praktizierten, was mir schon immer wieder aufgefallen war: das Ja in allen Farben und Schattierungen.

Zurück auf dem Campingplatz, ging ich in den Aufenthaltsraum, um Mails und WhatsApps abzurufen. Vor dem Aufenthaltsraum stand ein Mann draußen am Waschbecken und wusch Wäsche. Im Vorbeigehen tauschten wir ein paar Worte miteinander aus. Er war mir gestern schon aufgefallen, weil er einen typisch braunen Islandpullover trug.

Abends ging ich mal wieder an den großen Wasserfall am Eingang des Zeltplatzes. Wie gut mir dieses rauschende Wasser tat, wenn mal wieder Gefühle wühlten und sich noch nicht klar zeigen wollten.

Auf einmal wurde ich ganz still. Ich lehnte mich an einen mannshohen Stein. Jetzt konnte ich entspannen und alles so sein lassen. Einfach nur sein.

Die Melancholie des Winters

Ich: Hallo, wir hatten gestern schon kurz Kontakt miteinander. Es ist ein windiger Morgen, es könnte Regen geben, und die Kühle kommt mit dem Wind.

Ist das eine Minimalbotschaft des Winters, der Melancholie, des Ausharrens, des Wartens auf ein helleres, besseres Morgen?

Stein: Ja, im Ansatz ist das schon einmal ganz gut.

Ich: Magst du mir mehr erzählen?

Stein: Ja, die Winter sind hart hier, sehr hart. Und ich meine die heutigen Winter. Dabei möchte ich darauf hinweisen, auch wenn es der Vergangenheit angehört, dass eure Technik dem Wintergraus immer mehr an Dramatik genommen hat. Das ist eure Art und Weise, damit umzugehen, und das ist auch gut so.

Aber erwähnen möchte ich doch, dass es Zeiten gab, wo Siedlungen den ganzen Winter, also bis zu sechs Monate, von der Außenwelt abgeschnitten waren. Da spielte sich das ganze Leben in kleinen, engen Hütten ab.

Da war oft mehr blanker Tod, in Form von zu wenig Brennholz, wenig bis gar kein Essen. Schwangere Frauen waren sich selbst überlassen, und so manche Frau,, verabschiedete sich damals im Wochenbett – einige sogar mitsamt ihrem Kind. Da waren dann zwar ein bis zwei Esser weniger zu versorgen – sorry, dass ich so klar spreche –, aber zurück blieb noch mehr Elend, noch mehr Leere.

Die Tiere starben zum Teil, es gab kein Wasser mehr. Alles musste vorher mühsam mit Pickel und Hacke in Form von Eis und Schnee herbeigeschafft und im Wohnraum aufgetaut werden. Solange noch Brennbares vorhanden war, war das auch kein Problem. Aber wehe dem Mann, der Frau und Kinder nicht ausreichend mit Holz versorgen konnte. Und Holz gab es die letzten paar Hundert Jahre ja auch nicht auf der Insel. Also war man auf Schwemmholz angewiesen, das dann gut getrocknet werden musste. Aber die Sommer waren oft kurz und nass. Und ob das Holz wirklich über den langen Winter reichen würde, wusste nur der Himmel. Denn wie lange und wie hart der Winter werden würde, darauf hatte die Bevölkerung weder damals noch heute Einfluss.

So, das musste einfach mal gesagt werden.

Ja, und ich als die Stimme der Melancholie – so habe ich mich bis gestern noch gar nicht bezeichnet (lacht) … Wir Wesen hier, egal in welcher Form, machen uns keine Gedanken über Namen, Zuordnung und vieles mehr. Wir sind von Anbeginn, wir tun, was zu tun ist, weil wir deswegen hierhergekommen sind. Und ja, ich hauche diese Winterstimmung ein, diese trotz allem noch liebevolle, bemutternde, leicht umhüllende „Aura". Ihr wertet Melancholie manchmal etwas zu negativ. Aber unter dieser leichten Schwermut liegen die Schönheit, die Liebe, all die Sommergefühle verborgen. Ihr spürt sie auch und wisst, dass es nur eine Frage der Zeit ist, bis sie wieder ganz von alleine geht.

Hier wissen die Menschen, oder sie haben es gelernt, mit ihr umzugehen. Denn sonst wären sie nicht mehr hier. Und ich finde, sie gehen sehr gut damit um. Sonst wären diese Lebensfreude, diese Feierstimmung, dieser „Ur-Wille", zu leben, euch außerhalb von Island gar nicht so stark aufgefallen. Irgendwie scheinen die Menschen hier anders, ja leichter mit ihren Alltagsproblemen umzugehen. Ihr kennt es von Krankheiten oder Schicksalsschlägen. Da wertet ihr „wichtig" und „unwichtig" auf einmal ganz anders.

Da die Isländer die Naturgewalten tagtäglich, bewusst oder weniger bewusst, mitbekommen, vermögen sie die täglichen Probleme in der Familie oder im Beruf besser wegzustecken. Sie wissen, dass der nächste, vielleicht harte Winter vor der Türe steht, also warum dann der Kollegin etwas auf ewig nachtragen oder sich um das Kind Sorgen machen, das sich scheinbar nicht gemäß der Norm entwickelt?

Ja, die Isländer sind Lebenskünstler. Und deshalb ist es für mich schön, gerade hier zu sein. Mitten unter ihnen. Und ja, ich weine mit ihnen mit, wenn Schnee, Eis und Kälte, Menschen- und Tierleben fordern. Wenn Menschen an Gräbern stehen und „Warum?" fragen.

Aber es gibt über eurem „selbst gezimmerten" Menschenplan eben noch einen „göttlichen" Plan, wie auch immer ihr euch diesen vorstellt. Und dieser göttliche Plan ist vorbestimmt. Da könnt ihr nicht so viel dran ändern.

Sicher ändert ihr zum Beispiel mit eurer Technik ganz viel. Sollte es aber Vorbestimmung sein, dass ein Menschenleben in der Jugend ausgehaucht werden soll, dann nützt dieser Person in diesem Moment auch die Technik nichts.

Ich möchte hier nicht schwarzmalen, aber das gehört alles zum Leben dazu. Die Isländer haben das gelernt. Sie haben sich weiterentwickelt, und euch dieses zu übermitteln, das ist die Botschaft. Sie leben dankbar und tagtäglich so nah wie möglich an der Natur. Denn wenn sie eines gelernt haben, dann ist es, dass ein Leben hier nur mit der Natur gemeinsam überhaupt erst möglich ist.

Jetzt sitzt du aber da und es wird dir kalt. Daher komme ich zum Ende.

Dieser Kommentar von mir wird viele traurig oder melancholisch stimmen (lacht), was ja zu meinem Aufgabengebiet gehört (lacht).

Wenn ihr alle Emotionen wieder mehr zueinanderbringt und nicht die einen als „sehr gut", die anderen als „gut" und wieder andere als „schlecht" bewertet, kommt ihr in Frieden. Es gibt Tage, die fühlen sich schlecht an, aber aus diesen lernt ihr auch. Nehmt sie an, schaut sie an. Und wenn ihr weinen wollt, dann kommt zu mir, ich weine mit euch mit und lege meinen Mantel der Traurigkeit um euch. Auch diese Gefühle wollen da sein, gesehen und gespürt werden. Traut euch.

Und denkt daran, Depressionen sind nicht ausgelebte Gefühle.

So, nun verabschiede ich mich und freue mich auf den Winter.

Ich: Danke schön, von ganzem Herzen!

Pfingstsonntag, 09.06.19

Morgens saß ich bei einer Tasse Tee im Aufenthaltsraum, als sich der Franzose, den ich gestern kennengelernt hatte, zu mir gesellte. Mathéo, so sein Namewar gerade am Kochen. (Jemand hatte zwei Kochplatten zur Verfügung gestellt und so konnten hier nun auch warme Speisen zubereitet werden).

Da er das Land bereits zum wiederholten Male bereiste und jeweils über Monate verweilte, kannte er viele schöne Stellen.

So zeigte er mir Straßen auf der Landkarte, die ich gut mit Marc befahren könne. Dann lud er mich ein, wenn es sich später aufklaren sollte, ihn in seinem geländegängigen Wohnmobil zu begleiten. Denn heute war es tatsächlich einmal bewölkt und es sah nach Regen aus.

Das ließ ich mir natürlich nicht zweimal sagen. Er meinte, er melde sich, wenn er losfahre. Und ich war motiviert, mal wieder meinen Stift in die Hand zu nehmen, um meine Aufzeichnungen fortzusetzen.

Wie schnell waren doch mehrere Tage des Kalenders ereignisreich oder auch ganz sachte verstrichen, ohne auf dem Papier verewigt worden zu sein. Ja, dieser Urlaub war wirklich spannend.

Als Mathéo sich meldete, packte ich noch ganz schnell Regenklamotten in den Rucksack und machte mich startklar. Da er mir nichts Genaueres gesagt hatte, hatte ich mich für Wanderoutfit entschieden. Da konnte ich nichts falsch machen.

Ganz schnell waren wir aus der Stadt draußen und bogen auf eine unbefestigte Straße ab. Es war weiterhin bewölkt und windig. In den Hängen unterhalb der Berge waren immer wieder kleinere Hügel zu erkennen, die künstlich entstanden waren und als Lawinenschutz dienten.

Jetzt steuerte Mathéo einen wunderschönen Strandabschnitt an. Hier waren einige Enten mit ihrem noch kleinen Nachwuchs unterwegs. Von überallher ertönten die mir inzwischen geläufigen Ententöne von Jung und Alt laut und leise, kraftvoll und schüchtern entgegen.

Immer wieder zeigte mir mein neuer Freund einen Vogel, und durch Fernglas oder Foto beobachteten wir ihn dann. Dass Birdwatching so bereichernd sein konnte, das hatte ich vor meinem Urlaub noch nicht gedacht.

Und so genoss ich mal wieder die Ruhe hier. Hier musste nicht noch ganz schnell etwas verändert werden, bevor es passte. Hier war alles richtig, so wie es war. Auch ich.

So spazierte ich etwas in Gedanken an seichten Stellen des Meeres entlang, an denen die Wellen nicht mehr viel auszurichten schienen, denn überall war das Wasser mit dunklen Algen überlagert. Und irgendwie passte diese Stimmung zum heutigen „durchwachsenen" Wetter. Es regnete nicht, aber es war kühl, windig und bewölkt. Und auf einmal sah ich ein Gesicht zwischen den Algen hervorspitzen. Es war nur vage zu erkennen und es war mehr eine Ahnung als ein klares Sehen mit wachem Verstand. Jetzt hatte es mich mal wieder erwischt, und ich wollte wissen, ob auch diese Wesen mir etwas mitteilen wollten.

Nach diesem Gespräch und intensiver Meeres- und Vogelkunde beschlossen wir wieder aufzubrechen. So fuhren wir weiter berghoch in Richtung eines Aussichtspunktes. Hier sollte irgendwo ein Radar-Ei stationiert sein. Scheinbar war es hier in unmittelbarer Nähe. Aber außer einem Jogger, der rechts am Wegrand lief (es war sehr steil), konnte ich nichts ausmachen. Schade. Denn die Sichtweite war hier oben inzwischen unter 30 Meter. Da parkte Mathéo sein Fahrzeug. Er schlug vor, hier einige Zeit zu warten, in der Hoffnung auf besseres Wetter.

So stiegen wir in den Wohnraum um, Mathéo schloss die Verbindungstür zum Führerhaus, damit es hier warm blieb. Dann kochte er einen Tee und machte die Heizung an. Aus seinen Vorräten holte er verschiedene Sorten von belgischem Gebäck, das er in einem belgischen Fachgeschäft hier gekauft hatte.

Dann zeigte er mir auf seinem Laptop wunderschöne Bilder von Island, die er selbst geschossen hatte. Man merkte ihm an, dass er über eine gewisse Ruhe verfügte, um – wenn es sein musste – einfach so lange zu warten, bis der richtige Zeitpunkt zum Bedienen des Auslösers gekommen war.

Ja, so konnte ich es hier aushalten. Es war warm, gemütlich, und die Kekse waren lecker. Aber egal wann wir zum Fenster hinausschauten, der Nebel blieb. Und so brachen wir dann doch nach geraumer Zeit wieder auf, zum Campingplatz und zum gemeinsamen Abendessen.

Am anderen Morgen wollten wir beide wieder weiterziehen. Er wollte mit einer Freundin, die er auf der Fähre kennengelernt hatte, eine Tour unternehmen, und ich wollte in Richtung Halbinsel Snæfellsnes weiter.

Der schnellste Weg wäre über den Pass gewesen, also ein Teil jener Wegstrecke, die ich gerade mit dem Land Rover zurückgelegt hatte, und dann mit der Fähre weiter. Aber eben wegen dieser rauen Straße hatte ich ja letzte Woche den Land Rover gemietet. Ich traute es mir und Marc einfach nicht so ganz zu. Mathéo meinte, das wäre mit ganz viel Zeit im Rucksack gut zu meistern. Dann fährst du eben statt 50 Stundenkilometer nur 20.

Ansonsten müsste ich über Hólmavík zurück und dann weiter in Richtung Westen. Und auch diese Straße war kurvenreich, aber meist geteert. Auf jeden Fall stellte diese Strecke einen großen Umweg dar.

Also würde ich es so machen, wie ich es in letzter Zeit ganz oft tat. Bis morgen früh hatte ich Zeit, und bis dahin würde sich die Antwort in Form eines positiven Gefühls schon einstellen.

Nach dem Abendessen verabschiedete ich mich von meinem neuen Freund. Wir hatten die Mailadressen ausgetauscht und so war eine weitere Kommunikation möglich.

Algen- und Wasserwesen

Ich: Das sieht sehr lustig aus. Diese fast schwarz wirkenden Algen im kalten, bewegten Meer. Und es wirkt so auf mich, als wärt ihr das Herzstück, mittendrin.

Ist in jedem „Algenberg" so ein Geist beheimatet?

Es: Aber klar doch. Es ist alles beseelt. Ob es ein Gesicht hat oder nicht. Ihr atmet ja auch …

Ich: Dann bist du die Seele oder das Herz dieser Alge?

Es: Du kannst das benennen, wie du magst. Euch Menschen scheint es schwerzufallen, Dinge einfach so zu akzeptieren, unabhängig davon, ob ihr sie sehen könnt oder nicht.

Wir geben der Alge den Lebenshauch, den Odem. Du siehst mich jetzt in Form eines Gesichtes, damit es dir leichterfällt, es als real anzusehen. Aber es ist nicht wichtig, ob wir ein Gesicht haben, wie wir rein äußerlich aussehen. Wichtig ist, dass es uns in Form von Energie gibt, dass wir tun, was wir tun. Und ja, die Natur hier ist rau. Aber das ist nun mal so, und das ist auch richtig so. Wir wühlen mit dem Meer zusammen eure Gefühle auf, zeigen euch, was sich in eurem Inneren abspielt. Wir Wesen der Natur sind immer auch ein Spiegel eures Selbst. Kein Tag ist wie der andere. Und eure Gefühle zeigen sich auch täglich wieder anders. Nur dass ihr eure Gefühle oft versteckt. Ihr zeigt euch nicht mehr, packt euch alles Mögliche ins Gesicht – auch Algenprodukte, um ja nicht gesehen zu werden. Und im Urlaub am Meer wundert ihr euch dann, warum ihr so aufgewühlt seid.

So, ich tauche jetzt mal wieder unter. Die Wellen sind im Anmarsch.

Pfingstmontag, 10.06.19

Ich hörte noch den Motor des Campers neben mir, da wusste ich, dass Mathéo aufbrach. Genüsslich drehte ich mich noch einmal zur anderen Seite um und döste weiter vor mich hin.

Gegen 9.30 Uhr war dann auch ich startklar. In der Nacht hatte es bei mir weitergearbeitet, und jetzt war es klar: Marc und ich fahren über den Pass. Den Rest ließ ich offen. Ob ich alles in einer Tour fahren würde oder in Þingeyri noch mal einen Zwischenstopp bei dem Schneemann und dem Wesen unter der Erde einlegen würde? Keine Ahnung. Aber ich hatte ja Zeit. Zeit und Muße. Und bis Þingeyri war das Fahren auch kein Problem, da die Straße noch geteert war und auch sonst keine großen Herausforderungen bot. Also, noch mal tanken, durch den Tunnel, und dann weiter nach Þingeyri.

Dort angekommen, schien das Dorf noch zu schlafen. Das nette Café an der Hauptstraße hatte noch nicht geöffnet. Also fuhr ich den Campingplatz an, um die Toilette zu nutzen, und machte mich dann geradewegs in Richtung Pass auf. Die Strecke kannte ich ja inzwischen. Direkt von dem Dorf aus ging die Straße wieder ungeteert und steil nach oben.

Ich hatte beschlossen, es sehr langsam anzugehen und mich ganz auf Marc einzustellen. So war ganz schnell der zweite Gang drin, und ich stellte mich auf Langsamkeit ein. Marc und mich störte das auch gar nicht.

Jetzt war wirklich Schneckentempo angesagt. Und wenn ich ehrlich bin, liebe ich diese ganz tiefe Langsamkeit, wo sich alles auf die eine Sache konzentriert, alles andere drum herum unwichtig und störend wird. Wenn der Fokus ganz klar ausgerichtet und die Konzentration auf das eine gebündelt wird. Und immer mehr stellte sich das Gefühl ein, ganz eins zu werden mit meinem Gefährt. Es war ganz klar, wann es galt, langsamer zu werden, und wann Vorsicht angesagt war. Aber nicht vom Kopf aus, sondern aus meinem ganz tiefen Inneren.

Auf einmal wurde alles ganz leicht. Die Informationen, die ich benötigte, flogen mir einfach nur so zu. So hatte ich plötzlich die Intuition: Mach langsam, es kommt Gegenverkehr, und siehe da, es kamen mir zwei große Reisebusse entgegen.

Wenn mir Autos folgten, ließ ich sie, wenn möglich, vorbei, sodass ich ganz in Ruhe und gemäß meiner ganz eigenen Zeit fahren und sein konnte. Ja, hier und heute fühlte ich es einmal wieder. Alles war möglich, wenn ich mich nur auf mich, meine innere Stimme und auf das Hier und Heute konzentrierte. Wenn ich alle Ängste und Unsicherheiten den himmlischen Mächten überließ und ihnen vertraute. Dann, merkte ich, war und ist Großartiges möglich. Allein und gemeinsam. Eine ganz, ganz tiefe Dankbarkeit stieg in mir auf. Und über diese legte sich ein Gefühl von innerem Wachstum, wie eine Zeremonie, die in der Handlung eines Rituals vollzogen wird. Ein Ritual verbunden mit einem persönlichen Reifeprozess. Und um diese „spirituelle Handlung" kraftvoll zu untermalen, zeigte sich die Sonne heute sehr kraftvoll und tauchte die ganze Vegetation in ein traumhaftes Licht.

Spätestens nach der dritten Woche hier hatte ich keinen Regentropfen mehr gesehen, geschweige denn gespürt. Das Meer glitzerte in allen Farben, der Pass leuchtete, und die Straße staubte vor sich hin. Immer wieder boten sich neue Bilder, neue Perspektiven eröffneten sich.

Trotz allem stellte sich nach geraumer Zeit ein weltlicher Wunsch nach Kaffee ein. Inzwischen wusste ich ja, dass am Ende des Passes, da, wo ich beim letzten Mal eine wunderbare Ehrenrunde eingelegt hatte, ein nettes Hotel mit Kaffee und Kuchen wartete. So lange musste ich wohl noch durchhalten. Wir zwei, Marc und ich, hatten die Strapazen dieses Tages wohl gut gemeistert, so konnte ich mich erst einmal genüsslich zurücklehnen.

An den Wasserfällen Dynjandi pausierte ich. Marc stand im Schatten und schien zufrieden.

Zu ihren Füßen, es sind ja drei Wasserfälle, legte ich mich ins Gras und schloss die Augen. Die Sonne schien mir ins Gesicht. Ganz entspannt und zufrieden lag ich da.

Auf einmal hörte ich eine Stimme, leicht über mir am Hang, und es war, als hörte ich mich selbst sprechen. Ganz kurz war ich entsetzt und sprachlos. Wie konnte denn das sein?! Da saß eine Dame, und erst beim zweiten bewussten Hinhören war klar, sie ist Schweizerin. Aber die Stimmlage, auch der Dialekt, war im ersten Moment so klar, als säße dort mein zweites Ich. Verblüfft schloss ich wieder meine Augen und träumte ein bisschen vor mich hin.

Als ich mich wieder auf den Weg machte, wusste ich, die Hälfte des Weges war bereits, und das mit Bravour, geschafft. Ganz entspannt fuhr ich weiter. Inzwischen traute ich mich auch immer öfter, etwas schneller zu fahren, wenn die Straßenverhältnisse es erlaubten.

Auch Marc ließ keine Anzeichen der Erschöpfung erkennen. Alles lief reibungslos. Nur an engen Kurven, die meist auch etwas ausgespült waren, und das merkte ich mit meinem Wohnmobil ganz schnell, war oberste Vorsicht geboten. Langsames Herantasten, Ausfahren der Kurve, soweit außen wie möglich, um eine gefährliche Schräglage des Fahrzeuges zu vermeiden. Und dann im Schritttempo weiter nach unten.

Und schwuppdiwupp war auch diese Wegstrecke königlich gemeistert und das Ziel meiner Begierde war bereits zu sehen. Das Hotel stand am Fuße das Passes, als wollte es mir zurufen: Du hast es geschafft!

Jetzt bedankte ich mich ganz herzlich und inbrünstig bei meinem super Wohnmobil namens Marc und machte ihm tatsächlich Komplimente. Während dieser Fahrt war ich wirklich über mich selbst hinausgewachsen, und ich spürte, es geht so viel mehr, als wir in unserem grauen Alltag immer denken. Aber jetzt lockten Kaffee und Kuchen. So setzte ich mich nach der Bestellung ans Fenster, mit Blick, wie könnte es anders sein, aufs Meer.

Und nun, obwohl alles geschafft war, wollten auch hier ein paar Tränen fließen Es war nicht die Anstrengung, die sich hier Bahn brach. Ich konnte die Gefühle gerade nicht benennen, aber sie wollten gespürt und verabschiedet werden. Also saß ich da, ganz bei mir, mit allen Gefühlen und dem enormen Stolz, mich dieser Herausforderung gestellt und sie so genial gemeistert zu haben. So ließ ich mir hier richtig viel Zeit. Zwar wusste ich, dass irgendwann am Spätnachmittag die Fähre ging, aber im Moment war ich hier und genoss einfach nur. Wenn es passte, reichte es auf die heutige Fähre, und wenn nicht, dann eben erst morgen früh.

Also weiteratmen, sitzen und einfach nur sein. Ob ich diese Praxis, die sich immer mehr in mein tiefstes Inneres eingrub und verwurzelte, genauso mit nach Hause nehmen konnte? Dieses Gefühl von „Alles ist gut so, wie es gerade ist", verbunden mit dem Gefühl tiefster Geborgenheit, die wir aus Mutters Schoß noch kennen?

Und dann kam er doch, der Aufbruch. Ganz leicht und genau zum richtigen Zeitpunkt. So schlenderte ich ganz gemütlich zu meinem Marc hinüber, lächelte ihm zu mit einem mentalen Daumen nach oben. Ja, auch die Dankbarkeit ihm gegenüber war immer noch ganz stark präsent. So hatte sich inzwischen eine ganz besondere Freundschaft zwischen uns beiden entwickelt. Es war nicht dieses Verhältnis, das Menschen zu einem materiellen Nutzfahrzeug haben, sondern ein tiefer Respekt und ja, auch eine ganz spezielle Liebe ihm gegenüber. Dann setzte ich mich ans Steuer, tätschelte meinen Marc liebevoll und fuhr mit ihm gemeinsam in Richtung Patreksfjörður.

Als ich am Fährhafen ankam, war alles noch ruhig. Der Kiosk war geschlossen und würde wieder um 16.30 Uhr öffnen.

Also hatte ich noch Zeit für einen Spaziergang. Wie so oft, waren auch hier Scharen von Vögeln anzutreffen. Überall flog, lärmte oder rief es aus allen verborgenen Winkeln und Lüften. Nein, von Zwitschern und Trällern konnte hier wirklich nicht die Rede sein. Hier war es laut, zum Teil leicht gesellig, aber im Notfall auch auf Krawall gebürstet. Ja, wenn es um den Schutz der Brut ging, dann war es, besonders bei und mit den Seeschwalben, nicht mehr lustig.

Ich war von dem abseits stehenden Haus neben dem Friedhof mit Kirche weiter in Richtung Meer unterwegs, als mich diese rauen Gesellen mit gespreizten Schwanzfedern immer wieder angriffen. So versuchte ich mit ihnen Kontakt aufzunehmen, aber es war vergebene Liebesmüh. Hier stand der Schutz der Familie auf dem Spiel, und andere Aspekte wurden einfach, oder vielleicht auch zum Glück, ausgeblendet. Es war ihre Brut und ich ein Eindringling. Schließlich kam es nicht selten vor, dass die Nester von Menschen ausgeraubt wurden. Ob das bei den Seeschwalben auch der Fall ist, weiß ich nicht, aber dass sie alles daransetzten, damit dies nicht geschieht, war mir spätestens in diesem Moment mehr als klar.

Nachdem ich keine Lust mehr hatte, mich zu verteidigen, denn die Angriffe hatten es wirklich in sich, machte ich mich auf den Rückweg. Denn diese Tiere kamen, oft zu mehreren, im Sturzflug angeflogen, laut, schnell und genau den Kopf des „Angreifers" anvisierend. Das sah noch fühlte es sich harmlos an.

Frank hatte mir bei den Eiderenten, als er sich angegriffen fühlte, gezeigt, wie man diese Vögel ablenken konnte. Es sah in diesem Moment einfach nur lustig aus, wie er so dastand mit seinem Zeigefinger auf dem Kopf kreisend. Damals hatte ich genügend Abstand zu den Angreifern und konnte es mir leisten zu grinsen. Aber heute grinste ich nicht, jetzt hatte ich meinen Zeigefinger über dem Kopf und den Weg ganz zielsicher im Auge. Ich hätte auch wild um mich schlagen können, aber jene Variante gefiel mir besser.

Als ich mein Fährticket löste, erfuhr ich, dass die Fähre um 19.00 Uhr ablegte und ich eine halbe Stunde vorher auf „line one" parken solle.

Gegen 18.15 Uhr, als ich zum Anleger fuhr, war noch kein Fahrzeug vor mir. Also konnte ich mit einer eher gemütlichen Abwicklung und Fahrt rechnen. So stellte ich Marc wie angegeben ab und schaute mich am Hafen um. Ein Fischerboot wurde gerade per Kran mit diesen rechteckigen, großen Plastikbehältern bestückt. Ein eifriger Junge im zarten Alter von zehn bis zwölf Jahren half begeistert mit. Dann wurde das Boot wieder an den Steg gefahren, und alle drei Männer gingen gut gelaunt nach Hause.

Von Weitem war nun auch schon Baldur, die allseits erwartete Fähre, auszumachen. Als sie anlegte und die Ladeklappe sich senkte, fuhren die Fahrzeuge zwischen den zwei wartenden Autoschlangen von Bord.

Es wirkte schon ein klein wenig, als würden die Scheidenden Spalier stehen für die Ankommenden. Alles ging ruhig und gemächlich, in gleichmäßiger Gelassenheit vonstatten. Die diensthabenden Fährmitarbeiter ließen sich nicht aus der Ruhe bringen, und das passte zum heutigen Tag und zu diesem kleinen Ort.

Dann durfte „line two" an Bord, da diese Menschen nach Flatey wollten, einer ganz kleinen Insel, fast auf halber Strecke. Als „line one" passieren durfte, fuhr ich zu dem Arbeiter an der Fähre, überreichte ihm mein Ticket und ab ging es in den Bauch der doch relativ kleinen Fähre. Es ging ganz einfach hinten hinein, und später wieder vorn hinaus, ganz ohne Umwege, Verwinkelungen und Sackgassen. Also richtig heimelig. Und das Wetter? Einfach nur bombastisch! Und ich war mal wieder in meinem Element. Ja, direkt auf dem Wasser war es einfach noch intensiver, dieses Gefühl von Freiheit, Wildheit und Ungebundenheit. Also hielt ich mich sehr lange an Bord auf, roch, spürte, atmete und genoss mit allen Poren und Sinnen. Und da es bereits

Abend war, spiegelte und glitzerte die Sonne mal wieder in allen Facetten im Wasser.

Irgendwann packte mich dann doch der Hunger und ich ging unter Deck. Dort bestellte ich eine Portion Pommes, setzte mich in eine gemütliche Ecke und ließ es mir munden. Und so kamen wir nach zweieinhalb bis drei Stunden Fahrt in Stykkishólmúr, auf der Halbinsel Snæfellsnes an.

Das Dorf – oder war es doch eine Stadt? – hatte stark nordischen Charakter, und durch seinen Charme, den es ausstrahlte, bekam es sofort einen Ehrenplatz in meinem Herzen. Der Hafen war von Felsen und vorgelagerten Inseln eingefasst und oben thronte ein Leuchtturm. Was die Felsen aber so einzigartig machte, war deren so markante „Längsstreifung". Diese dunklen Felsen waren in regelmäßigen Abständen wie gefaltet.

Doch heute war ein langer Tag gewesen und es war bereits nach 20.00 Uhr. Also suchte ich mir den Weg zum Zeltplatz und verschob die Dorfbesichtigung auf morgen. Ich wollte einfach nur noch fünfe grade sein lassen und den Tag mit all seinen Eindrücken nachwirken lassen.

Dienstag, 11.06.19

Ich hatte geschlafen wie ein Murmeltier, tief, fest und mal wieder richtig lange. Schon lange lag ich wach, hörte, spürte, fühlte und ließ es mir einfach nur gut gehen. Alles war gut und richtig so, wie es gerade war.

Als ich mich dann aus den Federn erhob, holte ich meinen Klappstuhl aus dem hinteren Wagenraum, stellte ihn parallel zur Schiebetür, streckte genüsslich meine Beine in den Camper und genoss weiter. Ich war so tiefenentspannt und noch so erfüllt vom gestrigen Tag, dass einfach nur Nachspüren angesagt war.

Keine fünf Minuten Fußweg von hier befand sich das Thermalbad, dem auch Ärzte heilende Kräfte nachsagen. Aber auch der Aufbruch dorthin war noch nicht angesagt. Die letzten Wochen hatte ich gelernt, mehr und mehr auf meinen Körper und seine Botschaften zu hören. In meinem konkreten Fall hieß das, erst dann aufzustehen, wenn der tiefe Impuls dazu von innen kam. Nicht dann, wenn ich glaubte, es wäre Zeit. Nicht um etwas erleben zu wollen oder zu müssen. Ja, da gab es immer noch viele Gedankenmuster und Vorstellungen in mir, die nicht immer zielführend sind.

Aber ich hatte diese Reise ja auch für mein persönliches Wachstum angetreten. Und da veränderte sich tatsächlich nach und nach etwas. Vor allem konnte ich mich immer mehr so annehmen, wie ich war. Ja, immer öfter ertappte ich mich dabei, wie ich mich innerlich angrinste oder über mich schmunzelte. Auch konnte ich es viel besser akzeptieren, wenn der Körper einfach nicht reagierte, wenn mein Kopf Aktivität vorgab. Und irgendwann kam er dann doch, der Impuls von ganz weit unten und innen. Also packte ich meinen Rucksack und wandelte in Richtung „heißes Nass".

Auch heute benötigte ich das Schwimmerbecken nicht. Zielstrebig marschierte ich auf den 38 °C heißen Pool zu. Oben frisch, mit leichtem Wind, und ab dem Hals abwärts richtig angenehm warm. Dass aber auch mir einmal das Wasser zu heiß wurde, war mal wieder eine tolle Erfahrung.

Ganz hinten in der Reihe der Hot Pots befand sich ein Tauchbecken mit 4–6 °C. Also stieg ich zur Abwechslung mal da ein. Nach dieser kurzen, aber knackigen Erfrischung setzte ich mich in einen bereitstehenden Liegestuhl, der Sonne entgegen, denn diese schien heute sehr kraftvoll. Dann wählte ich noch den Hot Pot mit 40–42 °C. Es war einfach nur genial. Sollte ich einmal nach Island auswandern, würde ich mir meinen Wohnort nach dem schönsten Pool und Hot Pot aussuchen.

Als ich das Bad einige Stunden später wieder verließ, hatte ich mir doch einen leichten Sonnenbrand eingehandelt. Ich schlenderte in die Stadt, schaute mir den Hafen und den imposanten Felsen hinter den Booten an. Dieser hatte wirklich geniale Längsrillen – oder Spalten. Auch dem Leuchtturm auf dem Berg stattete ich einen Besuch ab, bevor ich mir in einem netten, heimischen Restaurant eine Fischsuppe und einen Salat des Hauses genehmigte.

Bewusst hatte ich heute kein einziges Foto gemacht, weil ich einfach ganz bei mir bleiben wollte. Und dies war mir heute tatsächlich gelungen. Irgendwie wirkte der gestrige Tag mit all seinen Erfahrungen noch tief nach.

Mittwoch, 12.06.19

Heute Morgen wollte ich nochmals in Richtung Hafen aufbrechen und mir ein ruhiges Plätzchen zum Schreiben suchen. Aber von innen kam der Impuls: Nimm Marc mit und fahre in die entgegengesetzte Richtung. Du findest es schon.

Nicht immer fiel es mir leicht, mich so kurzerhand umzuentscheiden. Aber ich wusste ja, es ist richtig. Also fuhr ich stadtauswärts und die nächste Straße links ab. Irgendwann ließ ich Marc stehen und ging zu Fuß weiter. Ich hatte keine Ahnung, wohin es gehen sollte und worin meine heutige „Aufgabe" bestand. Jetzt ging es an einer Art Gartenanlage vorbei, durch einen kleinen Wald. Irgendwann befand ich mich oberhalb des Hafens und genoss eine wunderbare Aussicht, auch auf die vielen kleinen und größeren vorgelagerten Inseln. In früheren Zeiten waren diese Inseln über den Seeweg noch viel besser erreichbar, da die Infrastruktur beziehungsweise der Straßenbau noch in den Kinderschuhen steckte.

Ja, hier konnte ich schreiben, hier wurde ich weder von Vögeln noch von Touristen gestört. Denn im Hafen, wo ich ursprünglich hinwollte, gab es kein ruhiges, völlig ungestörtes Plätzchen. Und hier blühten die Lupinen in einem machtvollen Blauviolett um die Wette, als gäbe es einen Preis zu gewinnen. So saß ich hier, schaute in die Ferne und um mich herum und ließ mich inspirieren. Immer wieder schaute ich von meinen Unterlagen auf und blickte in die Weite, und alles war so leicht. Hier flossen „Arbeit" und „Vergnügen" einfach ineinander über. War das auch meine Aufgabe hier, Brotverdienst und Freizeit so miteinander zu vereinen, dass sich einfach alles nur rund und freudvoll zu einer Sinfonie vereinte? Sind wir Menschen nicht generell in diese Richtung unterwegs, Schritt für Schritt?

Vom Schreiben müde geworden, legte ich mich zwischen die Lupinen, auf eine lichte Stelle. So genoss ich die Ruhe, die Sonne und mich. Es war vollkommen ruhig um mich herum und nahezu windstill.

Auf einmal vernahm ich Schritte. Und kurz darauf auch Stimmen. Es hörte sich nun ganz nah an. Vorsichtig richtete ich mich halb auf, um einer Überraschung vorzubeugen. Und da sah ich drei Mädels, vielleicht im Alter von zehn bis zwölf Jahren. Sie alle trugen Stirnbänder. Und so verträumt wie ich noch war, sah es so aus, als hätten sie Federn im Haar. Aber ich war doch nicht im Wilden Westen! Beim zweiten Mal Hinsehen entpuppten sich die Federn dann als Lupinen. Sie thronten wie Königinnen auf dem Haupt der Kinder. Es war ein klasse Anblick von hier unten.

Da die drei in die andere Richtung schauten, hatten sie mich noch nicht entdeckt. Ich lag ja auch mehr, als dass ich saß. Und die noch stehenden Lupinen hatten ja auch eine gewisse Höhe, sodass ich geschützt war. Als mich dann der Blick der ältesten und forschesten der jungen Damen streifte, erschrak sie kurz. Doch mein Lächeln hatte sie wohl überzeugt, dass keine Gefahr von mir ausging. Dann sprach sie mich auf Isländisch an, und als ich mit dem Kopf schüttelte, wechselte sie auf Englisch.

Nach einem netten, kurzen Gespräch verzogen sie sich dann, um wieder ungestört spielen zu können. Aber die Ruhe war von kurzer Dauer. Jetzt kam ein junger Mann, der sich um die Kinder, die nun zu fünft waren, zu kümmern schien.

Als ich mich später auch wieder auf den Weg machte, sah ich eine ganze Menge Fahrräder und Gepäck am Waldrand liegen. Immer wieder erschienen kleine Gruppen von Kindern und Jugendlichen. Da war wohl eine Jugendgruppe auf Ferientour unterwegs.

Nun war es aber mal wieder höchste Zeit für meinen rituellen Kaffee. Im „stadtbekannten" „Cafi Bakeri" bestellte ich dann einen Lachssalat, ein Brötchen und meinen Kaffee. Ja, hier ließ es sich aushalten. Und wieder packte ich meinen Block aus und begann zu schreiben.

Immer wenn sich Kunden und die Verkäuferinnen laut auf Isländisch unterhielten und die Melodie der Sprache und des Landes zum Vorschein kamen, entspannte ich mich und der Kugel-
schreiber flog nur so über das Papier.

Später machte ich mich noch mal, so wie gestern auch, auf ins
Schwimmbad. Wieder schien die Sonne, nur nicht ganz so intensiv wie tags zuvor.

Freitag, 14.06.19

Heute wollte ich wieder weiterfahren, an der Nordküste entlang. Das hinderte mich aber nicht daran, lange auszuschlafen.

Als ich dann aus der Dusche kam, war „meine" Bank-Tisch-Kom-
bination, die in einer netten Nische direkt gegenüber von Marc
stand, gerade abtransportiert worden. Dort wollte ich eigentlich
mein Frühstück, in Form von Spiegelei und ganz viel Speck, ein-
nehmen. Na, wenn das kein Zeichen von Aufbruch war. Trotzdem
ließ ich mir meine erste Mahlzeit des heutigen Tages gut schmecken.

Die nächsten zwei Städte, die ich passierte, luden mich nicht sonderlich zum Verweilen ein. Zwar trank ich im „Café Emil" einen Kaffee, aber dann setzte ich meinen Weg auch schon wieder fort. Direkt nach Ólafsvík begann die „vulkanische Wüste".
Überall lagen größere und kleinere Geröllmassen auf freiem
Feld. Das mutete schon ein bisschen wie eine Mondlandschaft
an. Kalt und schroff lagen sie da, selbst bei hellem Sonnenschein.
Mit der Zeit wurden die Steinmassen größer und massiver. So
wurde ich mehr und mehr in ihren Bann gezogen. An einem
Parkplatz stellte ich Marc ab, zog meine Wanderschuhe an und
schaute mir die Infotafeln an. Hier war es also erlaubt, durch die
Steinlandschaft zu wandern. Na, dann würde ich hier auch ein-
mal mein Glück versuchen.

Irgendwie war ich nun ganz bei mir. Zum einen, weil ich wirklich bei jedem Schritt überlegen musste, wo ich den Fuß hinzusetzen hatte. Aber auch weil mich die schwarzen Steine ganz zu mir nach Hause schickten. Ich spürte noch das Feuer der Lava aus ihnen sprechen. Da waren noch eine so starke Aktivität und magische Urkraft zu spüren. Und dann setzte ich mich irgendwann mitten in die Steinwüste und meditierte. So spürte ich diese feurig-kraftvolle Energie ganz intensiv, bis in die letzten Haarspitzen. Die Sonne schien warm in mein Gesicht und ein ganz zarter Windhauch erinnerte mich ab und zu daran, wo ich mich gerade befand. Diese Kraft und Energie wollte ich tanken, ganz in mich aufnehmen, um immer wieder davon zehren zu können.

Als ich wieder bei Marc ankam, beschloss ich, eine „gravelled road" zu fahren. Es ging wieder einmal in Kurven nach oben. Auch hier ließ ich meinen Camper an einem wunderschönen, traumhaften Strandabschnitt stehen und wandelte genussvoll und mit nackten Füßen umher. Da ich wusste, dass sich weiter oben ein Leuchtturm befindet, ging ich zu Fuß weiter.

Und tatsächlich stand er dann nach längerem Fußmarsch vor mir, groß, orange und einladend. Im Hintergrund ragten wieder einmal große Felsen auf, die von Vögeln bewohnt wurden.

Die Sonne stand schon tief, und so war wieder einmal ein traumhaftes Glitzern des Wassers zu sehen. Die Riffpassage war mit einem einladenden Holzplatz mit integriertem Picknickplatz und Geländer ausgestattet, sodass das Meer, die Vögel und der traumhafte Ausblick zum Verweilen einluden. Hier war auch im Felsen ganz nah am Ufer ein großes, kreisrundes Loch in einer viereckigen „Felsnase" zu erkennen.

Wie viel Wasser war da wohl über Tausende von Jahren notwendig, um dieses Loch und damit einen Durchlass für dieses kraftvolle Element zu schaffen? Heute bahnte sich das Wasser relativ friedlich seinen Weg. Da war nichts mehr von Kampf zu spüren. Aber die kraftvolle Energie, die sich jederzeit von einer anderen Seite zeigen konnte, war an diesem Platz ganz klar und deutlich wahrnehmbar. An solch einem Ort hatte ich immer wieder den Wunsch zu verweilen. Hier meinen Platz im Leben zu finden und einzunehmen. Manchmal wünschte ich mir, einfach „nur" ein Fels in der Brandung zu sein. Mich von nichts und niemandem stören zu lassen. Einfach mit allem eins zu sein, nicht zu werten, einfach nur zu sein.

Wollte mir die Natur hier dies verdeutlichen? Dass, egal was passiert, wir im Strom des Lebens stets geborgen sind, ganz egal, was wir erleben? Egal, wie hoch die Wellen schlagen und wie viele Löcher das Lebenswasser bereits zum Vorschein gebracht hat? Ja, wir könnten so viel von der Natur lernen, sie als Metapher oder als Vergleich heranziehen. Immer dann, wenn wir zur Ruhe kommen. In der Natur können wir uns spüren, zu uns kommen. Dann könnten Antworten zu uns finden, nach denen wir schon so lange gesucht haben. Und hier, wo wir nicht suchen, sondern einfach nur da sind, da werden sie uns eingeflüstert oder mit dem Wind oder Wasser an uns herangetragen. Ganz leicht ist sie wie eine Erkenntnis einfach nur da, die Botschaft, die neue Idee.

Irgendwann verabschiedete ich mich auch von diesem wundervollen Stück Erde und gesellte mich wieder zu meinem mir sehr lieb gewonnenen Marc.

Gegen 22.00 Uhr erreichte ich dann den nächsten Campingplatz in Arnarstapi. Dort angekommen, wurde ich erst einmal von Seeschwalben attackiert. So stellte ich Marc ganz schnell vom Eingang weg, wo diese Vögel sehr vehement ihr Revier verteidigten.

Aber hier war noch etwas, was mir nicht so richtig gefiel. Hier blühte der Massentourismus ebenso wie die Vegetation. Die Toiletten auf dem Platz waren nur mit Code zu betreten, das Duschen war sehr teuer und die wenige Gastronomie, die sich hier bot, war auf sehr viele Menschen in kurzer Zeit abgestimmt. Anscheinend übte das Land nicht nur auf mich diesen ganz besonderen Reiz aus. Und das konnte ich ja auch verstehen.

Samstag, 15.06.19

Nach dem Aufstehen machte ich mich fertig zum Aufbruch. Gestern Abend hatte ich mir noch überlegt, eine Nacht länger zu bleiben. Aber bei Tageslicht betrachtet, war es mir hier doch zu touristisch. Also bezahlte ich meine Übernachtung, da gestern Abend zu später Stunde keine Anmeldung mehr möglich gewesen war.

Dann ging ich noch zum Hafen. Auch hier brüteten Vögel in den Felsen. Aber nicht etwa die Vögel schlugen mich in die Flucht, sondern die Massen an Menschen hier, zu denen ich ja auch dazugehörte. Also spazierte ich zurück zu Marc und fuhr wieder weiter. Auf dem Weg zum Auto sah ich einen kleinen Jungen, der mit einem Stock die Seeschwalben angriff, die hier überall herumflogen. Ganz schnell war nicht mehr erkennbar, wer hier Angreifer und wer Verteidiger war. Es war einfach nur noch Kampf. Dann rannte der Junge schreiend und gestikulierend in eine Art Schuppen neben einem Haus.

Immer wieder hielt ich an, fuhr entlang kleiner Nebenstraßen, um noch traumhaftere Ausblicke zu genießen. Und so erreichte ich dann am frühen Abend einen gemütlich wirkenden Campingplatz in Traðir. Auch er lag direkt am Meer, und auch hier war Lavageröll, wohin man immer auch sah.

Beim Spaziergang am Meer fiel mir ein Zufluss ins Meer auf. An der hinteren Seite von mir aus gesehen war gelber Sand, und auf meiner Seite schwarzer. Hier war wieder einmal Kontrast ohne Ende.

Sonntag, 16.06.19

Heute wollte ich noch einmal hierbleiben und genießen. Hier war es noch angenehm in Bezug auf den Tourismus. Der Campingplatz war überschaubar, zwar gut besucht, aber nicht überfüllt, und es herrschte eine angenehme Atmosphäre.

Hier wurden auch überall Ausritte angeboten. Also ging ich zur Lobby, fragte nach und buchte dort direkt eine Reitstunde für den morgigen Vormittag. Und dann war mal wieder die Einkehr angesagt, um meine Aufschriebe zu tätigen.

Nach getaner Arbeit gönnte ich mir Kaffee und Kuchen, und später besuchte ich wieder einmal den Strand.

Montag, 17.06.19

Ich freute mich heute ganz besonders auf die Reitstunde. Allerdings wusste ich nicht mehr ganz genau, welche Uhrzeit wir ausgemacht hatten. War es 10.00 Uhr oder doch erst um 11.00 Uhr? Also ging ich kurz vor 10.00 Uhr zur Rezeption und fragte noch mal nach.

Da sagte mir der junge Mann, dass der Reitlehrer krank geworden sei und die Stunde ausfallen müsse. Als ich ihn fragte, ob er mir jemanden aus der Gegend empfehlen könne, gab er mir eine Telefonnummer. Leider funktionierte diese Nummer aber nicht, der Kontakt kam gar nicht erst zustande. So beschloss ich aufzubrechen und unterwegs nach Reitmöglichkeiten Ausschau zu halten. Schließlich waren immer wieder Schilder zu sehen, die darauf hinwiesen.

Und da war bereits das erste Schild, das mich auch direkt ansprach. Von der Straße aus führte eine wunderschöne Silberpappelallee zu einem Hof. Schon die Anfahrt erfüllte mich mit Freude und Wonne, denn Bäume entlang einer Straße hatte ich bisher noch nicht gesehen. Das Licht und der Wind verfingen sich in den Bäumen und unter den Pappeln sammelten sich kleine Grüppchen von Sumpfdotterblumen oder Artverwandten. Als ich am Gehöft ausstieg, kamen zwei Hunde bellend angerannt. Ihnen folgte ein Mann, der mich aufklärte, dass es hier keine Reitstunden für Touristen gebe. Da fiel mir auf, dass das Schild an der Straße etwas anders gestaltet war als die anderen. Möglicherweise war ich hier bei einem Reitstall gelandet. Schade! Denn hier waren eine menschliche Wärme und angenehme Atmosphäre zu spüren.

Nun hatte ich aber auch keine Lust mehr weiterzusuchen. Dann war wohl heute nicht der richtige Tag für die Freiheit auf dem Pferderücken. So beschloss ich, mich so ganz langsam mit dem Gedanken vertraut zu machen, in Richtung Reykjavík zu fahren und damit den letzten Teil meiner Reise einzuläuten. Schließlich hatte ich ab heute nur noch zehn Tage, bis die Fähre mich wieder in Richtung Heimat mitnehmen würde.

Als ich mir die Strecke auf der Karte angesehen hatte, hatte ich mir sechs bis zehn Tage für dieses Teilstück bis zur Fähre eingeplant, um in Ruhe reisen zu können und trotzdem noch genügend Zeit zu haben, da zu verweilen, wo ich mich angesprochen fühlte.

Heute, am 17. Juni, feierten die Isländer ihren Nationalfeiertag. Vielleicht hatte der Reitlehrer auch deswegen keine Zeit? So war ich einfach nur gespannt, ob ich von diesen Feierlichkeiten auch etwas mitbekommen würde. Es war mal wieder sonnig, aber auch windig. Nun stellte ich meine Antennen auf in Richtung Borgarnes.

Laut Reiseführer hatte diese Stadt 1.800 Einwohner. Aber so gemütlich und überschaubar wirkte diese Kleinstadt bei meiner Ankunft gar nicht. Die Straßen waren voll, und es kam mir vor, als wäre ich in der Großstadt gelandet oder als wäre ich in die Rushhour geraten. So fuhr ich den nächsten Campingplatz an, um die Stadt weiter zu Fuß zu erkunden.

Hier war ein Schild angebracht, das Camper davor warnte, geradewegs auf den Wiesenplatz zu fahren. Von dem vorgelagerten Kiesplatz kam man nur über eine kleine Bodenwelle auf den Grasplatz. So sollten diese Fahrzeuge auf dem Kiesplatz parken, um ein Umkippen zu verhindern.

Da grinste ich nur kurz und fuhr langsam auf den Platz. Denn diese leichte Unebenheit war meines Erachtens gar kein Problem. Da waren die Einfahrten zu den Parkbuchten in den Fjorden oft viel schwieriger, da sie meist abschüssig, uneben und mit Spurrillen versetzt waren.

Aber der Ersteindruck war trotz des schönen Rasenplatzes nicht berauschend. Er befand sich direkt parallel zur Hauptstraße und hier herrschte wirklich Verkehr und somit war der Lärm gut zu hören. So beschloss ich, zuerst der Stadt einen Besuch abzustatten, um danach zu entscheiden, ob ich hier nächtigen oder weiterfahren wollte. Kaum hatte ich mich ein paar Schritte vom Zeltplatz entfernt, da fuhren 20 bis 30 Oldtimer an mir vorbei. Viele von ihnen waren mit der Landesfahne geschmückt. Wo diese wohl hinwollten?

Um das große Einkaufszentrum sowie um die zwei Tankstellen herum herrschte sehr reger Betrieb. Ja, der Tourismus nahm hier wieder merklich zu.

Das Gefühl, das sichschon damals, als ich zu Hause im Reiseführer über Borgarnes las, bei mir ausgebreitet hatte, stellte sich auch hier vor Ort wieder ein. Es ist schwer zu beschreiben. Es war eine Art Anziehungskraft und Abwehrhaltung in einem. Hier schien die Lieblichkeit einer Hafenstadt zu fehlen, sie wirkte ein bisschen nüchtern, wie eine Arbeiterstadt, die sich nie einen eigenen Charme zugelegt hatte, obwohl es durchaus einige lauschige Plätzchen zu bewundern gab.

Trotzdem war heute eine Stimmung von Feierlaune zu spüren, denn es galt ja, die Unabhängigkeit zu feiern. Die Unabhängigkeit von Dänemark, die am 17. Juni 1944 bei einer Abstimmung mit 98,6 Prozent der Stimmen beschlossen wurde. Am Geburtstag von Jón Sigurðsson, dem damaligen Oberhaupt von Island.

Auf einmal war meine persönliche Erinnerung an den „Tag der Deutschen Einheit" wieder präsent. Damals, als Kind, verstand ich es absolut gar nicht, wie ein Tag als Nationalfeiertag begangen werden konnte, wo wir damals so weit vom vereinten Deutschland entfernt waren. An diesem Tag unternahmen wir immer einen „Familienausflug" auf den viel zu langen Kartoffelacker, der gekackt werden wollte. Da es kein kirchlicher Feiertag war, aber alle zu Hause waren, war das die beste Gelegenheit, möglichst viele Kartoffeln von Unkraut zu befreien und die Erde zu belüften. Bei dieser stupiden Tätigkeit hatte ich also sehr viel Zeit, um über diesen „Feiertag" nachzudenken. Einen Tag zu feiern, der nicht das beinhaltete, was er versprach, verstand ich damals überhaupt nicht.

Erst der spätere Geschichtsunterricht brachte dann mehr Verständnis. Aber die Diskrepanz zwischen Gedenktag und Feiertag arbeitete weiter in mir. Und so war ich wirklich sehr froh, als der Name und der Tatbestand tatsächlich zur Einigung bereit waren. Dass dieser „neue" und für mich „echte" Feiertag dann auch noch auf den 3. Oktober fiel, war für mich persönlich eine große Freude und Bereicherung. Nicht dass zu dieser Zeit die Kartoffeln oft bereits geerntet waren, schließlich war ich inzwischen erwachsen. Nein, an einem 3. Oktober wurde ich geboren.

Wollten meine Kolleginnen an ihrem Geburtstag frei haben, mussten sie immer einen Urlaubsantrag einreichen. Das galt für mich inzwischen nicht mehr, und ich wusste, dass sowohl ich als auch meine Freunde Zeit hatten, um mit mir zu feiern.

Obwohl die Vorbereitungen für das gebührende Fest im Park bereits im vollen Gange waren und die Stimmung leicht und lustig war, schien mich ein unsichtbares Band nach unten zu ziehen. Wollten die dunklen Seiten der Stadt Kontakt mit mir aufnehmen? Gab es auch hier noch etwas anzuschauen oder aufzuräumen? So versuchte ich wieder intuitiv wahrzunehmen, nicht zu werten und einfach das zu tun, was ich im Moment gerade für richtig hielt.

Als das Schwimmbad – ein bekanntes Thermalbad – angeschrieben war, bog ich in diese Richtung ab. Und da kamen sie alle wieder zurück. Einer nach dem anderen bogen sie von der Hauptstraße ab in Richtung Festgelände. Und alle fuhren sie an mir vorbei, sodass ich jeden Einzelnen von ihnen in aller Ruhe fotografieren konnte. Die Oldtimer waren wieder zurück.

Langsam folgte ich den alten Fahrzeugen und gelangte von hinten zu dem schön angelegten Stadtpark. Hier wurde der Saga nach der erste hiesige Bürger und Vater des bekannten Egill Skallagrímur Kveldúlfsson nach Wikinger Art, also mit Pferd und Waffen, bestattet. Auch Egills Sohn, der ertrunken war, soll hier von ihm zur letzten Ruhe geleitet worden sein.

Der Stadtpark lud besonders wegen der Schatten spendenden Bäume und des kraftvollen Rasens zum Verweilen ein. Eine

Seite war mit einer Natursteinmauer eingefasst, was dem ganzen Platz noch mehr Wärme verlieh.

Für die heutigen Feierlichkeiten war bereits eine Bühne aufgebaut, wo eine Band noch eifrig die Musikinstrumente aufeinander abstimmte. Im Schatten standen einige Zelte mit Essen und Getränken. Und an einer langen Tafel war ein zwei bis drei Meter langer Kuchen mit Marzipanbezug und isländischem Wappen aufgebaut.

Überall wuselte und werkelte es noch, denn die offizielle Eröffnung stand noch bevor. Aber die Freude und Erregung vonseiten der Bevölkerung waren bereits zu spüren.

Weiter auf meiner Tour durch die Stadt traf ich auf freudig vor sich hin musizierende Kinder, die von einigen Erwachsenen begleitet wurden. Sie waren auf dem Weg zur Kirche. Dort trafen sie sich mit weiteren Kindern zu einem gemeinsamen Festzug zum Park.

Einen richtigen Stadtkern schien Borgarnes nicht zu besitzen. Es war eher sehr lang gezogen, und außer einem Hafen, einem Museum für Land- und Sagenkunde und einem Oldtimermuseum gab es hier nicht viele Attraktionen. Diese Stadt lebt nicht vom Fischfang, sondern vom Dienstleistungsgewerbe, Handel und der Kleinindustrie. Ach ja, das Thermalbad war aufgrund seiner Quelle und der heilsamen Wirkung ebenfalls bekannt.

Was aber auch hier nicht fehlte, war ein urgemütliches Café, das wieder einmal wie ein Wohnzimmer aus den Sechziger- oder Siebzigerjahren gestaltet war. Jede Nische hatte ihren eigenen Stil. Auch der große Balkon lud mit mehreren Sitzecken zum Verweilen ein. Als es draußen doch zu windig wurde, verlagerte ich meinen Sitzplatz nach innen. Vorn, im Eingangsbereich, gab es noch einiges an Nippes zu kaufen und auch kleinere Topf- und Gartenpflanzen konnten hier erworben werden.

Als ich wieder auf dem Campingplatz angekommen war, spürte ich wieder diese innere Zerrissenheit. Es windete jetzt wieder stärker, sodass ich momentan nicht weiterfahren wollte. Also schaute ich nach den Öffnungzeiten des Schwimmbades, ging aber eher davon aus, dass es am heutigen Nationalfeiertag geschlossen hatte. Und so war es dann auch. So beschloss ich zu tanken und einkaufen zu gehen, sodass ich aufbrechen konnte, wenn der Wind nachließ.

Als um 21.00 Uhr noch niemand auf dem Campingplatz Geld von mir wollte und der Wind weniger wurde, beschloss ich, wieder ein Stück auf der Straße Nummer 1 zurück in Richtung Norden zu fahren. Dort gab es einen Zeltplatz, der mich anzog. Leider wurde ich aus der Karte nicht ganz schlau, sodass ich nicht genau wusste, wo ich abzubiegen hatte. Also hielt ich am Straßenrand an, um nochmals auf der Karte nachzuschauen. Kaum hatte ich einen Blick auf das Papier geworfen, da sah ich ein Polizeiauto direkt neben mir anhalten. Das ging aber schnell, dachte ich noch. Die zwei Polizisten meinten, ich würde hier ungünstig halten. Als ich ihnen sagte, wonach ich Ausschau hielt, erklärten sie mir den Weg. Und siehe da, die Wegbeschreibung passte genial und innerhalb kurzer Zeit war ich auf meinem Wahl-Campingplatz angekommen. Dieser war wirklich karg. Toiletten und Spielplatz und eine Wäschespinne gab es hier, aber er war außerhalb der Stadt gelegen, also fernab von Straßenlärm oder anderen störenden Faktoren. Er lag unterhalb von Felsen und Lavalandschaften; oberhalb war ein Teil bewaldet.

Ja, hier konnte ich bleiben. Denn hier spürte ich wieder die Natur, jene Vibration und die klare Luft.

Dienstag, 18.06.19

Nachdem ich wieder einmal ausgeschlafen hatte, ging ich ins Schwimmbad, das oberhalb des Campingplatzes lag. Gerade wollte ich gleich auch die Campinggebühren mitbezahlen, als die Dame meinte, das gehe separat. Also löste ich eine Schwimmbadkarte und genoss das Schwimmen im Freibad genauso wie den Hot Pot. Auch hier war wieder einmal eine traumhafte Aussicht auf die Berge zu genießen. Diese Begeisterung teilte ich auch einem älteren, einheimischen Ehepaar mit, das sich zu mir in das heiße Wasser setzte. Ich merkte, dass sie doch schon ein bisschen „betriebsblind" geworden waren und es sie freute, dass Ausländer dieses Panorama schätzten. Sie fragten mich nach meiner Route und erzählten mir das eine oder andere aus ihrem Leben. So war die Frau im jugendlichen Alter nur einen Steinwurf vom Schwimmbad entfernt in die Hauswirtschaftsschule gegangen, um den Haushalt von der Pike auf zu lernen. Vor allem Nähen und Kochen standen dort auf dem Programm.

Lag es nun am heißen Wasser oder einfach daran, dass in diesen Pots der Raum beengt war und so die Redseligkeit zunahm? Wie auch immer, wenn ich in Kontakt kommen wollte, musste ich einfach nur meinen Bikini nehmen und ins örtliche Schwimmbad gehen.

Von hier aus war auch das Gewächshaus zu sehen, das von dem Thermalwasser gespeist wurde. Um das Glashaus herum dampfte es aus verschiedenen Stellen aus der Erde. Die Rohre verliefen sichtbar, nicht isoliert und für mein Auge etwas diffus, und überall tropfte das kostbare Nass aus den Rohren. Das wirkte dann doch etwas surreal oder wie aus ganz alten Zeiten.

Insgesamt war es heute windig und kühl. Ich hatte keine Ahnung, ob es mit dem gestrigen Vollmond zu tun hatte oder ob dieser energetische Platz der Auslöser war – auf jeden Fall tat ich gut daran, mir heute viel Zeit für mich zu nehmen. So machte ich oberhalb des Zeltplatzes einen langen und intensiven Spaziergang im Wald und über und um ganz viel Lavagestein herum. Auch für Meditation und einen gemütlichen Zwischen-Zeit-Schlaf war der heutige Tag bestens geeignet.

Am späten Abend schlenderte ich wieder entspannt und ausgeglichen über den Campingplatz, und als ich mich umdrehte, durfte ich einen Viertelregenbogen bestaunen. Denn so schnell wie Naturphänomene hier in Erscheinung treten, genauso schnell sind sie aber auch wieder verschwunden.

19.–21.06.19

Insgesamt blieb ich hier für vier Nächte. Im Moment zog mich nichts, aber auch gar nichts nach Süden. Intuitiv spürte ich, dass ich mich mit jedem Kilometer weiter südlich von meinen speziellen Kraftorten der Westfjorde und des Nordens entfernte.

Also nutzte ich weiter das Schwimmbad, machte ausgiebige Spaziergänge und ließ einfach nur geschehen.

Freitag, 21.06.19

Heute, am Tag der Sommersonnwende, wollte ich weiterfahren in Richtung Þingvellir.

Innerlich fühlte ich eine gewisse Spannung. Einmal wegen der Sommersonnwende, die ja den längsten Tag des Jahres markierte. Mir wurde ganz klar bewusst, dass die Tage nun wieder kürzer werden würden. Auch wenn das für mich hier im Urlaub keine erheblichen Auswirkungen haben würde, konnte ich mir sehr gut vorstellen, wie es sich für die Isländer anfühlte – wenn man weiß, dass der Sommer zwar noch präsent ist, aber nichts daran zu rütteln ist, dass das Tageslicht nun Tag für Tag wieder abnimmt. Eigentlich hatte ich damit gerechnet, dass dieses Ereignis in irgendeiner Form gefeiert werden würde, aber dem war wohl nicht so. Wurde dieser Tag beziehungsweise dessen Botschaft möglicherweise verdrängt? Denn irgendwelche Anzeichen hierfür waren ja noch keine zu sehen. In Anbetracht des sehr langen Winters konnte ich das nur bestens verstehen.

Das andere war, dass ich den Tourismus und den „nahenden Süden", der unausweichlich auf mich zukam, immer mehr um mich herum spürte.

Aber es half alles nichts, ich musste weiter. Eine Direktverbindung zum Fährhafen im Osten gab es ja nicht. Ich musste entweder über den Süden oder über den Norden zurück. Da ich den Norden bereits gesehen hatte, entschied ich mich bewusst für diese Tour. Und um diese Jahreszeit stolperte man eben überall über meinesgleichen, die Touris.

Die Gegend hier wurde immer urbaner und fruchtbarer, deshalb wurde sie auch landwirtschaftlich stärker genutzt.

Nun war Reykjavík und somit auch Þingvellir geradeaus beschildert und rechts ging es nach Akranes. Gestern hatte ich es mir auf der Karte angeschaut, mich aber noch nicht entschieden, ob diese Stadt auf der „To-do-Liste" für heute stehen sollte.

Als ich nun vor der Abzweigung stand, setzte ich den Blinker und bog ab. Diese sieben Kilometer Umweg sollten sich lohnen.

Auf der Hauptstraße, noch außerhalb des Stadtkerns, parkte ich Marc an der Straße. Die Parkplätze waren hier, wie fast überall in Island, groß genug für Fahrzeuge über fünf Meter Länge.

In nur wenigen Minuten war ich im Stadtkern angelangt. Er war nicht besonders groß und bot auch keine besonderen Sehenswürdigkeiten. Doch das nette Café mit Tagessuppe und leckeren Kuchen sprachmich mit seinem Charme sofort an.

Gut gestärkt machte ich mich bei kraftvollem Sonnenschein auf den Weg in Richtung Hafen und zu den zwei Leuchttürmen. Sie standen inmitten großer, tiefbrauner Steinformationen.

Auf dem Weg zu den beiden war auf der linken Seite, wohl eher zu Demonstrationszwecken, eine große Holzkonstruktion aufgestellt, an denen ganze Fische, oder zum Teil auch nur Fischköpfe getrocknet wurden. Waren diese in Gebrauch, war meistens ein Maschendrahtzaun angebracht, um vor Raub, von Seiten von Mensch und Tier zu schützen.

Nun trennten mich nur noch wenige Meter von den hohen Orientierungshelfern. Und diesen Weg dorthin genoss ich wieder sehr. Ich spürte den Platz, auf dem ich mich befand, und dessen Wirkung auf mich. Geografisch lag Akranes als ganz kleine Landeszunge oder Halbinsel praktisch parallel unter Snæfellsnes. Und diese Energie von ganz viel Wasser um mich herum, ganz ohne Hektik und mit dem Taktstock der Natur und Wellen ausgestattet, lagerte in dem Lavagestein, im Wasser und in der Luft. Heute war es auch so klar, dass die Sicht nach Snæfellsnes frei war.

Nun kaufte ich eine Eintrittskarte für den jüngeren der zwei Leuchttürme, der besichtigt werden konnte. Auf dem Weg dorthin waren um einen größeren Stein herum viele kleinere, als Marienkäfer angemalte Steine liebevoll und in Gedenken an einen viel zu früh gegangenen Freund gebettet. Es hatte etwas Leichtes, und trotzdem war sofort das Erinnern und Bewahren an diese nun nicht mehr unter uns weilenden Person zu spüren.

Als ich den weißen Turm betrat, dachte ich instinktiv, ich wäre im älteren der beiden gelandet. Ein erster Blick durch die Türe, und er hatte mich bereits in seinen Bann gezogen. Irgendwie wirkte er alt und antik. In der Mitte des Turmes war die Treppe angebracht. Sie war aus Holz gefertigt und weiß gestrichen. Die Stufen waren nicht hoch, aber die Treppe im Verlauf steil. Oben, im ersten Stock angelangt, musste dieser halb umrundet werden, um in die nächste Ebene zu gelangen. Dort waren alte Stühle aufgestellt, die zum Verweilen einluden und den Besucher in eine vergangene Zeit mitnahmen.

In einer Nische standen ein Akkordeon und ein Mikrofon. Fanden hier immer wieder kleine, aber ganz persönliche Konzerte statt?

Ganz oben angelangt, hieß es, durch eine enge Luke hinauszusteigen. Aber auch hier war nicht nur die Stimmung, die mit dem Auge wahrnehmbar war, sondern die tiefer liegende sehr präsent. Und beide flossen zu einer Gesamtkomposition zusammen, die mit keiner Kamera einzufangen war. So stand ich lange da, mit dem Blick mal in die Ferne, mal an den Strand zu meinen Füßen, aus dem die gewaltigen Steine geradezu herauszuwachsen schienen.

Ehrfürchtig und ganz bei mir, stieg ich die Treppen wieder Stufe für Stufe hinunter. Da kam mir ein junger Mann entgegen, der nach oben wollte. Als ich den Turm wieder verließ, begleiteten mich Töne eines Akkordeons. Sie schienen ganz weit aus der Vergangenheit zu kommen, und trotzdem waren sie ganz nah da. Das war der Moment, als ich doch ein bisschen sentimental wurde. So schlenderte ich in Begleitung der Musik am Strand und zwischen den Steinen entlang, was meine volle Konzentration einforderte und mich dennoch ganz bei mir sein ließ -im Traum, im Mysterium und in der Wirklichkeit.

Dann machte ich mich auf den Weg in Richtung Hot Pot. Dieser sollte direkt am Meer liegen. Dort, wo ein kilometerlanger Sandstrand mit Duschen zum Plausch im und am Meer einlud. Heute an „Sommersonnwende" war der Sportplatz, der, etwas zurückgesetzt, ebenfalls am Meer lag, überfüllt mit Tausenden von Menschen. Überall wuselte es und es herrschte ein buntes Treiben. Von Weitem war noch nicht ganz ersichtlich, um welche Art von Ereignis es sich hier handelte. Aus dem Reiseführer wusste ich, dass Akranes eine Sportstadt ist und neben vielen Fußballfeldern und einer Sportanlage sehr viel für seinen Nachwuchs macht. So wurde der Hot Pot auch in erster Linie für die Meeresschwimmer gebaut.

Als ich die Lage dann aus der Nähe betrachten konnte, war mir gleich klar, dass es sich um einen Bambini-Fußball-Wettkampf handelte. Überall waren kleine Mannschaften zu sehen, die gegeneinander antraten. Am Rand saßen Eltern und Zuschauer, die die Jüngsten anfeuerten, und die, die gerade pausierten, spielten auf dem Spielplatz oder trainierten mit den überall herumliegenden Bällen.

Hier traf man am längsten Tag des Jahres also die Einheimischen. Hier war wirklich Jung und Alt versammelt, und nicht nur aus dieser Stadt, denn so viele Kleine (circa Sechs- bis Zehnjährige) gab es meines Erachtens nicht in einer überschaubaren Stadt von gut 7.000 Einwohnern. Aber egal woher sie alle kamen, der Spaß und die Freude schienen im Vordergrund zu stehen. Vielleicht spürten die Einsteiger ja bereits den Reiz einer Fußballmannschaft, die bis jetzt 18-mal Isländischer Meister wurde. Aber auch Golf und Schwimmen zählten zu den Sportarten der Stadt, die besondere Erfolge erzielten.

Nun wollte ich aber auch noch den Hot Pot aus der Nähe betrachten und ihn aktiv nutzen. Dieser Bau war aus Beton gefertigt und saß direkt zwischen Strand und Sportstätte am Fuß- und
Fahrradweg. Er wirkte etwas futuristisch und doch schien er sich
in die Landschaft einzufügen. Er war in zwei Etagen gebaut. Der
obere beherbergte das heißere Wasser und bot einen traumhaften Ausblick, während der untere kühler war und als Ein- und
Ausstieg für Meer-Mutige diente.

War das Meer hier wirklich wärmer – oder die Menschen hier
einfach mutiger? Wenn ich solche tollen Voraussetzungen vor-
fand und einige Menschen es mir schon vorgemacht hatten, konnte ich ja auch mutig sein und wollte mal nicht mit Walen oder
Meeresungeheuern rechnen.

Also wärmte ich mich bei bestem Meerblick gut auf und rannte dann in voller Vorfreude zum Meer, um mich in den Fluten
zu erfrischen. Ob es nun wirklich nicht sehr kalt war oder ich,
ähnlich wie in der Sauna, nur gut erhitzt war, ich weiß es nicht.
Aber dass ich einmal während meines Islandaufenthaltes im Meer
badete, erfüllte mich jedenfalls mit Freude.

Dass ich hier in dieser Stadt, die neben Fisch- und Landwirtschaft auch noch Eisen- und Aluminiumindustrie beherbergte, noch einen so wunderbaren Tag erleben würde, berührte mich doch sehr. So schickte ich ein dickes Danke nach oben oder in Richtung Universum, da ich mich doch von größeren Mächten beschützt und behütet fühlte.

Nun konnte ich mich also, völlig aufgetankt, in Richtung Þingvellir aufmachen. Jetzt war ich durch diese wunderbaren Erlebnisse gewappnet und würde alles gelassen annehmen können, was sich einer ruhigen und besinnlichen Reise entgegenstellen sollte. So schlenderte ich gemütlich wieder in Richtung meiner Fahr- und Heimstatt und machte mich auf in ein Gebiet voller geschichtlicher und geothermaler Besonderheiten. War es da verwunderlich, dass sich dieses Gebiet kein Tourist entgehen ließ?

Geschichtlich war diese Gegend hochinteressant da sie lange Zeit als Thingstätte diente (Volks-, Heeres- und Gerichtsversammlung auf der bei den alten Germanen alle Rechtsangelegenheiten eines Stammes behandelt wurden). Hier versammelten sich um 930 die „Goden", die Häuptlinge und Priester, um dort ihre erste Albingiversammlung abzuhalten. Das geschah hier, weil die Gegend im Südwesten geografisch schon immer ein wichtiger Treffpunkt des Landes war. Aber auch das Land, auf dem das Gericht tagte, fiel der „Bevölkerung" zu, weil der bisherige Besitzer wegen eines Streites mit tödlichem Ausgang des Landes verwiesen wurde.

Aber auch die Echowirkung der Felsen war bekannt, was natürlich gern genutzt wurde. So wurden vom Rechtssprecher die Gesetze und Verordnungen gegen die Felsen gerufen. Durch das Echo kam es beim Publikum, das sich hinter seinem Rücken versammelt hatte, laut und mehr oder weniger klar an.

Es ist auch davon auszugehen, dass diese Tage immer mehr in Richtung Markt- und Gauklertage ausgebaut wurden. Hier traf man sich also, tauschte sich aus und konnte Handel treiben.

Auch wenn diese geschichtlichen Ereignisse der Vergangenheit angehörten, sind die geografischen präsenter als je zuvor. Denn die Auswirkungen des Auseinandertriftens der eurasischen Platten betreffen nun doch mehr Menschen als nur die Isländer. Und dieses Zerreißen ist hier vor Ort ganz genau auszumachen.

Es war zwar weiterhin sehr sonnig und angenehm warm, aber auch immer wieder windig. Die Fahrt ging weiter auf der Straße Nummer 1, entlang der Westküste. Hier war das Land recht fruchtbar, was landwirtschaftlich gut genutzt wird. Hier sah ich auch zum ersten Mal Kühe auf der Weide.

Auch der Verkehr war hier rege, und Vehikel, die weniger als die erlaubten 90 Stundenkilometer fuhren, fielen hier, im Land der Gemütlichkeit, tatsächlich auf.

Im Nationalpark um Þingvellir herum gab es immer wieder Kioske, ausgeschilderte Parkplätze, oft gegen Gebühr, und es herrschte ein reges Treiben, entweder zu Fuß, mit dem Auto oder mit dem Wohnmobil. Aber auch Motorräder und Fahrräder waren unterwegs.

Als ich in Þingvellir ankam, war es schon nach 18.00 Uhr und ich konnte mich noch nicht entscheiden, ob ich auf diesem Campingplatz bleiben wollte. Also parkte ich Marc an dieser Touristeninformation zog meine Wanderschuhe an und machte mich auf Schusters Rappen auf Erkundungstour. Ich hatte momentan keine Ahnung, in welcher Richtung ich unterwegs war, aber ich wollte mich auch an keiner Karte orientieren und mich damit auf ein Ziel fokussieren. So ließ ich mich leiten, folgte einem Wanderweg, dann wieder entlang der Straße, die heute Abend kaum befahren war.

Nun war die Straße ausgeschildert, dass man nur mit Allradantrieb weiterfahren dürfe, worüber ich etwas schmunzelte. Je weiter ich gen Süden kam, umso genauer nahm man es hier scheinbar mit den Gefahren und ihrer Behebung. Dass aber auch immer wieder große Gefahren von unerfahrenen Touristen ausgingen, die man lieber schon im Keim ersticken wollte, konnte ich sehr gut verstehen. Doch vom Norden und den Westfjorden her kannte ich das gar nicht. Und dort war die Natur mitsamt den Straßenverhältnissen deutlich rauer.

Was ich aber wieder total nachvollziehen konnte, war die Warnung, auf keinen Fall mit dem Fahrzeug die Straße zu verlassen, um Flora und Fauna zu schützen. Hierzu wurde auf einem Plakat darauf hingewiesen, wie kurz die Vegetationszeit hier ist und wie viele Jahre, ja oft Jahrzehnte, es dauert, bis die von Menschen verursachten Schäden wieder ausgeglichen sind.

Immer wieder blieb ich stehen, um die speziellen Felsen, die hier noch brauner und dunkler erschienen, zu bewundern und zu fotografieren. Auch sah ich hier immer wieder kreisrunde Versteinerungen im Boden, die wie diese Labyrinthe anmuteten, die manche von uns als Kind geschenkt bekommen haben und wo es darauf ankommt, mit ruhiger Hand eine oder mehrere Kugeln zwischen den unterbrochenen Bahnen in ein Loch zu manövrieren. Und dann gab es hier Spalten in der Erde, die mit Flechten und zum Teil mit vereinzelt blühenden Pflanzen bewachsen waren. Die Spalten waren jetzt gut ersichtlich, und sie waren oft richtig tief. Jetzt im Sommer war so eine Wanderung ja gar kein Problem. Aber im Winter, bei Schnee und Eis, konnte es hier ganz schnell lebensgefährlich werden.

Ich schaute immer wieder in Richtung Sonne und fragte mich, wie lange diese mich heute Abend wohl noch beglücken würde. Irgendwann würde sie über diese Berge hinwegwandern, meiner Schätzung nach noch vor Mitternacht.

So war ich noch nicht auf dem Campingplatz zurück, als es gegen 22.30 Uhr zwar noch hell war, aber die Sonne sich auf meiner Seite der Berge verabschiedete, um die Menschen auf der anderen Seite zu beglücken.

Nun hatte ich auch keine Lust mehr weiterzufahren, um mir einen anderen Schlafplatz zu suchen, und so stellte ich mich auf die Wiese des Zeltplatzes. Einchecken würde ich morgen früh, da die Rezeption um diese Zeit geschlossen war.

Auf dem Weg zur Toilette fiel mir ein Regal auf, das zum Tausch aufforderte. So konnten Lebensmittel genauso wie andere Gegenstände, die man nicht mehr benötigte, hier abgelegt werden oder Dinge mitgenommen werden, die einen ansprachen. Wenige Autokilometer von Reykjavík und somit vom Flughafen entfernt, war hier vieles anzutreffen, was man einfach nicht mehr benötigte. Das fand ich eine tolle Idee, auch um die Mülleimer zu entlasten. Ich nahm mir eine mich ansprechende Suppe mit.

Gegen 0.00 Uhr musste ich dann doch noch einmal meinen Camper verlassen, um nach der Sonne zu schauen. Und so wurde ich mit einem wundervollen „Abendrot" belohnt. Ansonsten war es einfach nur ruhig und friedlich um mich herum. Und so konnte ich mich nach einem wunderbaren Tag glücklich und erfüllt in mein kuscheliges Bett begeben.

Verspielte Gesellen

Ich stand mit Marc auf meinem ausgesuchten Schlafplatz.

Es war morgens früh und ich fragte diese Wesen, die tags zuvor weder kommunizieren noch fotografiert werden wollten, ob sie nicht doch Lust hätten, mir etwas über ihr Leben hier zu erzählen.

Da kam bei mir ein ganz warmes Gefühl an. Etwas von ganz leichter Freiheit, von Fliegen, Wohlgefühl und ganz viel Leichtigkeit.

Als ich ihnen meine Gefühle mitteilte, bejahten sie und meinten, sie seien die Kobolde hier vor Ort.

Das, was die Zwerge „unter Tage" machen, das ist unsere Arbeit bei Tageslicht. Und das komme ihnen auch sehr entgegen. Im Winter sei es ja lange genug dunkel. Da schmunzelte ich mit ihnen, da das auch absolut nicht meine Reisezeit für Island wäre.

Ich: Mich würde mal ganz allgemein interessieren, was für eine Aufgabe ihr habt und was ihr uns Menschen bezüglich der Natur und deren Veränderung mitteilen wollt.

Kobolde: Wir bringen ganz viel Leichtigkeit, Verspieltheit. Der Wunsch zu verweilen wird oft bei euch ausgelöst. So wie auch du den Impuls verspürtest, mehrere Tage hierzubleiben.

Die Dorfbewohner merken das intuitiv und mähen nicht ganz an die Büsche und Hecken heran. Das kommt uns sehr entgegen, weil wir gerne im hohen Gras spielen. Oft nutzen wir die Grashalme zum Schaukeln und in den Morgenstunden als belebende Dusche.

Wir haben viel Spaß miteinander und treiben auch den einen oder anderen Schabernack. Euch Menschen lassen wir aber in der Regel in Ruhe.

Ja, wir heben, gemeinsam mit den anderen Wesen der Umgebung, die Energie hier positiv an. Ganz allein sind wir nicht so machtvoll. Aber im Kollektiv kann jeder Platz mit seinen verschiedenen „Arten" von Naturwesen enorm viel zum guten Gelingen der Menschen beitragen.

Ich: Und was ist das mit den Gefühlen? Irgendwie wirbeln die heute bei mir ganz stark durcheinander! Habt ihr da auch eure Hände im Spiel?

Kobolde: Ja, allerdings. Du würdest es wahrscheinlich als Katalysator bezeichnen. Wir intensivieren einfach eure Gefühle, egal welcher Art. Wenn du unruhig bist und nicht weißt, wie du reagieren sollst, dann wird dieses Gefühl durch uns noch verstärkt, sodass du dich damit auseinandersetzen musst.

Ich: Oder dass ich ganz schnell die Flucht ergreife.

Kobolde: Ja, oder das. Aber auf jeden Fall spürst du deine Gefühle in unserer Gegenwart besser. Und wenn du dann ganz ruhig wirst, helfen wir dir bei deiner Entscheidung.

Ich: Das fühlt sich gut an.

Kobolde: Und jetzt zu unserer Botschaft an euch Menschen:

Feiert, freut euch, lacht, macht Blödsinn und freut euch des Lebens. Dazu seid ihr auf die Erde gekommen, zu nichts anderem. Je positiver ihr seid, umso genialere Dinge – im Positiven – seid ihr bereit zu tun. Und genau das braucht die Erde jetzt. Ganz viele positive, geniale Ideen mit Pfiff, gewürzt mit ganz viel Humor und Lebensfreude.

Und tüftelt eure Ideen mal weniger im Büro aus, sondern geht wieder mehr raus. Denn ihr wollt ja im Einvernehmen mit der Natur handeln und nicht gegen sie. Es könnte allerdings sein, dass ihr die eine oder andere verrückte Idee von uns aufschnappen würdet. Aber wie viel Genialität ist aus verrückten Ideen schon entstanden?

Also, auf zu neuen Ufern. Aber bitte mit Sahne, Spaß und dem, was euch ganz viel Freude bereitet.

Humorvolle Grüße
aus dem hohen Gras

(Diese Botschaft habe ich bewusst hier platziert, da diese Wesen nicht geortet werden wollen, da sie schon öfter negative Erfahrungen mit Menschen gemacht haben, die ihren Botschaften keinen Glauben schenken.)

Samstag, 22.06.19

Auch heute Morgen lachte mir wieder die Sonne ins Gesicht, als ich aufwachte. Es war ja schon Wahnsinn. Jetzt war ich bereits über sechs Wochen hier und hatte kaum Regen abbekommen. Den einzigen Niederschlag, in Form von Schnee oder Regen, hatte ich tatsächlich in den ersten zwei Wochen gehabt, also im Mai, als es noch gut kalt war. Ganz bewusst hatte ich meine Regenjacke nur einmal in Gebrauch.

Und für dieses Phänomen, das für Island ja gar nicht typisch ist, war ich wirklich sehr, sehr dankbar. Ja, ich fühlte mich hier im Urlaub als absolutes Glückskind. So hatte ich alles, was ich benötigte, und wenn ich im Außen etwas wollte, waren alle Isländer gerne bereit, Auskunft zu geben.

Nun wollte ich aber zu den „Kultstätten" hier, in das Dorf Þingvellir mit den Felsformationen, der bekannten Kirche und Versammlungsstätte der Isländer. Da ich wusste, dass es sich nur um ein bis zwei Kilometer handelte, gab ich Marc für diesen Tag frei und ging zu Fuß auf Wanderschaft.

Bereits von Weitem waren die großen Parkplätze zu sehen. Wider Erwarten wirkte alles noch recht ruhig und überschaubar, als ich vor den Toren dieses Schauplatzes ankam. Bereits von hier aus waren der See und im Hintergrund das „Regierungsviertel" aus längst vergangener Zeit in Form von drei bis vier aneinandergereihten Häusern zu erkennen. Der See glitzerte in der Mittagssonne und die Häuschen wirkten wie frisch herausgeputzt, als ob die Regierenden hier jederzeit ein und aus gehen würden.

Beim Weitergehen kam ich nun der Schlucht immer näher. Mittendurch führte ein Holzsteg und rechts und links ging es geradeaus zackig, braun und kraftvoll nach oben. Durch ihre Kompaktheit, Höhe und Farbe strahlten sie etwas Majestätisches,

Erhabenes, Kraft und Macht aus. Ja, machtvoll sahen sie von oben herunter, den Wasserfall integrierend, der sich den Weg durch diese Wand bahnte. Diese Kraft war deutlich spürbar in dieser engen, aber nicht beengenden Schlucht.

Da die Menschenmassen nun von beiden Seiten strömten, ging es ganz langsam und gemächlich, Ferse an Ferse, weiter. Und da alle in Bewegung waren, also alle zu Fuß unterwegs waren, und vielleicht weil diese Felsformation auch dazu beitrug, machte es mir gar nichts aus, dieses absolut geniale Erlebnis mit noch ganz vielen anderen zu teilen.

Zwischendurch kam eine Tafel am Felsen zum Vorschein, die das Auseinandertriften der Kontinentalplatten an genau dieser Stelle belegt. Und darüber durfte ich meine Füße hinwegbewegen. Also wenn das kein ganz besonderer Ort ist!

Auf der anderen Seite der Schlucht angekommen, war eine große Aussichtsplattform und eine Gaststätte. Auch hier gab es wieder Wege mit Holzböden und Geländer, die erneut eine wunderbare Sicht auf See, Regierungsviertel und ganz viel Himmelblau mit wenigen Wolken ermöglichten.

Ich weiß nicht, wie lange ich hier stand, bevor ich mich zum Aufbrechen regelrecht zwingen musste. Da ich nicht an der Straße entlangspazieren wollte, wagte ich mich noch einmal durch das Getümmel, durch Menschen, Berge, Sonne und ganz viel Feeling.

So war ich noch ganz benommen von diesem ganz besonderen Zauber, als ich an der Wegbiegung stand und nicht mehr weiterwusste. Auf dem Hinweg war doch alles ganz klar gewesen. Aber jetzt sah alles irgendwie anders und falsch aus. Eingeprägt hatte ich mir: „einmal links abbiegen", und das tat ich dann auch. Aber überzeugend war das nicht, denn hier war der Wasserfall angeschrieben. Also ging ich nach rechts.

Ich konnte es drehen und wenden, wie ich wollte, dieses „rechts" passte einfach nicht. Also drehte ich wieder um und stellte nach geraumer Zeit fest, dass ich hier tatsächlich richtig war. Letztendlich war ich beim Hinweg zweimal abgebogen, aber das letzte Mal hatte ich nicht mehr als solches wahrgenommen, da ich bereits am Ziel angekommen war.

Das hätte mir wahrscheinlich auch niemand abgenommen, wenn ich erzählt hätte, dass ich in Island mein Auto nicht mehr wiedergefunden habe. Jetzt konnte ich auch wieder darüber lachen, denn Marc war wieder groß und schwarz auf dem Campingplatz zu sehen. Gott sei Dank!

Nun war es früher Abend und ich wollte noch weiter in die Hauptstadt. Aber ich war auch müde, denn wenn es rund um die Uhr nur hell ist, musste man sich gelegentlich zur Ruhe zwingen. Tat ich das nicht, wunderte ich mich manchmal, warum ich scheinbar grundlos gereizt war. So hatte ich, seit die Sonne wirklich permanent mit ihrer ganzen Kraft den ganzen Tag und auch nachts strahlte, oft am frühen Abend eine kurze Pause im Camper eingelegt, um meinem Körper und der Psyche eine kleine Pause zu gönnen.

So ertappte ich mich eines Abends, dass ich ganz genervt auf Menschen reagierte, die spätabends noch draußen saßen. Da merkte ich, dass ich mir ab und zu, wenn auch nur ansatzweise, ein „dunkles Kämmerchen" wünschte. Und was sprach schon gegen eine Pause, wenn es rund um die Uhr hell war?

So fuhr ich mit Marc vom Campingplatz herunter, um nicht für eine weitere Nacht zahlen zu müssen. Dann steuerte ich den nächsten Parkplatz an, dunkelte die Luke über meinem Bett ab und genoss meine eigene Dunkelheit. (Zumindest solange ich meine Augen geschlossen hatte.)

Als ich frisch aufgetankt weiterfuhr, strahlte mich die Sonne weiter an, als wäre es das Selbstverständlichste der Welt. Also ging es mit neuen Kräften auf zur Hauptstadt, nach Reykjavík. Auch als ich nur noch wenige Kilometer von dieser besonderen Stadt entfernt war, es war Samstagabend gegen 20.00 Uhr, herrschte sehr wenig Verkehr. Es lag überhaupt nichts von Hektik oder Großstadt-Wichtigkeit in der Luft. Es wirkte absolut friedlich, als wäre ich zu einer x-beliebigen Stadt auf der Insel im Anmarsch.

Die Straßen waren jetzt zum Teil vierspurig, aber absolut übersichtlich mit Ampelverkehr und guter Beschilderung. Als ich relativ nahe am Stadtzentrum war, war bereits der Campingplatz ausgeschildert. So fuhr ich diesen an, checkte ein, um gleich weiter in die Stadt zu pilgern.

Neben dem Campingplatz waren eine große Sportstätte und ein Park, wo gestern und heute Konzerte stattfanden. So wurde ich noch mit kräftiger, fetziger Musik empfangen.

Nun ging ich erst in Richtung Hafen. Eine Hauptstadt, die direkt am Wasser liegt, hat auf mich immer einen ganz besonderen Charme. Und Reykjavík gab es so eine gewisse Leichtigkeit und Beschwingtheit. Und mit dem Wasser als äußere Begrenzung wird klar, dass alles vergänglich und nichts unumstößlich ist.

Die neuen Bauwerke waren fast alle mit ganz viel Glas gebaut worden, was ihnen eine Leichtigkeit und Offenheit entlockte. Und überall war noch Platz zwischen den Gebäuden, immer wieder grüne Streifen und absolut nichts Begrenzendes oder Hektik verbreitende Geräusche oder Lärm.

Die Zebrastreifen waren, wie in vielen anderen Teilen des Landes auch, aus dunklen und hellen Steinen wie ein Mosaik zusammengesetzt. Das lag bestimmt daran, dass die Farbe auf dem Asphalt ganz schnell nicht mehr erkennbar ist.

Ursprünglich hatte ich mir noch überlegt, ob ich diese Stadt auch auslassen könnte, denn ganz so viel Lust verspürte ich tatsächlich nicht, hier einen Stopp einzulegen. Aber die Hauptstadt ganz auszulassen, ging irgendwie auch nicht. Da musste ich mir schon selbst ein Bild davon machen. Und wie lange ich hierblieb, war ja auch flexibel zu gestalten. Aber dieses Reykjavík hatte mich ganz schnell begeistert. Und hier schien es doch heute Abend leicht zu dämmern. Auf jeden Fall war es seit Wochen wieder einmal ein Abend, wo es, aber auch nur im Ansatz, zu dunkeln begann.

Nun kam ich immer näher an die Flanier- und Feiermeile der City. Es war bereits weit über 23.00 Uhr und ich spürte die Feierlaune und Ausgelassenheit der Jugend. Denn gefühlt waren hier mehr als 80 Prozent unter 30 Jahre alt. Und es ging absolut friedlich zu. So hatte ich zu keiner Zeit auch nur ansatzweise das Gefühl, als Frau alleine unterwegs, nicht sicher zu sein. Es war ein Lachen und eine Fröhlichkeit um mich herum. Und die Menschen waren allesamt schick und sommerlich gekleidet. Junge Damen in langen Kleidern und Herren in Anzügen oder Sakko waren keine Seltenheit. Was aber immer wieder auffiel, war ein süßlicher Geruch vonseiten der Raucher.

Als ich nach langem und ausgiebigem Stadtrundgang müde und glücklich wieder auf dem Campingplatz ankam, ging ich zum „Herunterfahren" in den Aufenthaltsraum, um meine Nachrichten zu checken. Dieser Platz war sehr gut und großzügig ausgestattet mit vielen Kochnischen, Duschen und Waschmöglichkeiten.

Jetzt ging es aber ab zum Zähneputzen und dann ab in die Koje. Nun war ich doch froh, diese Stadt nicht ausgeklammert zu haben.

Sonntag, 23.06.19

Erst als mein Körper Signale zum Aufstehen gab, machte ich mich fertig und warf noch einmal einen Blick auf die Karte. Denn heute wollte ich auf jeden Fall weiter nach Vík íMýrdal. Und wenn es ganz gut lief sogar noch bis nach Höfn.

Den Süden wollte ich einfach ganz schnell durchfahren. Irgendwie war das nicht ganz meine Energie – so hatte es sich zumindest bisher angefühlt.

Als ich dann zurückfuhr, stadtauswärts, hatte ich mich dann doch so ganz leicht „verfranst". Ein Kreisverkehr folgte dem nächsten, aber keine Ausfahrt zeigte die nächste Stadt oder eine größere Straße an. Hier schien ich, zumindest am Sonntagmorgen, ganz allein auf der Straße zu sein. Doch dann sah ich einen Mann um die 30 Jahre, der mit dem Hund unterwegs war. Also nahm ich den Fuß vom Gaspedal und fragte ihn freundlich nach dem Weg. Als er sicher war, dass wir von der gleichen Stadt sprachen, meinte er, nach dem zweiten Kreisverkehr rechts abbiegen, dann wäre ich wieder auf der richtigen Straße. Also wieder auf der Ringstraße in Richtung Süden.

Mit einem leichten, mitleidigen Lächeln meinte er, das sei ein sehr, sehr langer Weg. Da verschwieg ich ihm lieber, dass das möglichst nur eine Teiletappe meines heutigen Ausflugs sein sollte. Für die klare und richtige Wegweisung war ich ihm aber sehr dankbar.

Ja, circa 300 Kilometer lagen noch vor mir, aber der Tag war wieder ausgesprochen sonnig, und wo es auftauchte, leuchtete mich das Meer in seinen schönsten Blautönen an. So genoss ich die Fahrt, die Aussicht und meine Freiheit.

Auch das wurde mir heute wieder bewusst: Ich hatte alle Freiheit der Welt! Gefiel es mir irgendwo nicht, so fuhr ich einfach weiter.

Die Landschaft hatte hier immer mehr landwirtschaftlichen Charakter, wo immer es möglich war, und vereinzelt sah ich statt Pferden und Schafen auch mal Kühe oder Rinder auf der Weide. Vielleicht war das Tempo hier im „wirtschaftlicheren" Süden auch deshalb geschäftiger, weil keine Schafe oder anderes Getier die Straße kreuzte. Sie hatten zwar nach wie vor Vorfahrt, aber scheinbar waren sie hier wohl doch vermehrt hinter Weidezäunen geschützt.

Und so ging die Fahrt munter weiter. Auch wenn ich die Veränderung schon länger spürte, versuchte ich mich nicht beeinflussen zu lassen. Meine Reise ging nun unausweichlich dem Ende entgegen. So ließ ich es noch offen, ob ich in Vík í Mýrdal, der südlichsten Stadt, nur kurz pausieren oder dort übernachten wollte.

Jetzt war ich doch erstaunt, als Vík í Mýrdal mit nur noch wenigen Kilometern angeschrieben war. Die Fahrt hatte ich trotz allem sehr gut gemeistert und jetzt luden mich eine kleine Ansammlung von Häusern, eine Kirche und zwei große Gebäude mit Museum einerseits und eine Sportbekleidungsfirma mit Direktverkauf andererseits zum Verweilen ein. Dieser Ort hatte auf mich sofort eine sehr positive Ausstrahlung. Schon von der Straße aus sah ich die zwei imposanten schlanken und hohen, einzeln stehenden Felsen am Meer stehen, als seien sie für die Begrüßung der Gäste zuständig.

Das Lava-Museum und der Fabrikverkauf der Bekleidungsfirma waren direkt am Meer, sodass es nur wenige Meter bis an den schwarzen Steinstrand waren. Hier waren es ausnahmslos kleine schwarze Kieselsteine, die den Übergang zwischen Meer und dünnem Gras übernahmen.

Es war wieder spannend, denn hier spürte ich sie wieder, die Kraft des Landes. Aber auf der Strecke zwischen der Hauptstadt und hier schien sie „auf der Strecke geblieben" zu sein. Vielleicht lag es ja auch an meinem eigenen Tempo. Denn wenn ich zu Fuß und abseits stark befahrener Straßen unterwegs war, konnte ich sie spüren. Mal leichter und verändert, und dann wieder ganz habhaft, verwurzelt und unumstößlich.

Nach der ersten Akklimatisierung schaute ich mich im Museum um, was sich schnell als Kombination von Suppenküche, Filmvortrag bezüglich der Lavageschichte und Verkauf von Lavagestein in allen Varianten herausstellte.

Da sich der Hunger auch ganz langsam bemerkbar machte, bestellte ich einen gemischten Salat, der sehr ansehnlich auf einer Steinplatte serviert wurde. Denn diese Form von Vitaminspender kam meines Erachtens in der Kiosk-Mentalität hier zu kurz. Aber die Suppen, die mittags serviert wurden, waren allesamt schmackhaft und mit Liebe zubereitet.

Anschließend schlenderte ich zur Fabrikhalle und erstand hier ein buntes Paar an gefütterten Fingerhandschuhen, die mir wirklich Vorfreude auf den kommenden Winter hervorlockten. Und dann sah ich ein Nackenhörnchen mit dem Aufdruck zweier Papageientaucher. Diese sprachen mich sofort an, sodass ich gar nicht mehr lange überlegen musste. Wenn ich ab und zu ein Kissen benötigte, dann war das Nackenhörnchen immer die beste Wahl.

Mit meinem neuen Schatz bestückt, ging ich zu Marc, der auf dem großen Parkplatz inzwischen von ganz vielen anderen Fahrzeugen umringt war. Als ich hier angekommen war, war der Platz noch fast leer gewesen.

Obwohl ich heute noch gerne weiterwollte, zog es mich unweigerlich an den Strand. Diese großen, weit aufragenden Felsen im Meer und die Felswände, die den Strand abschlossen, strahlten so viel Kraft und Wärme aus. Diese Lavakraft pulsierte hier überall. Und oben in den Felsen machten sie mal wieder Krach. All die Vögel die hier hausten, brüteten und einfach ganz viel Leben mit sich brachten. Scheinbar brüteten hier auch die geselligen Papageientaucher. Aber sie waren zu weit oben, sodass ich sie mit bloßem Auge nicht sah.

Und der schwarze Sandstrand lockte mal wieder meine Füße aus den Schuhen. Alles zappelte und wollte erst einmal bewegt werden. Ja, diese Hitze von Feuer und Lava hatte eine Flamme in mir entfacht. Sie brannte nicht nur in mir, nein, sie forderte regelrecht zum Aufbruch auf. Nicht zum motorisierten, sondern zum Herzensaufbruch. Hier wollten Nägel mit Köpfen gemacht werden. Ganz ohne Hektik und Aufruhr, aber das eigene Zugeständnis zu Aufbruch und Neuausrichtung, das durfte und wollte buchstäblich Feuer fangen.

Da passte die Gruppe der Japaner gut ins Bild, die auf dem Rücken der Pferde über den Strand ritten. Gemächlich, aber sich ihrer Sache ganz sicher waren auf jeden Fall die Ponys.

Im glitzernden Sonnenschein setzte ich mich mitten in die Steine, in diese schwarzen Kieselsteine, die alle eine Einheit zu sein schienen. So saß ich da und schaute auf Meer und Sonne und ließ mich immer wieder vom leichten Windhauch streicheln. Von hinten waren die Krachmacher zu hören, die wohl noch nie etwas von Nacht- oder Mittagsruhe gehört hatten.

Diese Kombination aus Ruhe, Kraft und dem Gefühl des Geschütztseins trug dazu bei, dass ich gefühlt eine halbe Stunde hier verweilte und eigentlich gar nicht mehr weiterwollte. Also hatte mich der südlichste Zipfel Islands doch noch ganz schön beeindruckt.

Glücklich und voll und ganz zufrieden verließ ich dann doch diesen Platz der Fülle und Inspiration, denn nun wollte ich doch noch weiter nach Höfn. Dort wollte ich auf jeden Fall haltmachen, schon allein wegen der weltbesten Hummer, die dort gefischt werden.

Diese positive, kraftvolle Stimmung, die ich in Vík í Mýrdal erlebt hatte, hielt auf der Weiterfahrt noch einige Kilometer an. Aber mehr und mehr spürte ich wieder dieses „oberflächlichere"

Flair, hier war mehr Hektik, „Menschlichkeit" und Unausgeglichenheit. Irgendwie spürte ich eine Art Enge in mir aufsteigen.
Und diese Enge machte sich bereits auf der Straße bemerkbar.
Sie war meines Erachtens hier nicht so breit wie sonst, und es gab
wie in ganz Island keinen Randstreifen, wo für den Notfall Aus-
weichmöglichkeit bestand. Auch war diese Gegend hier stark befahren. So kamen mir auch immer wieder Reisebusse entgegen,
bei denen ich besonders aufpassen musste, um nicht in räumli-
che Bedrängnis zu kommen.

Obwohl dieser Teil des Landes sehr viel für interessierte Augen
zu bieten hat, zog es mich weiter. Hier wollte ich einfach nur
weg und meine Kilometer machen. Weiter im Osten, so sagte mir mein Bauchgefühl, würde es wieder besser werden. Da
würde ich wieder mehr Luft zum Atmen haben und mich wieder wohlerfühlen.

So fuhr ich an Attraktionen wie Gletschern und Vulkanen einfach nur vorbei. Ich wusste auch, dass sich mir so eine Gelegenheit kein zweites Mal mehr bieten würde, im ganzen Land nicht,
und ich fragte mich, ob ich nicht zu wählerisch war. Aber es half
alles nichts. Meine Gefühle wollten beachtet werden.

Da hier auch das Tempo auf dem Asphalt etwas hitziger war als
im Norden, ließ ich immer wieder gerne schnellere Fahrzeuge
überholen.

Jetzt war ich aber insgesamt nur sehr angestrengt und dadurch
auch müde. Es fühlte sich an wie eine Region, die einfach nicht
für mich bestimmt war. Kein Stein, keine Blume, kein Garnichts
sprach mich hier an. So merkte ich immer mehr, dass hier kein
Wesen mit mir in Kontakt treten wollte. Anstatt es weiter zu bewerten, versuchte ich es einfach so stehen zu lassen und nutzte
den nächsten, größeren Parkplatz zur Pause. Auch hier war wieder eine große Schautafel angebracht, um einem die besondere Beschaffenheit und Geologie der Gletscher nahezubringen.

Doch momentan wollte ich erst einmal einen Kaffee und mich anschließend für ein Stündchen aufs Ohr legen.

Als ich wieder aufwachte, fühlte ich mich auch gleich wieder viel frischer und bereit für die nächsten 100 Straßenkilometer. War hier auch die Luft anders als weiter im Norden? Sie kam mir hier irgendwie anders vor. Nicht so gehaltvoll, vielleicht etwas „oberflächlicher". Und ich atmete nicht so tief wie an anderen Tagen. Also hatte ich diese Strecke von Vík í Mýrdal nach Höfn mit seinen gut 300 Kilometern einfach nur gut über die Bühne zu bringen.

Ich weiß nicht mehr genau, wo es war, auf jeden Fall war wieder einmal ein besonderer Wasserfall angeschrieben. Also fuhr ich links ab, in diese Richtung, wo sich schon viele Touristenfahrzeuge bemerkbar machten, und wollte mich schon auf den großen Parkplatz stellen, als ich sah, dass hier Parkgebühren verlangt wurden. Ohne länger darüber nachzudenken, wendete ich meinen treuen Kameraden, linste noch einmal in Richtung „Foss" (Wasserfall), denn von hier aus war er bereits aus der Ferne zu bestaunen. Inzwischen hatte ich so viele Wasserfälle gesehen, und in Ísafjörður schlief ich ja mehr oder weniger zu Füßen eines dieser Naturschauspiele, sodass ich hier gut darauf verzichten konnte.

Obwohl ich wieder fit war, zogen sich die letzten Kilometer doch noch bis nach Höfn. Aber dann, nach einem langen, anstrengenden und doch sehr schönen Tag fuhr ich in diese nun doch von mir herbeigesehnte Stadt ein. Das war nun ein wunderbares Gefühl. Doch auch Höfn strahlte schon beim Eingang des Hafenstädtchens ein ganz besonderes Ambiente aus. Es war noch nicht viel zu erkennen, da die Hauptstraße sehr lang gezogen war, aber etwas Einladendes und Friedliches lag über dieser Stadt. Ein Hauch von einer gerade erst wach geküssten Märchenstadt schien über ihr zu schweben.

Der Campingplatz lag bereits am Eingang der Stadt, was mir sehr entgegenkam. Heute Abend war ich für jeden Kilometer dankbar, den ich nicht mehr fahren musste. So war ich froh, als ich mich nach dem Einchecken auf den Weg in Richtung Hafen machen konnte. Denn meine Füße noch ein bisschen zu bewegen, konnte ja besonders heute nicht schaden.

Bei den Schiffen angekommen, bemerkte ich sofort, dass dieser Ortsname Höfn (für Hafen) einfach nur passend ist. Die Fischerboote lagen friedlich da und obwohl ich hier die Arbeit spüren konnte, waren dennoch die Lust und die Liebe zu Meer und Fisch bemerkenswert. Er war auch nicht groß, der Hafen, aber sehr gemütlich.

Heute dämmerte es wieder leicht, sodass sich ein friedliches und sanftes „Andunkeln" über die Gegend legte. Nach einem so langen und ereignisreichen Tag tat das tatsächlich wieder gut. So spürte ich, wie die letzte Anspannung der Straße von mir abfiel. Aber jetzt freute ich mich auch auf das Highlight des Tages. Wenn es hier tatsächlich einen der weltbesten Hummer gab, dann wollte ich diesen auch probieren. Das dachten sich aber anscheinend noch mehr Menschen, und so war das Restaurant, das ich mir ausgesucht hatte, voll. Der Kellner stellte mir aber für demnächst einen Tisch in Aussicht, und so wartete ich im Eingangsbereich auf einem gemütlichen Sofa.

Die Gaststätte strahlte eine warme Atmosphäre aus. Das Personal war sehr freundlich und aufmerksam und so war ich ganz in Vorfreude auf meine Lobster.

Als sie dann serviert wurden, mit einem gemischten Salat und Toastbrot, freute ich mich so richtig auf diesen fleischigen, zartrosafarbenen Fischschmaus. Dazu hatte ich mir ein Bier bestellt. Und nun ließ ich es mir so richtig schmecken. Ich muss ja zugeben, dass ich noch nicht so oft Hummer gegessen hatte, von daher fiel mir der Vergleich schwer. Dass dieser hier aber richtig lecker schmeckte und die Küche noch das Ihrige dazu beitrug, das merkte ich ganz schnell.

Mhhh, war das gut! Und zur Feier des Tages bestellte ich noch einen Nachtisch. Es stellte sich heraus, dass es sich wieder einmal um dieses leckere Hefeteiggebäck handelte, das in Fett ausgebacken wird. Serviert wurde es heute mit verschiedenen Beeren an Karamellsoße und mit Sahne dekoriert.

Nach so einem gelungenen Abendessen konnte ich mich nun wohlgemut wieder auf den Heimweg machen. Ich hatte hier alles gesehen und war satt und zufrieden. Was wollte ich mehr? Und diese Nacht würde ich bestimmt sehr gut schlafen.

Mit leichtem Gepäck

Morgens um 9.00 Uhr sitze ich im Wald auf einem hohen Baum-
stumpf. Gerade habe ich Wasser aus dem Wasserfall getrunken
und mein Gesicht gewaschen.

Die Luft riecht rein, die Sonne scheint und die Vögel zwitschern.
Heute höre ich ganz bewusst das Zwitschern. Bisher war es eher
ein Schreien oder Gezeter. Aber heute Morgen erinnert es an
altbekannte, heimatliche Vogelklänge.

Stimme: Du kommst auch immer mehr zu dir nach Hause, zurück
zu deiner eigenen Kraft. Du wirst dich vielleicht wundern, wie leicht
dir vieles von der Hand geht und wie fröhlich du von innen heraus
bist. Deine Schaffenskraft wird sich auf ganz natürliche Art und Weise
kraftvoll erneuern und weiterentwickeln. Ganz spielerisch und leicht.

Ich: Und warum geschieht das jetzt?

Stimme: Weil du wieder ein Stück losgelassen hast, Altes, tief
Verdrängtes noch einmal angeschaut hast. Dies belastet dich nun
nicht mehr länger. Du kannst dir das so vorstellen:

Du schleppst mit dem Verdrängten ein Paket mit dir herum. Junge Menschen tragen oft die Lasten der Eltern und somit der Ahnen mit sich herum, weil die Eltern darauf aufmerksam gemacht
werden sollen.

Und dieses Paket, da es vordergründig nicht bewusst ist, trägst du
tagtäglich mit dir herum und es bremst dich immer wieder aus.
Wo du beide Hände frei haben solltest, für deinen Alltag, musst
du es weiterhin mit dir herumschleppen.

Immer wieder eckst du irgendwo an, es splittert etwas ab, oder die Verpackung wird beschädigt. Das fühlt sich dann so an, als würdest du über deine eigenen Füße stolpern, als würdest du dir selbst im Wege stehen. Das sind die Momente, wo es richtig wehtut und du nicht mehr weiterweißt.

Und dann ist die Frage, wie du damit umgehst. Dass momentan eine sehr gute Zeit für Transformation ist, habe ich ja schon erwähnt.

Du musst also nicht mehr wie früher stundenlang Therapiegespräche führen, Übungen absolvieren, und alles ist nicht mehr so unglaublich anstrengend.

Nein, es genügt, einfach mal stehen zu bleiben. Diesen Schmerz bis zum Urgrund zu spüren. Du kennst ihn ja schon lange. Also gehe jetzt einfach noch tiefer. Spüre nach, was er in dir auslöst. Was machen diese Gefühle mit dir?

Schau diese Gefühle an, lass sie da sein – und würdige sie! Sie haben etwas mit dir zu tun und sie haben das gleiche Anrecht, gesehen zu werden, wie alle positiven Gefühle auch.

Ja, wenn ihr diesbezüglich weniger werten würdet, sondern einfach ALLE Gefühle so akzeptieren würdet, wie sie sind, dann ginge euch dieser Prozess leichter von der Hand.

Also lasst die Gefühle hochkommen. Wenn Tränen, Wut und Unsicherheit sich zeigen, dann nimm es an. Akzeptiere es. Irgendwann, wenn du ganz offen bleibst und dich nicht bewertest, gelangst du zu deinen tiefen Wurzeln. Also zu dieser Zeit, wo du begonnen hast, das Paket zu schnüren.

Ja, du hast es geschnürt. Nicht andere für dich. Es war damals der Weg, den du für gangbar erachtet hast. Und es war ein Lösungsversuch. So wie du heute wieder nach einer Lösung suchst.

Es war dein Lebensprojekt, das Erfüllen deiner Aufgaben. Und es war nicht falsch. Das wäre wieder eine Wertung. Es war zu diesem Zeitpunkt richtig für dich.

Aber heute stehen dir ganz andere, heilende Möglichkeiten zur Verfügung. Also, sieh es als Segen an, dass du heute mit Leichtigkeit Altes wandeln und auflösen kannst. Aber du kannst es nur selbst für dich tun. Du kannst es nicht für andere tun, und andere können es nicht für dich erledigen.

Und dann, wenn klar ist, woher das Gefühl kommt, das kann auch aus vergangenen Leben kommen, was du ganz schnell merkst, lass die Gefühle kommen, und lass sie dann los. Das kannst du mit einem Ritual untermalen (Kerzen, Blumen, Tränentempos verbrennen …). Gib das Alte dann der Natur zurück und lass es sich in positive Energie wandeln. Du kannst dich anschließend bedanken, ein Gebet sprechen oder was gerade für dich passt.

Und dann spüre deine neu gewonnene Freiheit. Sie kann sich anfangs noch klein anfühlen. Möglicherweise bist du auch müde und erschöpft. Hole dir dann genau das, was du jetzt benötigst, und wenn du das auch noch so komisch findest. Höre auf dein Herz und auf deine Gefühle. Sie sind dein Barometer und trügen nicht. Natürlich will das alles geübt werden, so als würdest du dich gerade mit einem neuen Gerät vertraut machen. Da übst du auch und lernst aus den gemachten Erfahrungen.

So kannst du ein Paket nach dem anderen entpacken, entrümpeln und mit viel leichterem Gepäck weitergehen.

Ja, mach dir das bitte immer wieder bewusst. Dein Auto wartest du ja auch regelmäßig und wechselst von Winter- auf Sommerreifen. Einfach weil es effektiver ist. Also, warum dann nicht auch bei dir? Oder bist du es dir immer noch nicht wert? Es liegt ganz an dir. Du entscheidest ganz für dich allein. Und das ist auch gut so.

Nun wünsche ich dir einen ganz kraftvollen Tag. Genieße ihn. Ihr seid zur Freude auf diese Welt gekommen, nicht, um Trübsal zu blasen. Auch wenn diesbezüglich immer wieder etwas anderes erzählt wird.

Deine Natur,
in allen möglichen und unmöglichen Facetten,
Farben und Formen

(wahrgenommen in Ísafjörður)

Montag, 24.06.19

Es war noch vor 5.00 Uhr in der Frühe, als ich wach wurde. Und sofort war mir klar, heute muss ich früh los. Ich rechnete wieder mit einem anstrengenden Straßentag mit viel Verkehr. Laut Karte ging es wieder einen Teil auf ungeteerter Straße und es ging wieder einige Höhemeter nach oben.

Mein heutiges Ziel sollte Borgarfjörður sein. Das ist ein Fjord weiter nördlich als der Fährhafen Seyðisfjörður, von wo aus ich meine Rundreise begonnen hatte. Dort sollten Elfen wohnen und Papageientaucher ihr Brutgebiet haben. Und so war ich tatsächlich kurz nach 6.00 Uhr an der Tankstelle und putzte noch die Scheiben, da das Scheibenwischwasser diesem „Island Spezial" an Staub und „Naturdünger" nicht gewachsen war.

Die Ruhe auf der Straße tat mir zu dieser frühen Morgenstunde so richtig gut. So konnte ich in meinem Tempo fahren, ohne auf schnellere Vehikel Rücksicht nehmen zu müssen. Und obwohl die Straße bald wieder in eine „gravelled road" überging und es stets bergauf ging, störte mich das gar nicht. Es war sogar eher so, als wäre ich hier wieder in der „Ur-Natur" angekommen. Die Naturstraße verlangte zwar wieder Aufmerksamkeit und langsames Fahren, aber mit der Langsamkeit kannte ich mich ja inzwischen bestens aus. Auch der Tunnel, der hier passiert werden wollte, passte sich der Gegend an und war einfach nur urig. Die Energie des Südens mit seiner Hektik und seiner Unruhe schien nun absolut verflogen. So fuhr ich wieder ruhig und entspannt und war ganz bei mir.

Als die nächste Stadt Djúpivogur in der Ferne auftauchte, überlegte ich kurz, ob ich hier einen Stopp einlegen sollte. So ließ ich meinen Körper entscheiden, der für ein Nickerchen auf einem ruhigen Parkplatz plädierte. Das war eine geniale Idee, denn nach der Pause war ich wieder fit und gestärkt. Und die nächste kleinere Etappe stand auch schon fest mit der Stadt Egilsstaðir.

So verlief diese Strecke von circa 200 Kilometern wieder ausgesprochen friedlich, trotz Kurven und vieler Steigungen, die genommen werden wollten. Hier hatte ich das Gefühl, wieder in meinem Tempo unterwegs sein zu können, ohne als wandelndes Hindernis gesehen zu werden.

Als ich dann die Tore der Stadt erblickte, wirkte diese auf mich etwas nüchtern, aber geschäftig und übersichtlich. Hier ist das staatliche Forstamt beheimatet, und diese Stadt ist wegen der unmittelbaren Nachbarschaft zum Fährhafen zu den Ankunfts- und Abfahrzeiten der Fähre sehr beliebt.

Nun stockte mir aber doch der Atem, als ich bei genauerem Blick auf die Karte feststellte, dass die Straße, die ich nun nehmen wollte, eine F-road und somit nicht für mein Fahrzeug geeignet war. So stiefelte ich mit dem Straßenatlas unter dem Arm in das nächste Geschäft, das auch die Touristinformation beherbergte. Als die Verkäuferin gerade Luft hatte, fragte ich sie um Rat. Und diese war auch nicht um Rat verlegen, denn sie kannte sich gut aus. So zeigte sie mir eine alternative Strecke, die ich vorher einfach nicht gesehen hatte. Sie meinte, diese wäre zwar streckenweise auch nicht geteert, aber gut handelbar. Da fiel mir ein riesengroßer Stein vom Herzen. Nun konnte ich mich also doch noch auf den Elfenhügel freuen. Denn als ich den im Reiseführer gesehen hatte, glühten in meinem Kopf alle Birnen. So hatte ich das Gefühl, dass die Elfen mich nun doch noch zu sich riefen. Denn anfangs hatten ihre Äußerungen ja eher der Tenor, dass sie sich zurückhalten und nicht mit mir in Kontakt treten wollten. Sie wollen uns Menschen einfach zeigen, dass noch mehr Wesen zum verborgenen Volk zählen als nur Elfen und Gnome. Und sie wollen uns zeigen oder uns auffordern, genauer hinzuschauen und offen zu bleiben. Aber jetzt, am Ende meiner Reise angelangt, riefen sie mich doch noch zu sich. Ein bisschen hatte es etwas von einer Privataudienz …

So konnte ich also erst einmal tief durchatmen und mich auf dieses Treffen mit den Elfen freuen. Ob es dann auch tatsächlich zustande kommen würde, das würde sich noch zeigen. Dass aber nicht alles planbar ist und es sich lohnt, offen zu bleiben für alles, was da kommt, das hatte ich auf dieser Reise nun wirklich intensiv gelernt.

Bevor ich aber weiterfuhr, trank ich noch einen Caffè Latte und gönnte mir dazu ein Stück Kuchen. Und dann sattelte ich wieder die Hühner. Laut Karte rechnete ich nochmals mit zwei bis drei Stunden Fahrt.

Die Straße blieb rau, ungeteert und zwischendurch hatte ich eine sehr interessante Baustelle zu passieren. Es war gut abschüssig, ein gelber Bagger stand mitten auf der ockergelben bis hellbraunen Straße, was eine einspurige Straßenführung zur Folge hatte. Als ich passieren konnte, war der Platz zwischen Straßenende und Bagger wirklich sehr beengt. Aber langsam und mit einem Grinsen im Gesicht umfuhr ich auch diese Hürde.

Das Wetter war weiterhin traumhaft und Berge und Fjorde wechselten sich mal wieder ab. Es gab hier nicht so viele zipfelige Fjorde wie im Westen, aber genauso traumhaft und einzigartig.

Als ich in Borgarfjörður einfuhr, ein ganz kleines Hafendorf, sah ich, wie ein winziges, altes Haus gerade mit Torf von einer großen Rolle aus neu gedeckt wurde. Diese Dächer müssen, da sie aus reinem Naturmaterial bestehen, immer wieder neu gedeckt werden.

Dieses Dorf strahlte etwas Bodenständiges aus, gepaart mit ganz viel Leichtigkeit. Es war ein Sommertag mit ganz viel Kraft, was nicht nur vonseiten der Sonne ausgestrahlt wurde. Die Pflanzen, oft nur wenige Zentimeter hoch, trotzten vor Kraft und Blühfreude. Alles strebte nach dem Licht, nach Lebensfreude und Werden.

Und der Campingplatz strahlte durch den Elfenhügel, der im Hintergrund über alles zu wachen schien, eine majestätische Ruhe und Urkraft aus. Hier fühlte ich mich sofort richtig wohl. Und ohne es mir lange zu überlegen, parkte ich Marc an einem großen Stein, direkt vor dem kleinen Bach unterhalb der Elfenheimat.

Das Wasser zog mich auch hier wieder magisch an. Ich zog Schuhe und Socken aus und watete am und im Bach. Ich war ganz bei mir und mitten in der Natur, mit all ihrer Größe und Schönheit.

Aber ich war auch aufgeregt, da ich die Magie hier spürte, mir aber nicht sicher war, ob meine Fähigkeiten ausreichen, um diesen starken Naturwesen näher zu treten.

Dann wagte ich aber doch den Aufstieg zum Elfenhügel. In kleinen Steintreppen ging es nach oben. Immer wieder kamen Menschen den Berg hoch, blieben aber aufgrund des zunehmenden Windes nicht sehr lange. So setzte ich mich auf einen großen Stein und war einfach nur aufgewühlt und unheimlich aufgeregt. Tausende von Gedanken gingen mir durch den Kopf. Alle Klarheit und alles sichere Vorgehen aus den letzten Wochen waren wie weggeblasen. Ich war hibbelig und wusste nicht, wie ich in Kontakt treten sollte. Als ich dann doch mehr und mehr bei mir ankam, merkte ich, dass sich diese Energie und Art der Kommunikation von allen bisherigen unterschieden. Diese Wesen hier schienen tatsächlich die Oberhand zu haben, und das merkte ich auch in Bezug auf mich. So sagten sie mir bald, dass heute Abend nicht der richtige Zeitpunkt für mich sei. Denn so tief, wie sie es wollten, konnte ich mich heute einfach nicht mehr einlassen. Ich war müde und hungrig, außerdem wollte ich später noch zu den „Puffins" im Hafen.

Das waren wohl nicht die richtigen Bedingungen, um mit diesem Volk in Kontakt zu treten. Da war schon ungeteilte Aufmerksamkeit gefragt. Da gab es kein Pardon. So stieg ich andächtig, aber mit einer leichten Enttäuschung in der Magengrube wieder den Berg hinunter. Ja, dann war jetzt wohl die Zeit für ein schmackhaftes Abendessen und für die Besichtigung der Papageientaucher. Denn ich wünschte mir noch einmal ein Treffen mit diesen Vögeln, da ich mir noch ein paar schöne Bilder erhoffte und da ihr Erscheinungsbild einfach nur putzig und leicht verspielt rüberkam.

Am Hafen angekommen, wurde ich bereits von viel Geschrei der Gefiederten und deren Aktivitäten in Beschlag genommen. Die Papageientaucher sah ich aber erst wirklich richtig, als ich auf den Treppenstufen direkt am Felsen hochstieg. Jetzt stand ich mehr oder weniger parallel zur Felsenwiese oberhalb des Hafenbeckens. Und hier saßen sie nun, diese putzigen Clowns im Frack. So weit das Auge reichte, hier saßen die Buntschnabeligen einfach auf der Wiese, die sich in die Felsen integrierte.

Über dem Meer kreisten Möwen, die den „Puffins" gerne ihre gerade erst erbeuteten Sandaale wieder abluchsten. Das sah wirklich genial aus, diese mittelgroßen Vögel mit unzähligen, schlanken, langen Fischen im Schnabel. Sie haben eine Art Haken im Schnabel, an den sie ihre Beute aufspießen können, sodass sie ihnen nicht wieder abhandenkommen. Näherten sie sich dann mit ihrer Beute dem Nest, das sich hier als eine Mulde oder Loch im Boden herausstellte, waren sie auch schon in diesem verschwunden. So schnell, dass ich sie nicht mit meinem Foto einfangen konnte. Denn entweder sie waren noch in der Luft oder mit zwei bis drei Schritten einfach bei der Brut.

Aber bereits der Anblick war einfach nur atemberaubend. Überall saßen sie und ließen sich gar nicht beeindrucken von den Menschen um sie herum. Sie waren aber zum Glück gut geschützt vor neugierigen Nasen wie mich. So waren überall Begrenzungszäune angebracht, um unnötige Turbulenzen vonseiten der Zweibeiner zu verhindern.

Ich stand einfach nur da und ließ das Bild auf mich wirken. Im Meer glitzerten mal wieder Sonnenstrahlen, und der Horizont

färbte sich leicht orange. Über dem Wasser flogen immer wieder Möwen, während die Eltern der jungen Clowns in die Wellen stachen.

Dieser Frieden, der hier über der Abenddämmerung lag, kombiniert mit dem Wissen der Vergänglichkeit, war es wieder einmal, der einen Teil der Island-Faszination ausmachte. Denn die Geburt und das Heranwachsen der Jungvögel waren unmittelbar mit dem Stirb-und-Werde-Prozess verbunden. Vielleicht reisen deshalb momentan so viele Menschen nach Island, weil wir so manches verdrängt und aus unserem Leben verbannt haben, was uns hier ganz frei von der Leber wieder „serviert" wird. Denn die Seele holt sich wohl zurück, was sie lange nicht bekommen hat.

Erfüllt und selig machte ich mich wieder auf den Rückweg.

Ursprünglich wollte ich morgen nach Seyðisfjörður zurückfahren und dort noch den letzten Tag genießen. Aber im Moment stand alles auf „Verlängerung", auf Bleiben, Sein und Spüren. Also legte ich mich entspannt und absolut glücklich aufs Ohr und freute mich auf den kommenden Tag und auf die Begegnung mit den Elfen. Hoffentlich würde alles klappen!

Dienstag, 25.06.19

Da heute der zweitletzte ganze Tag anbrach, den ich noch auf dieser Insel verbringen würde, wollte ich ihn ganz bewusst, mit vollen Zügen und in allen Facetten genießen. So schlief ich lange aus, machte mal wieder ein Ritual mit meinen Tier- und Pflanzenkarten und meditierte vor meinem Marc in der Sonne.

Diese Energie holte wieder Dinge aus den Urtiefen meines Selbst hervor und ich hatte mal wieder Gelegenheit zu atmen, Dinge anzuschauen und loszulassen. Als ich so vor meinem Camper saß, nahmen die Elfen mit mir Kontakt auf. Sie fragten mich, warum ich denn so zurückhaltend sei. Dabei war ich mir einfach nicht mehr so sicher, wie ich es anstellen sollte. Da kam die Antwort: „Mach es doch so wie bisher auch!" Da musste ich dann schon lachen. Denn vor lauter hohen Ansprüchen an mich selbst stolperte ich mal wieder über meine eigenen Füße.

Wir verabredeten uns für später auf dem Hügel. Warm anziehen sollte ich mich auf jeden Fall und viel Zeit mitbringen.

Jetzt wollte ich mich aber noch mal auf ins Dorf machen. Gestern hatte ich an der"aðalgata" (Hauptstraße) das „Alfa-Kaffi" gesehen. Dieses Café war nicht nur Treffpunkt für Reisende, sondern auch für Einheimische.

Hier hingen Bilder aus dem Leben der früheren Bevölkerung an der Wand, und im nächsten Teil des Gebäudes gab es Andenken zu kaufen. Als ich meinen Caffè Latte und einen Kuchen in Empfang genommen hatte, setzte ich mich draußen auf die Holzveranda in die Sonne. Und jetzt kam die Melancholie oder der Abschiedsschmerz so richtig zum Vorschein. So traten unter der Sonnenbrille einige dicke Kullertränen zum Vorschein. Und da ich keine Ahnung hatte, ob mich Island mal wiedersehen würde, versuchte ich, so gut es eben ging, den Augenblick zu genießen und den Schmerz und die Trauer einfach zu akzeptieren. Es hatte ja so viele wunderbare Tage im Land der Feen und Gnome gegeben, sodass ich wirklich sehr, sehr erfüllt und glücklich war.

Besonders das Wetter meinte es ja seit Wochen einfach nur gut mit mir. So hatte ich seit Längerem nicht mal mehr Regenbekleidung im Rucksack dabei. Und das in Island! Na, da durften doch einmal ein paar Tränen zur Bewässerung der Pflanzen beitragen.

Auf dem Rückweg schaute ich dann in der kleinen Kirche vorbei, die den Campingplatz auf der anderen Seite des Elfenhügels einfasste. Während meiner Reise hier hatte ich außer der blauen Kirche im Fährhafen keine Kirche mehr besucht. Sie standen für mich im Gegensatz zu den Naturwesen in einer ganz anderen Energie. Bisher hatte ich es einfach nur wahrgenommen. Heute aber zog mich etwas in das Innere dieses Gotteshauses. Und auch hier wollte ein persönliches Thema noch mal beleuchtet werden. Und alles, was jetzt hochkam, schaute ich an und gab es dem Wind und der Natur zur Wandlung mit.

Dann wurde es doch so langsam Zeit, mich für die Elfen schick zu machen. Zumindest kleidete ich mich warm, nahm Handschuhe und Stirnband mit, obwohl es gerade noch angenehm warm und wildstill war.

Kaum aber war ich oben, setzte ein ganz netter Wind ein, sodass ich aufpassen musste, wohin ich meinen Fuß setzte. Dann suchte ich mir einen großen Stein aus und setzte mich darauf, sodass ich mich anlehnen konnte. Jetzt war ich hellwach und traute mich wieder, diese kraftvollen Wesen hier anzusprechen. So vergaß ich alles um mich herum und war ganz da, ganz Ohr für die „Naturpolizei", wie sie sich gerne bezeichnen würden, weil sie überall dort zielstrebig auftraten, wo Not am Mann war und wo Klartext geredet werden musste, also wo harte Gegenwehr angesagt war und ist.

Total erfüllt von dem Gespräch und von der Wirkung ihrer Ausstrahlung und ihrer starken Macht, ging ich den Hügel wieder hinunter. Ich ging sehr langsam, ganz bewusst, um die meditative Stimmung noch lange in mir nachspüren zu können. Vor allem konnte ich noch nicht direkt ins Bett gehen. So schlenderte ich ziellos, aber nicht ruhelos über den Platz, um alles Erlebte zu verarbeiten und sich setzen zu lassen.

Es war mir im Laufe der Zeit immer besser möglich, die verschiedenen Energieformen der unterschiedlichen Islandwesen zu spüren und voneinander zu unterscheiden. Das erfüllte mich auch heute Abend mit besonderer Freude. So war die Koboldenergie zum Beispiel leicht, pfiffig, und neckisch. Man spürte sofort, dass sie vor nichts Angst hatten und für alles eine „unkonventionelle" Lösung parat hatten. Dann gab es aber auch ganz zarte, sanfte Wesen, deren Energie auch so anmutete. Diese waren eher vorsichtig und wollten ihren Schutzraum weder verlassen noch wollten sie genauer erkannt werden. Dieses zu spüren und immer besser einschätzen zu können, dazu hatte meine „Islandreise Spezial" ganz eindeutig beigetragen. Und darauf war ich nun auch wirklich stolz, denn damit hatte ich zu Beginn meiner Reise ja nicht gerechnet.

Gespräch mit Elfen am Elfenhügel

Ich: Ich bin sooo aufgeregt, weil ihr mich hierherbestellt habt. Ich habe nicht damit gerechnet, mit euch zu kommunizieren, da ihr am Anfang meiner Reise gesagt habt, dass ihr nicht in den Mittelpunkt gerückt werden wollt. Ist das der Grund, warum ich jetzt am Ende meiner Islandreise mit euch Kontakt aufnehmen darf?

Elfen: Ja, genau. Wir dachten, das sei nun der richtige Augenblick, um uns zu zeigen. Wir gehören ja auch wirklich zum Land und zum verborgenen Volk. Hier leben wir ganz friedlich im Einklang mit den Menschen. Auch der Campingplatz stört uns überhaupt nicht. Im Gegenteil. Die Menschen, die hierherkommen und dann auch noch den Elfenberg besteigen, sind offen für uns und spüren oft die besondere Energie.

Du bist ja auch ganz spontan mit deinem Camper an den Bach gefahren. Da spürst du die Energie besonders, weil du mit dem Element Wasser stark verbunden bist. Und das Wasser verbindet oder leitet die Energie weiter.

Ich: Wie wohnt ihr denn hier im und um den Berg?

Elfen: Wir wohnen im Berg. Manche Menschen können uns sehen, aber die meisten spüren einfach unsere Anwesenheit.

Ich: Seid ihr eher groß oder eher klein wie die Feen?

Elfen: Wir sind groß. Meist größer als ihr Menschen. Aber das ist auch abhängig von der Gegend, in der wir leben.

Ich: Was macht euer Leben aus, was ist eure Aufgabe?

Elfen: Wir bewachen oder beaufsichtigen die Gegend. Man könnte sagen, wir Elfen sind für die Grundenergie oder Grundstimmung zuständig. Feen und andere feine Gruppen malen dann das Gemälde, zu dem wir alle beitragen, bunt aus, sie sind also für die Feinheiten zuständig.

Wenn zum Beispiel durch den Menschen etwas aus den Fugen gerät, so sind wir Elfen an vorderster Front aufgefordert, entsprechend zu reagieren. Da kann es dann ganz schnell mal richtig zur Sache gehen. Unfälle und Ähnliches sind dann ganz plötzlich passiert. Denn mit unserer Energie oder Kraft und Macht ist dann wirklich nicht mehr zu spaßen.

Die Isländer haben aber sehr gut gelernt, mit uns zu leben, und so müssen wir nicht mehr so oft zu ganz harten Mitteln greifen. Das heißt, die Isländer reagieren inzwischen einfach früher, weil sie uns miteinbeziehen.

Auch mit dem Tourismus läuft es insgesamt ganz gut. Die Isländer geben vor, was möglich ist, und das ist auch gut so.

Ich: Wann wäre denn eine Schwelle erreicht, wo ihr hier vor Ort reagieren, euch also wehren würdet?

Elfen: Wenn zum Beispiel ein Hotel oder eine Diskothek auf diesem Platz gebaut werden würde. Insgesamt dann, wenn die Ruhe der Natur hier langfristig in Gefahr ist. Alle Energien, die total gegen diese Ruhe und Inspiration verstoßen, würden wir boykottieren. Denn das ist ja einer der Gründe, warum so viele Touristen hierherkommen. Ihr wollt diese Ruhe, diese Idylle, aber auch den Spirit, der hier überall mitschwingt, spüren und hautnah miterleben. Was jeder Einzelne von euch dann damit macht, was ihr spürt beziehungsweise was ihr zulassen könnt und wie ihr damit umgeht, ist individuell verschieden. Und genau das ist ja gut so.

Die Größe, die Form und sonstige Eigenschaften des verborgenen Volkes generell sind nicht wirklich wichtig. Wichtig für euch Menschen ist, mit wem ihr in Kontakt tretet, was die Wesen euch zu sagen haben und wie ihr damit umgeht.

Ich: Also ist die Bereitschaft zur Offenheit Grundvoraussetzung, um mit euch in Kontakt zu kommen.

Elfen: Ganz genau. Und damit sind wir beim Glauben angekommen. Da geht es immer darum, Dinge als real anzuerkennen, eben dann, wenn ihr sie nicht sehen oder berühren könnt.

Ich: Deshalb stört euch auch eine Kirche in unmittelbarer Nähe nicht.

Elfen: Stimmt. Das „Bauwerk Kirche" ist ja nur ein Ort, wo Menschen dem „Göttlichen" näher sein wollen. Was die Menschen mit der „Institution Kirche" gemacht haben, ist wieder etwas anderes.

Ich: Also wollt ihr als Naturwesen uns Menschen daran erinnern, dass es noch etwas Größeres, Unermesslicheres gibt? Ihr wollt uns anstoßen, das Leben nicht zu dramatisch zu nehmen und trotzdem freudvoll zu leben?

Elfen: Ja, im Großen und Ganzen ist das so. Es gab Zeiten, da habt ihr der Natur oft den Rücken gekehrt, da wurden Menschen verbrannt, wenn sie scheinbar zu nahe mit der Natur in Verbindung standen. Heute ist es eher Brauch, alles, was ihr nicht sehen oder nachweisen könnt, als Blödsinn abzutun. Aber ich glaube, die Menschheit ist gerade auf einem sehr erkenntnisreichen und spannenden Weg unterwegs. Ich glaube, dass Natur und Mensch wieder näher zueinander finden.

Ich: Momentan ist jemand auf eurem Berg, der sehr laut ist. Ich kann nicht verstehen, was er oder sie schreit. Stört euch das?

Elfen: Das kommt immer darauf an, was da ausgedrückt werden will. Wenn sich beispielsweise jemand total freut und dies lautstark zum Ausdruck bringt oder er ein Gedicht rezitiert, das ihn gerade berührt, dann machen wir mit ihm gemeinsam Krach. (Das hört ihr aber im Normalfall nicht.) Wir haben aber auch genügend Maßnahmen getroffen, sodass Menschen, die überhaupt nicht mit uns in Resonanz sind, gar kein Interesse haben, zu uns zu kommen.

Ich: Und insgesamt geht jeder, der hier war und es ansatzweise zulässt, gestärkt und entspannt wieder von hier fort.

Elfen: So sehen wir das auch. Und wenn ihr „Ausländer" das bei euch zu Hause auch so haben wollt, dann nehmt eure Natur wieder ernst. Ihr habt es mit in der Hand!

Ich: Vielen Dank für das spannende Gespräch.

Eine Frage habe ich noch. Wie viele Elfen wohnen denn hier im Berg?

Elfen: Unter zehn.

Ich: Danke schön auch für euer Vertrauen.

Mittwoch, 26.06.19

Auch auf die Gefahr hin, mich zu wiederholen, das Wetter war auch heute wieder wie aus dem Bilderbuch. Kaum eine Wolke war am Himmel zu sehen, und so fiel es mir schwer, Abschied zu nehmen. Da ich nicht länger als drei Stunden nach Seyðisfjörður benötigte, nahm ich mir hier noch einmal Zeit für einen Meer-Spazier-und-Fühl-Gang. Hier am Meer und in den Bergen war wieder einmal ganz viel „saftiges" Braun bis Grau zu sehen Schaute man aber etwas genauer hin, so waren ganz viele Untertöne der Vegetation erkennbar. So schimmerten die großen, dicken Steine in einem satten Hellgrün. Das war ein richtiger Kontrast, der alle Lebensgeister weckte und zum Verweilen einlud. Zwischen den Steinen und oft direkt an einem kleinen Wasserzufluss zum Meer standen die zarten und trotzdem robusten Blumen des Sommers und zeigten ihre Pracht in vollem Ausmaß, oft zwischen hellem Moos und Flechten durchbrechend.

Ja, es war Hochsommer auf Island und wenn es sich hier anders zeigte als in meiner Heimat, so wusste ich doch, dass genau jetzt und hier alle Beteiligten der Natur alles, aber auch wirklich alles gaben, um zu einem wunderbaren Sommer beizutragen. Und dieses Wachsen und Sich-zeigen-Wollen spürte ich an diesem Platz ganz klar. Man könnte es auch als Sinfonie der Natur bezeichnen. Auf jeden Fall ließ ich mich von diesem Gefühl des Ganzseins, der übersprudelnden Energie und Lebensfreude anstecken und fühlte ein wohliges Kribbeln in allen Poren meines Körpers. Alles war einfach mal wieder „fraubert", also wunderbar, hier, und nun fiel mir der Abschied auf einmal nicht mehr schwer.

Es war, als hätte mich ein unsichtbarer Bewohner auf die Seite genommen, mich angelächelt und mir ins Ohr geflüstert, dass alles einfach nur gut ist. Und mit dieser Gewissheit schlenderte ich zu Marc zurück, dann schaute ich mich noch mal um, lächelte und stieg ein.

Und in diesem Lächeln lag mein tiefster Dank, nicht nur Álfaborg (Felshügel) gegenüber, sondern dieser Abschied galt in diesem Moment dem ganzen Land. Diesem Land, das mich zu Beginn noch an der Kälte und dem Schnee teilhaben ließ. Das mir Einblick gewährte in ganz eigene, spezielle und landestypische Gegebenheiten. Ein bisschen komme ich mir gerade wie ein Botschafter vor, der die Würde des Gastlandes zu erobern vermochte, aber nicht mit Macht, sondern mittels Würde, Achtsamkeit und Zuhören.

Aber jetzt war ich wieder auf der Straße, und ihr sollten jetzt auch wieder meine Gedanken gehören.

Der Rückweg war einfach nur schön und friedlich. Auch die Baustelle war heute wieder gut passierbar. So genoss ich die letzten Kilometer auf isländischen Straßen mit Staub und Sonne.

Als die Straße dann links nach Seyðisfjörður abbog, war ich richtig erstaunt über die Höhenmeter, die Marc und ich noch zurückzulegen hatten.

Die Aussicht war traumhaft, Berge, Schluchten und teilweise Wasserfälle. Die Straße führte unweigerlich, in Kurven, nach unten. Immer wieder hielt ich an, um den Ausblick zu genießen und um Fotos zu machen. Ich hatte bereits einige Hundert Bilder, aber dieses eine, das ich jetzt gerade machen wollte, gab es ganz, ganz sicher noch nicht und war bestimmt auch ganz einzigartig.

Ich bin mir nicht mehr ganz sicher, ob ich mit Walda auch diese Straße gefahren war, aber es konnte fast nicht anders sein. Wenn ja, dann zeigte diese Straße sich heute von einer ganz anderen, von ihrer Schokoladenseite.

Hier war die Grenzenlosigkeit genauso zu spüren wie die Enge der Täler.

Diese Strecke war heute aber auch eine Herausforderung für meinen guten Marc. Er hatte die letzten Wochen ja schon so viel geleistet, aber heute machten sich seine Bremsen bemerkbar. Hier kam er doch tatsächlich – am letzten schweren Arbeitstag – an seine Grenzen. Der Motor hatte immer alles gegeben und da konnte ich mich auch absolut darauf verlassen. Aber hier und heute waren immer wieder Geräusche zu hören, die ich am ehesten in Richtung Bremsen gedeutet hätte. Ich reduzierte die Geschwindigkeit sowieso meist über den Motor und schaltete frühzeitig in den nächstkleineren Gang.

Na, dann waren eben ein oder zwei Pausen mehr fällig. Schließlich war hier auch wieder mehr Verkehr, ich war ja nicht die Einzige, die zur Fähre wollte.

So kam ich beim Pausieren gleich wieder mit Menschen in Kontakt, die auch auf der Rückreise waren. So waren immer wieder Senioren unterwegs, die sich ebenfalls für die Reise mit einem Wohnmobil oder mit dem Auto entschieden hatten und dann eine Übernachtungsstätte ansteuerten.

Als ich dann wieder nach Seyðisfjörður hineinfuhr, mutete dieser Fjord ganz anders an als zu Beginn meiner Expedition (wie es ein guter Freund von mir bezeichnete).

Heute war in diesem kleinen Dorf ganz viel in Bewegung. Die Gaststätten inmitten des Dorfes hatten Holztische und Bänke nach draußen gestellt, und überall waren Menschen unterwegs. Von Ruhe und verschlafenem Dorf war nichts mehr zu spüren.

Doch der Campingplatz war noch an der gleichen Stelle, allerdings war er heute so was von voll, dass in meinem Kopf nun zwei völlig verschiedene Bilder von ihm existierten. Denn diese Stellplätze hatten nichts mehr von jener Mai-Idylle. Da fiel mir ein, dass weiter draußen, circa 800 Meter vom Hauptsitz entfernt, noch ein Platz war, der damals ganz verwaist dalag. Damals konnte ich mir nicht vorstellen, dass dieser einmal sehr gut gefüllt sein würde. Auch an der Anmeldung saß nicht mehr jener nette junge Mann von den Niederlanden, sondern eine junge Frau.

Eigentlich wollte ich Marc noch von außen abspritzen, da ich wusste, dass hier ein Wasserschlauch für diese Zwecke zur Verfügung stand. Aber bei so viel Trubel hatte ich jetzt auch keine Lust mehr; auf eine Lammhaxe allerdings schon- und wie! So wie damals, als ich mit Walda den Beginn der Reise gefeiert hatte, wollte ich auch heute meinen Abschluss gebührend würdigen. Und zwar in der genau gleichen Gaststätte wie damals. Mit einem dunklen Bier, das es auch nicht auf der ganzen Insel gab. Allerdings waren heute viel mehr Gäste hier und die Terrasse war ebenfalls voll besetzt. Doch das war mir heute egal. Es hatte ja auch etwas, dieses Dorf in voller Sommerpracht, also in voller Blüte zu erleben. Und trotzdem war ich froh, dass ich eine Nacht länger in Álfaborg geblieben war. So viele Menschen auf einem Platz konnten schon zu einer ganz anderen Energie beitragen. Und dem konnte ich heute und hier nachspüren.

Aber jetzt war ich hier und wollte mein letztes Lammfleisch auf Island genießen. Und einfach nur sein und wahrnehmen, ganz ohne zu werten.

Das Essen schmeckte auch dieses Mal wieder genauso lecker wie damals. Allerdings fehlte mir meine Mitreisende, hier an diesem Ort, wieder einmal so richtig. Ohne sie reichte mir auch ein dunkles Bier vollkommen aus.

Bevor ich mich wieder zu Marc und dem Campingplatz aufmachte, ging ich noch im Supermarkt vorbei, der heute sehr gut besucht war. Ich wollte mein restliches Bargeld loswerden und kaufte noch ein paar kleine Souvenirs für die Daheimgebliebenen.

Trotz des hohen Andrangs auf dem Campingplatz waren die drei Toiletten und die zwei Duschen pro Geschlecht weder stark überlaufen noch schmutzig.

Aber jetzt war es tatsächlich an der Zeit, mich mit der Abreise zu beschäftigen. Die Fähre sollte morgen früh um 10.30 Uhr ablegen. Frühestes Einloggen war laut Beschilderung am Hafen um 7.30 Uhr möglich. So packte ich meinen Rucksack für das Schiff, denn zu meinem Fahrzeug konnte ich ja dann nicht mehr gehen.

Als die Schuhe, die mehr braun als rot waren, geputzt waren und alles, was mitwollte, gut verstaut war, legte ich mich das letzte Mal in Island schlafen.

Donnerstag, 27.06.19

Als ich gegen 8.30 Uhr den Katzensprung vom Schlafplatz zum Fährhafen zurückgelegt hatte, schien zum Abschied die Sonne. Es war bereits angenehm warm und ich war vollkommen ruhig. Nun hatte ich mich damit arrangiert, dass es heute zurückging. Schließlich hatte ich ja noch drei Tage Aufenthalt auf den Färöer-Inseln gebucht.

Alles klappte wie am Schnürchen, das Einchecken und später das Einparken auf der Fähre. Auf dem Schiff durfte ich nur geradeaus einparken, sodass alles in wenigen Minuten erledigt war.

Nachdem ich mein Gepäck in der Kabine verstaut hatte, ging ich auf Deck 8, zog meine Schuhe und Socken aus und setzte mich wie bei der Hinfahrt vor nun acht Wochen auf den angenehm warmen Boden. Im Gegensatz zum letzten Mal saß ich mit einer Bluse und Jeans bekleidet, und nicht mit Jacke und Mütze bestückt.

Nach und nach füllte sich das Deck mit Mitreisenden, die ebenfalls Sonne, Meer und das Ablegen mitverfolgen wollten. Also genoss ich still vor mich hin.

Die Landschaft zeigte sich von ihrer sommerlich-kreativen und aktiven Seite. Alles sprießte, blühte und gab einfach alles. Der Wasserfall, der von den Bergen herunterschoss, blinzelte mit seinen Wassertropfen in der Sonne und wünschte eine gute Reise.

So war alles im Fluss. Alles war einfach nur gut, so wie es war. Im Moment gab es kein Gestern und kein Morgen, nur ein Jetzt und Heute.

Ich hatte auch keine Ahnung, wohin mich mein Weg führen würde, nur, dass ich jetzt und heute beschützt und behütet war. Und dass ich absolut alles hatte, was ich benötigte.

Als mein Handy eine eingegangene Mail von Mathéo zeigte, der noch auf Island verweilte, war mein Interesse geweckt.

Seinem Bericht hatte er ein Bild angehängt, das mich sehr berührte, aber auch irritierte.

Alles auf dem Bild sah unwirklich,- wie aus einer anderen Welt aus. Es war sehr dunkel, und im Hintergrund, als würde es aus dem Himmel direkt zum Betrachter sprechen wollen, ragte eine sehr große Erscheinung.

So betrachtete ich das Bild sehr lange und bemerkte, dass es ein Gefühl von Angst und Unsicherheit in mir wachrief. Was wollte die Gestalt und in welcher Mission war sie unterwegs?

Fing ich gerade an mich vor etwas zu ängstigen, nur weil ich es nicht einschätzen konnte?

Nun saß ich hier, die eine Reise abschließend, und spürte bereits den Aufbruch zu neuen Ufern, zu neuen Inspirationen und zu mir noch Unbekanntem und Neuem.

Wie viel Unbekanntes, Neues war noch zu entdecken, wenn wir offen blieben und uns inspirieren ließen? Wenn wir Neues nicht als "gut" oder "schlecht" bewerteten? Würde es uns immer besser gelingen, Dinge so sein zu lassen, auch wenn wir sie nicht kannten? Auch wenn sie uns vielleicht erst einmal in Angst und Unsicherheit versetzten, weil wir sie nicht kennen und nicht wissen, wie wir mit ihnen umgehen sollen?

So konnte ich in diesem Moment das Leben wieder einmal als großes Geschenk annehmen, in der Gewissheit, in ihm total geborgen und beschützt zu sein.

Also auf zu neuen Ufern!

Epilog

Während ich zu Hause beim Ausarbeiten meiner Aufzeichnungen war, stieß ein Hammerhai in den frühen Morgenstunden zu mir, als ich noch leicht schlummernd in meinem Bett lag. Ja, in meinem Bett zu Hause und nicht in „meinem" so lieb gewonnenen Marc.

Dieser Gigant der Meere hatte auch noch etwas zu sagen und wollte ebenso gehört werden. Da war ich wieder einmal baff, welche Dynamik meine Reise und die Natur-Kommunikation mit sich brachte.

So möchte ich hier den Hammerhai noch zu Wort kommen lassen, ihn somit das Schlusswort sprechen lassen.

Hammerhai

Ich: Guten Morgen. Du hast dich mir heute Morgen schon ein paar Mal im Halbschlaf gezeigt. Was möchtest du mir und der Menschheit sagen?

Hai: Ich spreche im Namen der Fische allgemein.

Ich: Kannst du mir deine Botschaften etwas lauter sagen, damit ich sicher weiß, dass sie von dir kommen?
– Da kam ein lauter Aufschlag seiner Flosse auf das Wasser.
Ich: Danke!

Hai: Es ist kurz vor 12.00 Uhr. Wir ersticken an eurem Müll, haben zu wenig Sauerstoff, weil das Wasser immer wärmer und schmutziger wird. Und dann fischt ihr auch noch alles ab, was euch zwischen die Finger kommt.

Das Hochseeangeln boomt, als wäre es eine Cocktailparty.

Wir wollen endlich gehört werden. Deshalb schlägt ein Gigant mit der Flosse gegen ein Touristenschiff und fordert den Fang wieder zurück. (Das sah ich vor ein paar Tagen in einem Video.)

Gleichzeitig zeigen wir uns aber immer wieder von unserer guten Seite. Dich zum Beispiel hat beeindruckt, dass ein Surfer von ganz vielen Delfinen begleite wurde.

Unsere Botschaft dazu ist: Wir schauen euch auf die Finger und unterstützen euch in eurem Handeln oder jagen euch auch einmal einen gehörigen Schrecken ein, um euch wachzurütteln.

Ich: Was ist aus eurer Sicht das Wichtigste, was jetzt sofort umgesetzt werden sollte?

Hai: Ladet euren Müll nicht im Meer ab. Wir bestehen ja bald aus mehr Plastik als aus Fleisch und Gräten. Lasst nicht mehr zu, dass Müll ins Meer gekippt wird. Und hört auf mit der Zurschaustellung eurer Angelei nur aus Angeberei und weil ihr nicht wisst, was ihr mit eurer Zeit anfangen sollt, und aus Gründen des Prestiges.

Auch was in flüssiger Form alles bei uns ankommt, ist einfach nur „Scheiße" …

Ihr denkt immer noch, das Meer wäre groß genug und würde sich schon wieder von selbst regenerieren. Aber was zu viel ist, ist zu viel. Schaut eurer Industrie auf die Finger. Nehmt Politik und Industrie unter die Lupe und fordert die Umsetzung der Gesetze. Und lasst nicht mehr zu, dass die Gesetze nur auf dem Blatt Papier schön aussehen. Setzt Menschen ab, die nicht halten, was sie versprechen. Wendet keine Gewalt an, aber bleibt hart und klar.

Wir sehen eure Bemühungen, aber die Lobbyisten von Industrie und Politik führen euch immer noch an der Nase herum. Wacht auf, setzt euch ein für uns, für die Natur und damit auch für euch selbst.

Ich: Sind die Quallen an den Urlaubsstränden auch als Warnung oder als Aufforderung zu verstehen?

Hai: Ja, wir wollen euch wachrütteln. Wenn ihr am eigenen Körper spürt, wie es sich anfühlt, macht ihr euch mehr Gedanken. Aber ganz oft wechselt ihr dann einfach nur die Badeorte. Aber es gibt nur ein Meer, auch wenn ihr es geografisch unterteilt habt. Doch Wasser, Luft, Pflanzen und Tiere, das hängt alles miteinander zusammen.

Und wir werden uns die nächste Zeit öfter zeigen. Auf eine Art und Weise, die euch zum Hinschauen und Handeln zwingt. Wir wollen euch aber auch unterstützen, endlich nicht mehr wegzuschauen, sondern Verantwortung zu übernehmen und euren und unseren Nachfahren noch ein Leben auf diesem Planeten zu ermöglichen.

Ich: Danke schön.

Hai: Alles, was ihr gerade als Bedrohung wahrnehmt von uns Meeresbewohnern, ist nicht nur Warnung, sondern auch die Botschaft von uns, dass wir eure Bemühungen sehen und euch darin auch unterstützen wollen, dranzubleiben. Denn es lohnt sich.

Werdet euch bewusst, wie ihr die Erde haben wollt, und dann handelt danach. Eure Kraft, euch für die Natur einzusetzen, wird immer stärker. Schließt euch zusammen. Holt Experten in eure Gruppen und arbeitet kreativ und mit einer Portion Humor gespickt. Dann läuft alles viel leichter.

Und genießt mal die Natur, da, wo ihr gerade seid. Und wenn es da nichts mehr gibt, weil alles Beton geworden ist, dann pflanzt eine Blume. Seid euch immer wieder bewusst, was ihr selbst in der Hand habt.

Ich: Vielen Dank!!!

Danke

An erster Stelle möchte ich mich bei den Naturwesen Islands bedanken, ohne die dieses Buch gar nicht geschrieben worden wäre.

An zweiter Stelle bedanke ich mich bei mir (auch wenn das eher unüblich zu sein scheint), besonders dafür, dass ich Schritt für Schritt weitergegangen bin, bis zur vollständigen Vollendung dieses Werkes.

Auch allen, die mich direkt oder indirekt beim Schreiben oder auf der Reise unterstützt haben, ein herzliches Dankeschön.

HERZ FÜR AUTOREN A HEART FOR AUTHORS À L'ÉCOUTE DES AUTEURS MIA ΚΑΡΔΙΑ ΓΙΑ ΣΥΓΓΡ
FÖR FÖRFATTARE UN CORAZÓN POR LOS AUTORES YAZARLARIMIZA GÖNÜL VERELIM SZÍ
PER AUTORI ET HJERTE FOR FORFATTERE EEN HART VOOR SCHRIJVERS TEMOS OS AUTC
ZÖINKÉRT SERCE DLA AUTORÓW EIN HERZ FÜR AUTOREN A HEART FOR AUTHORS À L'ÉCOU
ACÃO ВСЕЙ ДУШОЙ К АВТОРАМ ETT HJÄRTA FÖR FÖRFATTARE Á LA ESCUCHA DE LOS AUTOI
MIA ΚΑΡΔΙΑ ΓΙΑ ΣΥΓΓΡΑΦΕΙΣ UN CUORE PER AUTORI ET HJERTE FOR FORFATTERE EEN
ZÖINKÉRT SERCE DLA AUTORÓW EIN HERZ FÜI
SCHRI ÃO ВСЕЙ ДУШОЙ К АВТОРАМ ETT HJÄRTA FÖ

Die Autorin

 Elke Geiger wuchs mit drei Geschwis-
tern in der Landwirtschaft auf. Bereits
hier spürte sie eine starke Verbundenheit mit der Natur und zu den Tieren.
Ihre erste große Reise führte sie nach
Australien und Neuseeland. Mit ihrem
Reisepartner und späteren Ehemann
hat sie zwei Töchter.

Nach ihrer Ausbildung zur Ergotherapeutin arbeitete sie zwanzig Jahre in diesem Beruf, bevor sie sich
in den Bereichen Stressmanagement, Tierkommu-
nikation und Energiearbeit selbständig machte.

Die Autorin liebt die Natur. Sie versteht sich als Bot-
schafterin zwischen der Erde und den Menschen.
Aber auch Tanzen und Lesen gehören zu ihrem
persönlichen Lieblingsprogramm.

Elke Geiger kommuniziert sehr gerne mit anderen
Menschen. Ihre besonderen Fähigkeiten liegen u.a.
in der persönlichen Interaktion und in der Hellfüh-
ligkeit. Ebenfalls verfügt sie über eine besondere
Portion Humor und ist sehr kreativ.

Kontakt: elke_geiger@gmx.de

Der Verlag

*Wer aufhört
besser zu werden,
hat aufgehört
gut zu sein!*

Basierend auf diesem Motto ist es dem novum Verlag
ein Anliegen neue Manuskripte aufzuspüren, zu veröffentlichen und deren Autoren langfristig zu fördern.
Mittlerweile gilt der 1997 gegründete und mehrfach
prämierte Verlag als Spezialist für Neuautoren in
Deutschland, Österreich und der Schweiz.

**Für jedes neue Manuskript wird innerhalb
weniger Wochen eine kostenfreie, unverbind-
liche Lektorats-Prüfung erstellt.**

Weitere Informationen zum Verlag und
seinen Büchern finden Sie im Internet unter:

www.novumverlag.com